The Series on 21st Century Issues in Higher Education
Volume4: Reform of Graduate Education in Japan

講座「21世紀の大学・高等教育を考える」第4巻

大学院の改革

江原武一
馬越　徹
編著

東信堂

講座「二一世紀の大学・高等教育を考える」
編集委員（50音順）

○有本　章　広島大学教授　高等教育研究開発センター長
馬越　徹　桜美林大学教授（大学院国際学研究科）
江原武一　京都大学教授（大学院教育学研究科）
絹川正吉　国際基督教大学名誉教授・前学長
清水一彦　筑波大学教授（教育学系）
舘　昭　桜美林大学教授（大学院国際学研究科）
山野井敦徳　広島大学教授（高等教育研究開発センター）
山本眞一　筑波大学教授　大学研究センター長
※○印編集委員代表

講座「二一世紀の大学・高等教育を考える」の発刊に際して

二一世紀へ突入した現在、日本社会はすべての面で根底から改革を迫られている。なかんずく、一九九〇年代以来の政治改革とそれに続く経済デフレ不況が、焦眉の問題群として立ちはだかっているのは周知の通りである。そして、この経済危機のもと、多種多様な改革論が叫ばれているにもかかわらず、問題解決の兆しは容易に国民の前に見えてこない。

だが、今われわれが最も憂慮しなければならないのは、必ずしも問題が未解決であるということ自体ではない。より危険なのは、改革のためのさまざまな言説やプランが、一律に信用を失い、幻滅と焦慮のムードが広く瀰漫《びまん》する事態である。現在は、いわば「改革インフレ」の現象下にあり、そうしたムードの中では、一見速効性ありげなプランが目立ち、逆に、真に斬新で的確なプラン、あるいは着実で長期的な視野に立った言説は見失われる。これでは改革は真に現実を変革できない。

わが国の大学や高等教育機関についても、いわゆる高等教育の大衆化の段階において急速に量的規模を発展させたにもかかわらず、内容的には深刻な問題を露呈しつつあるといわざるを得ない。近年実施されてきた諸改革にもかかわらず、研究、教育、社会貢献、管理運営などあらゆる面で未解決の問題群が山積し、今や「日本の大学は、国際的にまったく評価されていない」(本講座第1巻4章)との声さえ聞かれる。

しかし、一方、大学や高等教育機関の責務はますます重い。ユニバーサル化しつつある大学や高等教育は、国民レベルの向上を量と質の両面において確保する唯一の機関として、すでに一国の運命を左右する存在にほかならないのである。この時に当たって確たる理念も、有効な方策も見出し得ず、国内外の付託に応えられない大学や他の高等教育機関は、まさしく存亡の危機に直面しているといえる。

したがって、われわれは眼前の「改革インフレ」にただ身を委ねてはなるまい。今まずなすべきことは、安易に状況や政策に追随することではなく、説明責任《アカウンタビリティ》の遂行を追求するとともに、あくまで自律性《オートノミー》に徹した視座から現在の実態を直視し、問題点や課題の洗出しを進め、これまで以上に噛み合った論議を内外において縦横に行うことである。政策、研究、教育、経営を紡ぎ織りなす改革への曙光は、そこからしか見えてはこない。本講座はこの趣意のもと企画され、多角的な現状把握に努めつつ随所で具体的提言を試みている。今焦点の「国立大学等の独立行政法人化」や「二一世紀COEプログラム」等に関しても、それが目前の衝迫に満ちた問題ゆえに重視するのではなく、その理念、意義、効果を冷静に問うことこそわれわれの姿勢でなければならないと考える。

現下の危機的状況を踏まえ、かつ切迫した問題意識のもと、第1巻「大学改革の現在」、第2巻「大学評価の展開」、第3巻「学士課程教育の改革」、第4巻「大学院の改革」の四巻からなる本講座を刊行する運びとなった。企画の趣旨にご賛同いただいた全国の第一線で活躍中の高等教育研究者の方々に執筆をお願いした。ご多忙中、またさまざまな事情から刊行が予定より遅延したにもかかわらず、今日までご尽力いただいたことに心から御礼申し上げたい。

なお、従来大学問題については大学関係者がもっぱらの読者とされるが、本講座はさらに広く、政治家、行政者はじめ多くの国民の方々にも読んでいただきたい。繰り返すが、すでに大学や高等教育の未来は、同時に一国の全国民の未来だからである。

二〇〇三年六月一日

編集委員代表　有本　章

はしがき

近年における大学改革のうち、最も顕著な展開をみせているものの一つに大学院改革がある。一九九一年の大学審議会答申（「大学院の量的整備について」）にはじまる大学院拡張計画により、九〇年代の一〇年間に大学院生数は二倍増を記録し、二〇〇三年現在約二三万人（対学部生比率約七％）にまで増大している。制度面でも、昼・夜間開講、入学資格・修了年限の弾力化（飛び入学、一年制修士コース、長期履修コース）、通信制大学院の認可、専門職大学院の創設等、主として社会人をターゲットとする「入口」の弾力化（開放）政策が立てつづけに打ち出されてきた。

また大学院高度化戦略として、九〇年代を通じて実施に移されてきた大学院大学および大学院独立研究科の創設、さらには既存の有力国立大学を対象に進められた「大学院重点化」政策と、その延長線上において現在展開されている二一世紀ＣＯＥ（世界水準の研究拠点形成）計画等、大学院改革は花盛りの感を呈している。

しかしながらこのような昨今の大学院改革の盛況ぶりは、裏を返せばこれまで日本の大学院に本格的なメスを入れてこなかった証拠ともいえる。とくに、旧来の講座制に安住し、大学院改革に消極的であった大学側の責任は重い。この間の大学院改革が政府主導になったのは故無しとしない。日本の大学院教育（コースワーク、研究指導のシステム化等）が国際水準から大きく立ち遅れていることは、今や誰の目にも明らかである。諸外国に比べ研究重視といわれる大学教員の意識にもかかわらず、一部の研究分野を除けば、日本の研究水準の国際競争力は決して高いとはいえない。また大学院修了生に対する社会的ニーズおよび評価は依然として低いままであり、変化の兆しがみえない。

大学院改革の現場（大学）をみると、急増した大学院定員を満たすべくなりふり構わない大学院生獲得競争が展開される一方で、定員を充足すればしたで不備な教育条件のもとで教授陣は疲れ果て、修了生に対する出口（就職先）保障もままならず、心配の種は尽きないようである。これはこの一〇年間に推し進められてきた大学院改革が、行政主導の場当たり的改革であったためである。グランドデザインなき大学院改革が今も進行中であるといわなければならない。

以上のような状況認識のもとに、本巻ではまず第Ⅰ部において、当面する大学院問題を分析する理論的枠組み、大学院の量的拡大、「大学院重点化政策」の功罪、資源配分（研究費）と大学院、大学院の質保証と評価、社会人対応の夜間大学院、さらには大学院の研究機能に焦点を当てた「学問中心地の移動」や「学会・学界」問題等について現状と問題点の分析を行った。つづく第Ⅱ部においては、諸外国における最新の大学院改革の問題点を分析した。これら各国の大学院改革は、現在日本で進行中の大学院改革を相対化する上でも貴重な情報になるであろう。本巻が、今後さらなる大学院改革を進めていこうとしている関係者の参考になれば幸いである。

二〇〇四年五月

編著者　江原武一
馬越　徹

講座第４巻　大学院の改革／目次

講座「二一世紀の大学・高等教育を考える」の発刊に際して……ii
はしがき……iv
図表一覧（xviii）

第Ⅰ部　大学院改革の理論と実際……3

1　大学院改革の論理……有本　章……5

はじめに……5
1　大学院改革の必要性――学問の論理から……6
①知識の分業化（6）②研究の制度化（7）③科学のエトスと研究大学（10）
2　社会からの大学院改革への期待……11
①知識社会の拠点と学問中心地への期待（11）②高等教育政策からの影響（13）③市場原理の作用（15）

④高等教育の大衆化（16）
⑤大学教授職とオートノミー（17）
3 大学院改革の方法——学問的生産性の追求……18
①研究生産性のメカニズム（19）
②教育生産性のメカニズム（22）
③研究・教育・学習の連結（23）
4 提 言……25
引用・参考文献（28）

2 拡大する大学院……浦田 広朗……31
はじめに……31
1 拡大の趨勢……32
①設置者別構成の推移と研究科の規模拡大（32）
②急成長した女性と学際的分野（34）
2 拡大の要因……35
①修士課程進学率の動向（35）
②進学率を左右する条件の変化（36）
③男女によって異なる進学要因（39）
3 拡大による問題点……40

①出口見通しのない学生増(40)
②教育条件の悪化(44)
③学生生活の変化(45)
注(47)
引用・参考文献(48)

3 大学院重点化政策の功罪……小林 信一……51

はじめに……51
1 大学院重点化とその背景……52
①大学院制度の整備充実(52)
②研究機能の充実(54)
③東大の特殊性(55)
④人文社会系分野の改革(58)
⑤重点配分への圧力(59)
2 大学院重点化の進展……60
①大学院重点化の実現(60)
②大学院重点化の拡張(62)
③大学院の規模拡大と学生層の変化(64)
④環境の変化(66)

3 課題と展望……68
①抜け道探し(68) ②研究者養成の問題点(69) ③高度専門職業人の養成の意義(70) ④知識社会の大学院へ(73) ⑤大学へのインパクト(75)
4 提 言……77
引用・参考文献(78)

4 政府の資源配分と大学院……阿曽沼明裕……79

はじめに……79
1 困難さの要因――大学の活動の未分化と多様性……80
①大学院経費の把握の難しさ(80) ②大学院の活動・機能の範囲(81) ③大学院経費と財政補助の捉え方――限定性と包括性(82)
2 大学院へのファンディング(財政補助)……83
①家計支出(84) ②民間資金(85) ③政府による財政補助(機関補助)(86)

④政府による非機関補助（89）
3 学術研究政策と大学院財政 …… 91
4 一九九〇年代の新たな動き …… 94
5 大学院の財政基盤における問題点 …… 96
補 論 …… 98
注（100）
引用・参考文献（100）

5 研究評価と大学院 …… 藤村 正司 … 103

はじめに …… 103
1 合 理 化 …… 104
2 研究の予測可能性と「資源配分の不平等」 …… 110
3 「鉄 の 檻」 …… 115
おわりに …… 120
引用・参考文献（121）

6　学問中心地の移動——学問中心地の移動と大学・大学院の課題——……大膳　司…123
1　学問中心地の移動——ノーベル賞受賞者数の国際比較……124
2　学問中心地の研究——先行研究の成果……126
①J・ベン＝デービッドの研究（126）
②エポニミー研究成果から（128）
3　学問中心地の条件は何か——大学教授職国際調査から……129
①研究に熱心な日本／大学院教育に専念する米国（130）
②国際化した教育・研究環境（131）
③評価にさらされた教育・研究環境（131）
4　提　言……132
注（134）
引用・参考文献（134）
7　学会と学界——学術研究の支援機関としての役割——……山崎　博敏…137
1　学会と学界の概念——高等教育・学術研究システムの支援システム……137
2　学界（科学者集団）……139
3　学　会……141

①学協会としての学会（141）
②学会の事業と機能（142）
4　学会数の増大……144
①学会の制度化と学会数の増大（145）
②学会の組織分化の次元（147）
③学会数増大の社会的背景（149）
5　学会の規模拡大と管理運営……150
①巨大学会への成長と停滞（150）
②規模の長短（152）
③専門分化と統合：学会の組織・運営（153）
6　グローバリズムとIT革命――近代型学会への挑戦者にどのように対応するか……155
引用・参考文献（157）

8　夜間大学院の現在……新堀　通也……159
1　社会人大学院の意味と背景……159
①リカレント教育への要請（160）
②大学院への要請（162）
③社会人大学院の登場（164）
2　夜間大学院の現状と特徴……165

①制度的特徴（166）
②高いニーズ（172）
③社会人大学院の純粋型（174）
3 夜間大学院の課題……177
①組織・管理上の課題（177）
②教育・研究上の課題（178）
③制度上の課題（179）
引用・参考文献（180）

第Ⅱ部 各国の大学院改革……181

9 アメリカの大学院——アメリカの大学院の事例研究——……奥川 義尚……183
はじめに……183
1 大学院の制度化……184
2 大学院の特徴——学術研究との関係を中心に……186
3 大学院における研究と教育の関係……188
4 学問中心地の形成条件……190
5 提 言——日本の大学院への示唆……195

注（198）
引用・参考文献（200）

10 イギリスの大学院……沖　清豪……201

はじめに……201
1　事例からみたイギリスの大学院……204
2　一九八〇年代までの大学院制度とその課題……207
3　一九九〇年代の改革動向……210
4　重視されている課題とその改革動向……214
①教育面での充実（214）
②学位をめぐる議論（215）
③公的資金分配とその課題（217）
おわりに……220
引用・参考文献（221）

11 ドイツの大学院段階の教育……別府昭郎……223

はじめに……223
1　ドイツの高等教育に関する法制と大学院論議……224

①高等教育機関法制(224)
②大学院をめぐる最近の論議(226)
2 学修課程の明確化および学位の多様化……227
①学修課程の構造(227)
②ディプローム(Diplomgrad)(228)
③マギステル・アルティウム(Magister Artium, M.A.)試験(231)
④博士学位(Dr.phil.)試験(233)
⑤ハビリタツィオン(大学教授資格試験)(234)
⑥マギステルやドクトル論文作成のための教授方法(235)
⑦大学試験と国家試験(236)
⑧学位取得者数、卒業者数(236)
3 まとめ……238
注(239)
引用・参考文献(240)
12 韓国の大学院……馬越 徹…243
はじめに……243
1 大学院の制度化……244
①大学院制度の歴史(244)

②大学院と学位制度との関係（248）
2　大学院の特徴……249
①量的拡大の構造（249）
②専門分野の特性（250）
③大学院修了者と労働市場の関係（252）
3　大学院における教育と研究の関係……253
4　大学院改革の課題と方向……256
5　提　言——日本の大学院への示唆……258
注（259）
引用・参考文献（259）
13　中国の大学院……南部　広孝……261
はじめに……261
1　中国における大学院教育の制度化……262
2　現在の大学院教育——組織、教員、大学院生……265
①大学院教育を行う組織（266）
②大学院教育にかかわる教員（268）
③大学院生（269）

3　近年の改革動向……271
おわりに……275
注(276)
引用・参考文献(277)

14　日本の大学院改革の将来……江原　武一……279
1　大学院改革の進展……279
①大学院の制度的特徴(279)
②転換期の大学院改革(282)
2　大学院の改革動向……283
①大学院制度の弾力化(283)
②先端的な科学技術の研究開発と人材養成(285)
③大学院教育の改革(286)
3　大学院改革の課題……288
引用・参考文献(291)

あとがき……292
索　引(300)

図 表 一 覧

表1-1　学問的生産性の理念と現実 (24)
表2-1　大学院学生数の増加 (34)
表2-2　修士課程進学率の重回帰分析 (40)
表2-3　収容定員充足率別にみた研究科の分布 (43)
表4-1　大学院の活動のための財源 (84)
表5-1　科学研究費配分の影響要因 (112)
表5-2　政府機関からの研究助成交付比率:過去3年 (112)
表5-3　政府機関からの研究助成交付の影響要因 (113)
表5-4　今後の高等教育の在り方─国際競争力のための国力の強化(比率)─ (117)
表6-1　年代別・国別ノーベル化学賞受賞者数の変化 (125)
表6-2　年代別・国別ノーベル医学・生理学賞受賞者数の変化 (125)
表6-3　エポニミー輩出数からみた学問中心地の移動 (128)
図7-1　学術研究・高等教育システムの概念図 (139)
表7-1　おもな教育関係の学協会 (142)
表7-2　主要な学会の創設年 (145)
表7-3　巨大規模の学会(会員数は通常個人会員、1995年) (151)
図7-2　日本機械学会の会員数の推移 (151)
表9-1　「教授陣の質」による学問領域別大学評価(上位20校) (187)
表9-2　「大学院教育の有効性」による学問領域別大学評価(上位20校) (189)
表10-1　イギリス全体での学位取得者(領域別)(1998/99年度) (203)
表10-2　大学院課程取得資格の類型化 (216)
表11-1　ドイツにおける学位試験・国家試験合格者数 (237)
表12-1　大学院生数の設置者別・課程別内訳(2002年現在) (250)
表12-2　専攻分野別学位取得者数(2001年度) (251)
図13-1　大学院生数の変遷(1949〜2002年) (265)
表13-1　1996年に「研究生院」の正式設置が認可された高等教育機関一覧 (267)

講座「二一世紀の大学・高等教育を考える」

第4巻　大学院の改革

第Ⅰ部　大学院改革の理論と実際

1　大学院改革の論理

有本　章

はじめに

大学院は、戦前からその目的、機能、構造を付与され、今日さらなる発展が期待されている制度である。帝国大学令（一八八六（明治一九）年）、大学令（一九一八（大正七）年）によって設置された旧制大学院、学校教育法（一九四七（昭和二二）年）によって設置された新制大学院を経由して、大学院設置基準（一九七四（昭和四九）年）によって現制度が整備されることになった。二〇〇一年の大学院数は四九四校、在学者数二一万六三二二人、教員数八万三四六〇人となっている（文部省、二〇〇二年）。二〇〇一年の入学者は修士課程七・三万人、博士課程一・七万人を示し、一九九〇年から一〇年間の伸びは修士課程二・四倍、博士課程二・二倍と急成長を示していることがわかる。それでも、学部学生に対する大学院生の割合（二〇〇一年に八・七％）は欧米諸国の割合（二〇〇〇年にアメリカ一六・四％、フランス二〇・五％、一九九八年にイギリス三九・七％）に比してかなり少なくなっており、今後の発展が望まれる状態に置かれていることがわかる（科学技術庁科学技術研究所編、二〇〇〇年、四三頁；文部科学省、二〇〇一年、二四―二五頁）。

最近は修士課程では研究者養成と高度専門職業人の養成、博士課程では主として研究者養成を標榜するかたわら、従来の学部依存を脱して大学院重点化・部局化、学部を持たない独立大学院、連携大学院、夜間大学院の設置などが行われる中で、大学院の新たな使命や機能が模索されていることが観察できる。そこには戦後導入したアメリカ型の大学院の実質的な発展の立遅れを見直し、二一世紀のグローバル化や知識社会化に見合う大学院のアイデンティティの構築を大学内外からの圧力――学問の論理と社会の論理――を止揚することによって追求する必要性が高まっていると観察できる。本章では、そのような視点に焦点を合わせることによって大学院改革の論理を考えることにしたい。

1　大学院改革の必要性――学問の論理から

①知識の分業化

第一に、今日の大学院改革が必要となる背景には、すぐれて「学問の論理」からの要請が存在する。そもそも大学は「学問の府」である以上、知識を土台に成り立っているアカデミック・ワーク（academic work 学事）を何よりも大切にする。すなわち知識の発見、伝播、応用、理解といった性質に見合う機能として研究、教育、社会サービス、学習の分化が進行している大学では、これらの活動を中心に組織が編成されている。知識の分業化によって水平的には講座、学科、学部などのセクション（section）や垂直的には学部、大学院などのティア（tier）の分化が進行する以上、これらの活動を包括する大学院という上位組織の設置は欠かせない（クラーク、一九九四年）。知識の縦の方向への分化が進行すると、知識の水準に応じて、初級・中級・上級の知識段階が発達し、それに呼応して初等教育・中等教育・高等教育の機関が区別され、高等教育の機関には、短期大学、四年制大学、大学院が区別されるに至ることは、この種のメカニズムを反映している。これらの段階と学位や称号などの分化は密接に関係し、短期大学には準学士、四年制大学には学士、大学院には修士、博士、それ以後にはポスト・ドクトラルが対応している。このように、大学院は学問の分化に対応する大学組織の垂直的な分化の所産であることがわかる。

②研究の制度化

学問の論理と関係して第二には、大学院改革は研究の制度化の発展とかかわる側面が重要であり、研究重視の理念が組織改革へと連動していることを指摘できる。専門分野の分化に応じた専門教育の拠点が大学院になるのは、学部（学士課程）では教養教育と専門教育の角逐が深まり、教養教育の確保ができない状態が生じるからであり、専門教育の場を見つけるのは欠かせない措置である。例えばロー・スクールやビジネス・スクールなどのプロフェッショナル・スクール型の専門化は大学院レベルで制度化されることが必要となる。しかし大学院は高度な教育ばかりではなく、高度な研究の場であるから、むしろ学問の専門分化を生み出すのは教育ではなく研究である側面に注目しなければならない。その観点からするならば、大学院を直接必要とするのは教育よりも研究であるとみなされる。実際、科学研究が大学の中に制度化された一九世紀以降になると、教育と研究を学部という単層構造の組織の中に閉じ込めて同居させるのではなく、とくに研究を解放するための組織が早晩発明される必要が生じたのである。このような教育と研究の分業化の必要性から発生した力学は今日、世界的に学部のみの単層構造から大学院を分化した重層構造への転換をもたらしているのである。

ちなみに、この単層から重層への転換は旧来のヨーロッパ大陸型の大学制度からの所産ではなく、それに触発されながらも、研究の重要性に注目したアメリカで「発明」された新種の制度である。そのことは四つの点で重要である。一つは、一九世紀に台頭したドイツの近代大学へ留学生を多量に派遣していたアメリカのリーダーたちは、それを学問中心地として捉え、国内に匹敵する組織を創設した点である。すでにハーバードやイェールなどのカレッジで定着していたイギリス式の教養教育中心の学寮型の学士課程を温存し、その上にドイツ型の研究と教育と学習を統一する組織を構築した。こうしてギルマンによってジョンズ・ホプキンズ大学が一八七六年に創設されたことは、「偶然」の所産であるが、現在から回顧すれば、二一世紀に到来する「大学院の時代」を一世紀以上前に先取りした画期的な出来事であったことに間違いない。

二つには、師弟関係を閉鎖的なものから開放的なものへと展開した意義がある。教授と助手の徒弟制度が存在し、教授は教育、助手は研究という分業体制をとったドイツ方式を開放的な教育・研究体制に革新することによって、研究・教育・学習の連結を移植するにとどまらず、高等教育の大衆化時代に見合う、量へ対応できる形態へと開拓したのである。

三つには、研究者のキャリア化に先鞭をつけた点を見逃せない。ライトは、大学教授も単なる教師から研究を組み込んだ研究者となり、専門職になったという見解を示している(Light, 1974)。大学院で博士号を取得することは専門分野の最先端の独創的な研究を行う能力が証明されたことにほかならず、教師ではなく研究者の能力が重視され、博士号が大学教授職への「組合員証」になったことを意味するのであり、この時点から研究志向が顕著になったのである。その証拠に、ピアソンによれば、教育中心の大学であったハーバードやイェールは最初の大学院であるジョンズ・ホプキンズのPh.D.保持者が輩出されるに及んで、自らの大学のスタッフをこれら研究者によって充足する政策に切り替えた事実が指摘されている(Pierson, 1952, p.291; 有本、一九八一年、一八三頁)。これは、従来の教育中心の大学から研究中心の大学院への転回が生じる画期的な出来事である。

四つは、この時期を境に、「研究大学」(research university) の台頭に道筋を付けた点を見落とせない。学士課程とは別の大学院の誕生によって、当然ながら学問の専門分野性を明確にする動きが活発になり、各種の専門学会が叢生し、専門分野に精通した学者が大学の教員になる時代を迎えた。何でも教える教師ではなく、一つの学問領域、つまり専門分野を専攻する学者・科学者・研究者が重視されるようになり、とりわけ科学者や研究者が重視されるようになった。ヨーロッパでも科学者 (scientist) という英語がようやく一八四〇年頃から登場するに至り、理学部がようやく出現した。

こうして純粋に科学的に学問を行う科学者や研究者が出現したことは、大学院がそれを養成したり、リクルートする場になり、それらがキャリアになった事実を裏書きする。研究成果を公表するためにサバティカル・イヤー(研究休暇) が設置され、博士論文の公表のために大学出版部が設置されることになった。単なる教師ではなく、研究者がリクルートされる必要から、それまで支配的であった自校出身者でスタッフを固める自校閥 (inbreeding) やネポティズムが見直され、スタッフの三分の二は他大学出身者に開放する政策が定着することになった(有本、一九八一年)。これは科学の論理が大学組織の中へも浸透しはじめたことを示しており、研究に適した組織、資金、施設、そして人材＝科学者・研究者を集積した研究大学のグループが誕生することを導いた。

やがて、カーネギー分類によれば、研究大学、総合大学、専門大学、教養大学、コミュニティ・カレッジという社会成層が形成され、研究大学がヒエラルヒーの頂点に君臨する構造が明確になる。パーソンズ＝プラットは研究大学の卓越性に注目し、それが知識の機能に即した総合的な活動をしていることを理論的に分析した (Parsons and

Platt,1973)。このような構造や機能を持った大学院の成功が明白になるにつれて、それはアメリカモデルとしてやがて他の国々の大学院改革を誘発することになる。

③科学のエトスと研究大学

第三に、科学研究の制度化は、科学の理念や規範が大学の学問探究に浸透し、それが教員の意識や行動を規制することを意味する。科学のエトスをCUDOSとしてモデル化しているマートンテーゼは、一九世紀から二〇世紀中葉頃までのアカデミズム(大学)科学の特徴を代表的に表明している考え方である。それは公有性、普遍主義、没私利性、組織的懐疑、独創性から構成されている(Merton, 1973)。公有性(communality)は研究者が発明発見した知見を私有するのではなく、学界で公有されるべきであり、その代替として研究者の功績にはエポニミー(冠名)が付与されるとする。普遍主義(uiversalism)は論文の中味によって業績が評価されるのであって、研究者の属性によって偏見や差別による評価が行われてはならないとする。没私利性(disinterestedness)は、研究者が金儲けや名誉のための私利私欲のために研究するのではなく、学問の発展のために研究するものであるとする。組織的懐疑(organized skepticism)は、公表された研究の内容は同様の手続きや実験によって不断に懐疑の目で反証されるとする。さらに独創性(originality)は、公表によって学界へ何らかの新たな知見を付与することが重要であるというものである。このモデルは、モード1からモード2へ、形式知から暗黙知へ、アナログ科学からデジタル科学へ、アカデミズム科学から産業化科学へのパラダイム転換が生じ、しかも各エトスに対抗エトスがみられる現在では説得力を欠くのは否めないが、それでもアカデミズム科学のエトスとしては依然として重要であると考えられる(ギボンズ他、一九九四年：ザイマン、一九九五年)。

これらの科学のエトスのセットを組み込んだ研究大学型の大学院では、科学研究の発展に最も貢献することが期待されているという価値観が制度的規範となるのであり、実際に科学的社会化（scientific socialization）の規範となって、一人前の科学者・研究者を養成する大学院では教員においても、学生においても内面化されなければならない。とくに誰よりも早く独創性のある業績を公表することを追求するという独創性＝先取権のエトスは、常に最先端の発明発見を行い、専門学会へ何らかの新しい知見による貢献を行い、学問の世界水準を極めるという力学が働くことを意味する。かくして、大学院は「学問の論理」によって制度化を達成され、同時に「学問の論理」が内包するエトスによって不断に自己改革を余儀なくされる性格を備えていることが理解できるのである。

2　社会からの大学院改革への期待

専門分野の縦への分化の最先端部分において、世界水準の改革が行われていることは、とりもなおさず学問の高度化への要求と社会からの期待との両方からの圧力がそこに作用しているとみなされるのであって、大学院改革の必要性は学問的な現象ばかりではなく社会的な現象によって規定されていると考えられる。「学問の論理」に照らして学問の発展を追求する大学が早晩、大学院の制度化を回避できないとすれば、その促進と遅滞は社会的条件によって規定される。

①知識社会の拠点と学問中心地への期待

第一に、経済、政治、文化など社会のグローバル化、とくに文化のグローバル化が進行する現在は、知的生産の拠点としての大学院への期待は高まらざるを得ない。とりわけ知識社会やIT（情報技術）革命の進展によって知識は資本として社会の中枢的価値を高め、知識生産の拠点である大学院の整備と高い生産性の確保を促すために、改革が期待される（科学技術庁、二〇〇〇年；バートン＝ジョーンズ、二〇〇一年）。このような状況を反映して、大学院の制度化と改革は世界的な課題となる中で、その取組みの度合いは知識社会化への差異が投影されるものの、概して学問中心地を形成することへの社会的期待が作用する。

中世以来の大学の歴史を辿ると、いつの時代にも世界水準となる「学問中心地」（center of learning）のモデルが存在した。大学の原型はウニベルシタス（universitas）という学問ギルドとして、パリやボローニアを皮切りに中世以来形成され、そこを起点に知識の発見、伝播、応用を行う学問の府＝探求の場という理念が徐々に形成され、世界各地へ移植、伝承、波及したのである。近代科学の大学への制度化を果たしたドイツモデルは、アメリカの大学院の制度化へと帰結したが、それを可能にしたのは、指導者の先見の明と意欲、学士課程の温存、ヨーロッパ大陸の伝統にこだわらないプラグマティズムの風土などが有効に作用したからであり、先進モデルの移植と醸成にはこうした風土や社会的条件が欠かせない。その点、一九世紀の同じ時期に同じく大量の留学生をドイツへ送り込んだ日本は、同様のシステムを構築することができなかった。潮木は、京都大学法学部の実験的な試みを紹介し、アメリカと同様の着想を持った指導者が日本にもいたにもかかわらず、結局挫折したことを報告している（潮木、一九八四年）。それを下支えする風土や社会的条件を欠如して同様の成功を収めるには至らなかったことがわかる。

現在から考えると、アメリカでは国家統制が弱く、草の根の大学作りを許容したのに対して、日本は国家統制が強く作用し、多様な大学作りを許容する受け皿がなかったと考えられるのではあるまいか。バートン・クラークの区別した、官僚制的統制・調整、専門職的統制・調整、市場的統制・調整のモードを援用すれば、そこには、学問の論理を許容する専門職的統制・調整と多様な機関の競争による発展を支持する市場的統制・調整が働く風土と、中央集権によって官僚制的統制・調整によってもっぱら尖塔型の構造の「庇護」を重視する風土との差異が読み取れるに違いない。システム全体を通じてレッセフェール政策によって各機関の創造性、個性、競争性を重視することによって大学院が発展したアメリカと、概してシステムを通じて各機関の創造性、個性、先取権競争性を促進することなく、各機関の身分と格差の温存を重視する「庇護」と「護送船団方式」によって大学院の発展に遅れをとった日本の相違が読み取れるのでもある。学問の論理が創造性の開発に重点を置くことからすれば、それを支持し、機関に創造性を期待する政策をとるか、あるいは創造性よりもキャッチアップのための体制維持に期待する政策をとるかは、同じモデルに触発されて、それを移植、加工する場合の相違を帰結することになったと解される。その結果、第二次世界大戦終了後にせっかくアメリカの大学院制度を輸入したものの十分な定着を果たせず、最近まで改革が持ち越されることになっても驚くに当たらないといえよう。

②高等教育政策からの影響

関連して、第二に、大学院改革を必要とする背景に国家政策の影響があることは論を待たない。国際競争が関係している以上、国家発展の担い手として、あるいは国威発揚の手段として大学院が位置づけられても何ら不思議ではない。中世大学のチャーターリング（設置認可）は都市、法王、教皇などによって行われたのに対して、近代大学は次第に国家主導のもとに行われ、政府によって統制、監督、後援、保護されることになった。例外はあるが、近代大学の設置に立ち遅れた後発国ほどその傾向を持つのは、高等教育政策によって世界水準に追いつき追い越し、国際競争力の涵養に努めるからであり、いわゆる「後発効果」が働くのである。近代大学の設置において、ドイツに遅れをとった当時の後発国であるアメリカは、草の根の民主主義の働きや民間リーダーとそれを支える風土が作用して、大学院創設は民間主導で進められ、連邦大学の創設は見送り、私立大学の発展が先行した。その限りでは国家の動きは顕著とはいえない。しかし国有地付与大学の設置がみられるし、二〇世紀に入ると世界の学問水準を意識して「エリート科学」を標榜し、研究に卓越した「研究大学」の重点的な構築を試みている。ロジャー・ガイガーが詳細に考察しているように、巨額の資本や資源が最初はカーネギーやフォードなどの財団によって、後には、とくに第二次大戦後は連邦政府によって重点的に少数の「研究大学」へと投資されたのである（Geiger, 1993）。日本も同様の機関への投資を行っているが、アメリカでは機関の格差が固定されて、その範囲内で投資を行うのではなく、機関の実績を基礎に資源配分を行う点が、日本と異なる特徴である。

国家からの政策が大学院の改革へ影響をもたらす動きは最近では上で述べた経済や政治のグローバル化や知識社会化も加担して、世界的に共通の現象がみられる。イギリスはサッチャー政権以来、大学に対する第三者評価の導入を徹底することによって大学の質的水準の向上に重点を置いているし、オランダ、ドイツ、フランスなどの欧州諸国も同様の政策を展開している。アジアの国々も例外ではなく、中国は「二一一政策」によって二一世紀に世界水準の大学一〇〇校を構築する政策、さらには重点大学一〇校の決定などを矢継ぎ早に展開している。韓国もソウル大学への重点化を強めているし、シンガポールも国立大学への資源投資と水準の向上を画策している（有本編、一九九九年）。

日本の場合も例外ではない。大学審議会が反省的に指摘したように、最近までの国家による高等教育への投資は先進国に比較すると見劣りのする状態に低迷していたことは事実である（大学審議会、一九九八年）。それでもやはり国立大学への重点投資によってピークをさらに向上させることに注意を払ってきたし、それとともに、明治以来、先進国の水準をキャッチアップする政策を心掛け、トップの大学や科学者を育成するために、官費による留学生の派遣や学者の在外研修を積極的に実施する政策を図ってきた。国際的にみて、大学のヒエラルヒー構造がイタリアやドイツのような平坦型でも、アメリカの中間型でもなく、中世大学以来の歴史を誇るイギリスやフランスの尖塔型をきわめて短期間に形成してきたことは、まぎれもなく日本の国家統制型の大学政策を示している（クラーク、一九九四年）。しかも旧帝大を機軸に国立大学を中心に私立大学を周辺に配置した「庇護」や「護送船団方式」を展開してきた。こうした高等教育政策の伝統は今日も間断なく継承されており、科学技術創造立国、科学技術基本計画、一七兆円の研究費助成、ＣＯＥ（研究拠点機関）創設、大学院重点化・部局化、大学院生三〇万人計画、トップ三〇大学構想あるいは二一世紀ＣＯＥプログラムなどに、そのような国家からの統制・調整が認められる。大学院の充実と世界的な水準を求める改革はこのような特徴を持ちながら重要な政策として間断なく働いているのである。

③市場原理の作用

第三に、大学院改革を求める背景には国家からの圧力ばかりではなく、最近では市場を軸とした社会からの圧力が大きく作用していることを認めざるを得ない。市場からの大学院への要請は学問への需要と供給の関係によって動くから、消費者＝学生の選択が基調に置かれる。国内的にも国際的にも大学や大学院の消費者による評価が行われ、それに基づいて評判の高い機関の選択が行われる。需要の高い機関は生き残り、低い機関は淘汰されるという市場原理が強く作用し、市場的統制・調整が行われている。

大学は現在、国内市場のみならず国際市場の中で学問中心地を中心にネットワーク形成や情報・人材移動が生じる時代を迎えている。経済や政治のグローバル化は世界的な市場原理の浸透とも関係して急速に進行しているが、それは文化のグローバル化を追求するのでもあり、そこでは大学や高等教育の質はグローバルな水準や標準によって吟味される度合いが強まらざるを得ないのであり、一国のみで通用する価値基準ではなく世界的に通用し、共通性や互換性を持つ情報やとりわけ知識の役割や機能が重視される。知識を基底として成り立つ大学は、そのような世界的な土俵において評価されなければユニバーサルな地位、評判、威信を獲得することはできないし、ましてや世界的な競争力を形成することはできない。それは最も可視性の高い知識の発見＝研究ばかりではなく、知識の伝播＝教育や知識の応用＝サービスについても自ずから真価が問われることにほかならない。換言すれば、研究生産性のみではなく、教育生産性、サービス生産性が吟味され、それらがグローバルスタンダード（国際標準）の水準に照らして問題にされる度合いが増加する。

上述したように、学界には学問中心地の形成とその移動のメカニズムが働いていること、周辺地から中心地への「頭脳流出」が頻繁に生じること、中心地の大学院モデルは周辺地へと移植されることなどの現象がみられる。今日では、アメリカの大学院を中心に世界の留学生や研究者が移動しているというのも、アメリカの大学院の世界的な価値が認識され、モデルや国際通貨とされていることにほかならない。世界の留学生一二〇万人の中、約四〇％が北米へと流れている現実は、このようなメカニズムを証明しているのである。他の国々でも、留学生や研究者の流れを変えようとすれば、市場競争力の高い大学院の構築が課題となる。

④高等教育の大衆化

第四に、高等教育の大衆化は必然的に大学院の必要性とその改革を求める事実を見逃せないし、ポスト大衆化やユニバーサル・アクセスの時代にはいっそうその度合いは高まる。

学士課程のみの組織では量的増加に伴う量と質の間の葛藤を吸収できないことは明白であるから、学士課程と大学院課程との組織に分化させて重層構造にする必要性がある。それは量と質の葛藤の解消だけではなく、研究と教育の機能麻痺の解消ともかかわる。研究の高度化に対応して初級、中級、上級の教育が用意され、カリキュラムによって、教育技術によって、その遂行が行われなければならない。大衆化によって多様化した学生の資質やニーズを考慮し、適切な教育によって質の保証を行うことは、消費者や学生の側からの要請として高まっており、そのことは学士課程ばかりではなく、大学院にも該当する。そのような論理からみれば、現在の大学院は研究の拠点を確保すると同時に、教育の面でも大衆化段階の次に到来しているポスト大衆化段階やユニバーサル段階へ対処するために、大学の大衆化との接続を果たし、さらに社会の生涯学習化への対応を行うために学士課程との接続を果たし、広くリカレント教育やリフレッシュ教育へと機会を開放し、学問の府へのアクセスの社会的ニーズに開かれた制度や組織を準備する必要に迫られているのである。

⑤大学教授職とオートノミー

第五に、大学教授職からの要請がある。大学は学問ギルドが自主的に形成した組織であり、しかも知識の発明発見と伝播を行う「探求の場」である以上、それを自主的かつ主体的に発展させるための学者共同体の世界的ネットワークが古くから形成されている。大学教授職（academic profession）という専門職の世界は国際的水準を求めて自由な学術交流を行うユニバーサリズム志向の土壌や性格を本来有しているのである。世界の大学教授職の共同体の理念、エトス、価値、文化、論理などを無視して、特定の権力や勢力によるコントロールはできないし、長い目で見れば、専門職の存在を無視しては学問の府の生命線でもある学問の発展は可能にならないとみなされる。学者が志向するのは国家や大学や学部よりも専門分野や学問であることが国際調査によって明確にされているのは、まさしくその例証である(Altbach, ed., 1996；有本・江原編、一九九六年)。学者の世界には学問の論理、科学のエトスを志向し、特殊主義よりも普遍主義の価値を求め、それを支えるための各種の自由――学問の自由、科学の自由、研究の自由、教育の自由、学習の自由――を重んじる空気が支配しているのである。学者の世界は国家からの政治的統制や官僚制的統制に対して反発し、自由や規制緩和を求め、学問の発展を促進するのに適した環境を求め、知識の生産・伝達・応用に適した組織の構築を求める傾向がある。

国家のみにとどまらず、社会からの統制や期待に対しても、それが学問の発展を阻害したり、学問の最先端を開拓している専門職の識見やスカラーシップから逸脱する場合には、相応の抵抗を示すことは避けられない。その意味では今日進行している市場化（市場原理）は需要と供給という市場的統制・調整が大学を動かそうとするのであるが、合理性、効率、能率などを求める市場原理が本来、自由、無駄、重複、組織的無秩序を許容する専門職的統制・調整と葛藤を起こす可能性は少なくない。大学院をめぐる大学・国家・社会の三つどもえの主導権争いが高まる中で、そこには国家・社会からのアカウンタビリティ（説明責任）の要請と大学＝大学教授職からのオートノミー（自律性）との葛藤の止揚の問題が存在するという構図の中で、学問の論理を大学内部において脈々と継承してきた大学教授職の責任と義務の自覚はますます大きくなっていると考えられる。

3　大学院改革の方法――学問的生産性の追求

これまで論じたように、大学院が学問発展を目的にして制度化される必要があり、しかも不断に改革が必要であるとするならば、その方法は何かを問わなければならない。そのために考えられる基本原理は二つあるはずである。第一の原理は、組織の質的整備とその維持である。すなわち、研究水準の向上、教育水準の向上、そして両者の水準を達成するための組織の整備、それらを確保するための不断の点検・評価が不可欠である。第二の原理は、従来看過されてきた研究・教育・学習の三位一体の統合である。

①研究生産性のメカニズム

第一に、研究水準の達成は、学問的生産性（academic productivity）の中のとりわけ研究生産性のメカニズムに注目し、その効果を発揮するような条件を整備して十分な生産性を上げることに帰結する。科学制度や研究制度が大学院に組み込まれて以来、科学者・学者・研究者の共同体が成立していること、この学者共同体には学問中心地と周縁に分化した階層構造が存在していることを認めざるを得ない。学問中心地の研究に従えば、歴史的には国レベルの成層は、イギリス、ドイツ、フランス、アメリカなどの先進諸国によって上位層を形成してきた（有本編、一九九四年）。すなわち学問的生産性の国際比較をエポニミー、ノーベル賞、科学引用索引、頭脳流出、各種国際学術賞、特許登録、技術貿易などの分析によって行うと、この一世紀間に中心地はヨーロッパからアメリカへ移動し、日本は周縁部から徐々に中心部へ向かって発展したことが実証されている。各種のデータベースに基づく論文数、引用数に関する最近の調査によれば、アメリカが中心地を形成し、イギリス、ドイツ、フランス、日本などが準中心地を形成していている事実が判明している。一九九六年に学術情報センターが発表した「学術論文数の国際比較調査」では、インスペク、ケミカル・アブストラクツ、コンペンデクス、エンベース（INSPEC, Chemical Abstracts, COMPENDEX, EMBASE）などを用いて、一九七八年から一九九三年までの論文数を計算しており、これによれば、日本は国別順位で概ね四位から二位に付けていることがわかる（文部省編、一九九七年、一四六―一五二頁）。また、アメリカの科学情報研究所（ＩＳＩ）の引用索引（ＳＣＩ）を用いた一九八一年から一九九八年までの各国別の論文引用回数の中の日本のシェアは、一九八一年では約五・五％、一九九八年では約八・七％と着実に増加している。論文数は一九八一年に約二万九〇〇〇件でアメリカ、イギリス、ドイツに次いで第四位、一九八九年には第二位に躍進、一九九八年には約七万三〇〇〇件でアメリカに次いで第二位を維持している（科学技術庁、二〇〇一年、一八二頁）。英国『ネイチャー』誌掲載論文数ではアメリカ、イギリス、ドイツに次いで第四位、アメリカの『サイエンス』誌では同じく第四位となっている（同上、一八九頁）。これら生産性の中軸は研究大学、とりわけ旧帝大系を中心にした国立大学のスタッフが占めている。これらの統計的動向はイギリス、ドイツに追いついたことを示しているものの、『科学技術白書』も指摘するごとく、「世界最高水準の高い質の知識の創出、革新的な技術とその応用といった点で特に米国との格差が大きい」（科学技術庁、二〇〇〇年、八二頁）ことを示している。

それでは、このような国際競争の中で、日本の大学院の研究水準の向上のために必要な改革の方法は何かと問えば、システムと機関の両レベルの対応が欠かせないだろう。システムレベルでは、研究大学のピークをさらに向上させる政策の必要性である。現実にも大学院重点化・部局化政策によるＣＯＥ＝拠点大学作りと資源の合理的な重点投資が画策されており、これは国内に存在する大学院の階層構造を補強し、強化する政策であることは明白である。その場合、実績のある機関を中心に考えるか、新たな機関を新設するかの選択が生じるはずである。学問的生産性の高い機関としては従来、国立大学を中心とした研究大学が主導性を発揮してきた事実がある以上、それを基盤に底上げを行うことは合理的な方向であろう。国立大学が戦前以来、国家の先進国モデルのキャッチアップ、庇護、資源重点投資などの政策によって「研究大学」として政策的に構築され育成されてきた歴史があるし、そのことの中に大学院の先行的な制度化と実質的な学問的生産性の向上によって地歩が形成されたことを読み取れる。その意味では従来の国家の投資と実績を無駄にしないためにも、既存の研究大学の強化策は合理性を持っている。最近一〇年間に進められた国立大学の「重点化」政策（旧帝大と若干の特定国立大学を対象に大学院の重点化を図る政策）は合理的であるとみなされるのである。しかし、格差を固定した枠組みの中で、研究大学作りが行われてきたことも偽らざる事実である以上、特定大学への庇護、機関間に開かれた競争の阻止、閉鎖的資源配分などの構造的な限界があることも確かである。

最近の二一世紀COEプログラムは、この種の戦前以来繰り広げられてきた集中資源配分方式という国家政策の延長線上に位置づけられるものであり、とくに理念的に新しいものがみられないが、今日の段階において国際水準を一段と意識した角度からのものであることは明白である。従来と異なるのは、国立大学のみではなく私立大学や公立大学を対象に含め新たな研究大学作りを行う意図がみられること、専門分野を基礎とした機関単位であること、第三者評価機関による実績の査定を行うこと、研究生産性のみではなく教育生産性を評価対象に含めていること、特色ある専門分野を持つ機関には重点的に資源を配分すること、高度な国際競争力を有するシステムと機関・組織を構築することなどである、と考えられる。実際には、政策の具体化によってどのような内容とメカニズムと成果を持つかが注目されるところである。

こうしたシステム・レベルの大学院改革に対して、機関レベルにおいても、制度改革（独立大学院、独立研究科、連携大学院）、組織改革（研究科・専攻の改組・新設）、学生定員、教員定員、教育・研究支援体制、大学院重点化、教育・研究の目的・内容・方法などの改革が推進されている事実がある（岩山・示村編、一九九九年）。

②教育生産性のメカニズム

第二に、教育水準の達成は教育生産性のメカニズムに注目してみる必要があろう。一九世紀のフンボルト理念にみられるごとく、ドイツの大学が研究と教育の統合を理念として標榜したにもかかわらず、その後実際には研究と教育とは分離する傾向を辿った事実は否めず、研究パラダイムが優位に立つにつれて、両者の角逐が深まりを示した(クラーク、一九九九年、二〇〇一年)。それでよいかといえば、こうした理念に背反する方向への転回は大学の片肺飛行を物語る以外のなにものでもなく、決して首肯できるものではなかろう。歴史的にも大学から教育を分離する方策は、旧ソ連、フランスのシステム・レベルでの分離政策が辿った運命をみる限り失敗したといえる(有本編、一九九四年)。分離した場合、例えば大学以外の拠点である会社や官庁は研究所によって研究を重視するとしても、そこでは教育が基本的に欠如しているのであるから、大学に比較しては限界があるといわざるを得ない。大学のように研究と教育の統合をめざす制度は他に類例をみない点を注視すれば、そこにこそ大学の独自性が存在するのであり、その意味でも、大学院といえども研究と教育が分離して教育の形骸化が生じる事態は決して好ましいことではない。

このような国際比較の中で現在の教育水準の向上のためのシステム・レベルの改革としては一九九〇年代から教育改革が重視され、カリキュラム、教員、学生に焦点を絞って教育生産性の向上を上げることが重点政策となっており、教育評価、教育方法の革新が意図的に遂行されている。とくにＩＴ(情報技術)革命の時代を迎え、それを大学の方法論にいかに組み込むか、さらには伝統的な大学とインターネットを活用したバーチャル大学オンライン、ｅラーニングなどとの競合あるいは共存の問題をいかに解決するかが問われはじめている。また、教育との関連では人材養成に重点が置かれており、大学院では伝統的な研究者養成のみにとどまらず、高度専門職業人の養成を担当するプロフェッショナル・スクール(ロー・スクール、ビジネス・スクールなど)の構築が進行中である。

機関レベルにおいても、最近の改革の動きに注目すると、一九九〇年代から大学院研究科の四割が大学院の教育理念・目的の再検討を行っているほか、四四%が教育課程の改革を行い、二二%が教育方法の改革を行っていることが報告されている。教育・研究の指導方法については、対話討論方式、少人数講義、フィールドワーク、ケーススタディメソッド、オフィスアワー、などが試みられている。概して、改革の実施(四五%)、教育理念・目的(四一%)、教育方法(二六%)の順で改革が進められている実態がみられる(岩山・示村編、一九九九年)。しかしながら、これらの動きから指摘できる問題点は、システムの改革の必要性に比較して、機関レベルの現実の改革の取組みはなお緩慢であること、理念(とくに研究・教育・学習の連結)が明確になっていないこと、さらに内部主導が期待されるFD(faculty development：教授団資質開発)が大学審議会答申(一九九八年)によって努力義務化されたごとく「外圧」による改革が支配的であること、など少なくない(有本、二〇〇一年)。

なお、①②に共通して、評価の問題がある。今後、自己点検・評価、相互評価、第三者評価の多様化が進行すると予想される中で、研究に比して教育の評価は困難であること、教育評価の在り方が大学院の質的内容を左右することと、教育評価の適切な方法を開発すること、さらには研究・教育・学習の連結を可能にする評価の開発を行うこと、これらの試みによって諸機関の大学院の国際水準への底上げを実現することが重要な課題となっている。

③研究・教育・学習の連結

第三に、これからの大学院では、研究と教育と学習の連結が欠かせない。こうした理念がドイツの大学で模索された一九世紀は、高等教育の規模がなお小さく同質性が十分保持できるエリート段階であったため、この理念は教授―学習過程の場で教員と学生の師弟関係を通じて追求されることによって実現され得る可能性を備えていたと考えられるのに対して、今日の高等教育の大衆化段階ではこの種の個人的な徒弟制度は通用せず、体系的・組織的な制度が必要になっているのである。大衆化した学士課程では教養教育に重点を置き、大学院では専門教育や研究に重点を置く分業が行われ、同時に両者の有機的な連携を可能にすることが組織的な課題となるのである。バートン・クラークはドイツモデル＝研究・教育・学習の連結はアメリカの学士課程ではなく大学院に移植され、現在成功を収めていると指摘している（Clark, 1995）。これに対して、日本の学士課程はドイツモデルを移植しながら研究志向へ傾斜し、教育や学習への配慮が欠如する傾向を示してきたが、戦後アメリカのシステムを移植したはずの大学院の場合はなおさら研究偏重に陥ってきたとみてさしつかえあるまい。日本の大学院は最近、重点化・部局化政策によって重視されはじめたとはいえ、概して研究志向の延長線上に置かれており、教育や学習との統合の側面から大学院を捉える視点に立って大学院改革を遂行するまでには至っていない。この一世紀間に学問中心地を極めたアメリカの大学院の秘密がドイツ大学の理念を踏まえつつさらに発展させることによって研究・教育・学習の連結を達成したことに求められるならば、学問的生産性を高めるための課題は明確になるはずである。

今述べた論点を各指標への同調度によって図式的にまとめる（**表1-1**）と、理念（◎◎◎◎）に対して、アメリカ型の大学院（◎○○○）を当面のモデルとするならば、現在の日本型（◎△××）は研究志向のみアメリカ型になっているものの、その他の指標では改革の余地が少なくないことに

表1-1　学問的生産性の理念と現実

大学院の類型	研究志向	教育志向	学習志向	有機的連結
理　　念	◎	◎	◎	◎
アメリカ型	◎	○	○	○
日　本　型	◎	△	×	×

◎＝同調大、○＝同調中、△＝同調小、×＝同調無

なるといわなければなるまい。

このように、三位一体の改革は不可欠の課題となるが、実際には理念が崩壊して久しいといわれながらも、具体的な理念の構築とその実際の改革に関しては、十分な状態にあるのではなく、今後の課題となっていることは再認識されなければならないのである。

4　提　言

以上に論じたことから、大学院の必要性が高揚し、改革が進行中であることが指摘できるのであるが、それにとどまらず、歴史的経緯からみた場合、アメリカに比較して遅ればせながらようやく本格的な着手がみられること、あるいは知識社会化やグローバル化が一段と進展する未来からの挑戦を考慮した場合、現状の改革は急を要することがわかる。市川は、アメリカ型大学院への追随を批判する視点に立ちつつも、それとの対比で日本の大学院には実用的な教育機関への転換、職業人養成課程の拡大、学部教育の改善が必要だと指摘している（市川・喜多村編、一九九五年、二八四―二八六頁）。このことも含め大学院改革が現在から未来にかけて重要な課題になるといわなければならない。学問と社会の両方から大学院の改革が必要になっている現在、何よりも学問の発展に貢献するシステムや機関の構築が重要であることを改めて指摘し、次の点を提言しておきたい。

第一は、大学院の国際的水準の達成をめざしてシステム・機関・組織の改革を行うことが肝要である。これまでの日本の大学院は整備が立ち遅れたため、大学院重点化・部局化、国立大学の法人化、二一世紀ＣＯＥプログラム、大学院生三〇万人政策にみられるように、改革が焦眉の急を告げている半面、全体の哲学や理念の措定があまり明確ではなく、量的拡充を急ぐあまり質的保証が伴っていないという印象を与える。アメリカに比較して一世紀の遅れをとった以上、量的整備が急がれることは確かであるが、拙速のあまり質の整備を伴わなければ、学問探求の場としての資格を喪失しかねない。明治以来、旧帝大を中心に「庇護」「護送船団方式」の国策がとられ、官僚制的統制・調整によってシステムや機関の中央集権的な画一化を招来した。キャッチアップには一応の成果を上げた半面、学問の論理に対応して学問の発展を十分に可能にするまでにはシステムや機関の活性化を実現していないのであり、その打開が課題となっている。

国立セクターを基軸の研究大学の研究水準は国際的に急速に向上している点は、ISIの論文数、引用索引等のデータに示されている。これは一〇〇年以上を費やして税金が投資された結果のストックやフローの成果と解されるから、一応の成果が達成されたといえるのであり、この「公共性」を基盤にピークをいっそう高める方策が欠かせないはずである。従来、機関間の格差を固定した枠組みの中での資源配分が行われた点は見直し、特定の機関が優先的に処遇される方式の格差の枠組みを解放して、機関間のフェアーな競争が可能な環境を醸成することが必要であろう。と同時に、アメリカに比較して、学問的生産性が立ち遅れていること、リベラルアーツを中心にした学士課程教育(学部教育)が弱いこと、研究大学においても研究に比べて教育に弱点があること、さらにはシステム・機関・組織のレベルでとくに研究・教育・学習の連結が希薄であることは再考に値する。

第二に、大学院をめぐる官僚制、市場、専門職の統制と調整が葛藤を深めている現在、この一世紀以上の高等教育政策の反省的考察に立って、官僚制的統制・調整よりも学問の論理を踏まえた専門職的統制・調整を生かし、創造性、個性、競争性を促すための活力のあるシステム・機関・組織を構築することによって学問的発展を開発することが求められている。研究志向に対して教育志向が弱いシステムや機関や組織の構造を見直し、さらに一歩前進して、国立、公立、私立の各セクターごとの特徴を洗い直して、研究大学、総合大学、専門大学などからなる大学院の機関別の使命と役割を明らかにする必要があろう。全体に弱点となっている研究・教育・学習の連結に向けて大学院システムが整備されることが不可欠であり、その観点から機関、組織、集団、個人レベルの体系的な改革が必要である。

第三に、大学院課程は学士課程との分化と同時に有機的統合が実現されるよう留意すべきである。上述したように、知識の縦横への分化に呼応して、学士課程と大学院を分離させ、教育と研究、教養教育と専門教育のそれぞれの拠点を確保することは回避できないと同時に、教育と研究、教養教育と専門教育は有機的に統合されなければならないことは、大学院改革の原点である。大学院の学問的生産性が伸び悩む背景には、リベラルアーツの教育にすぐれた機関を有するアメリカと比較した場合、学士課程での教養教育を中心とした教育の停滞が関係深いはずである。ユニバーサル・アクセスの時代には、学士課程は教養教育を徹底し、その上に専門教育と研究の場を意図的に確保する重層構造が不可欠である。研究と教育（教養教育と専門教育）ばかりではなく、さらに一歩前進して研究と教育と学習の有機的な統合という理念の追求が欠かせないとの認識を大学内外で共有しなければ、世界に通用する大学院の創造は果たせないと考えられる。

第四に、大学院にかかわる適切な評価・報賞システムの確立が必要である。現在の日本では、教員への評価が厳しく作用するのは、大学設置審議会によって設置審査が行われる時点であり、その際に、一定の教員数が設置基準に合格する水準に到達していない場合には、設置認可はなされない仕組みになっている。専門分野の専門家から構成されている専門委員の審査によって合格（〇合）と認められない場合は、大学院での学位授与を担当する資格は付与されず、学内に適格者を欠く場合は他大学などから資格水準に達する教授なり助教授なりをスカウトしてこなければならない。この一種のヘッド・ハンティングを伴う外部評価こそはこれまでの終身雇用・年功序列制のシステムにあって、実力を吟味する唯一ともいえる評価方法として「任期制」の機能と効用を持ってきたメカニズムである。今後、この種の外部評価は研究・教育・学習の連結という視点を十分考慮して、しかも研究、教育、サービスの各生産性の有機的連関性を十分視野に入れて、認証評価にたずさわる大学評価・学位授与機構や各種評価機関の整備によって確立されることが期待される。大学教授職を中心に展開される自己研究＝自己点検・評価、ＦＤなどのオートノミーが十分遂行されることと相まって、その種の外部評価の成否が大学院改革の重要なカギとなるに違いない。

引用・参考文献

有本章編　一九九七年、『ポスト大衆化段階の大学組織変容に関する比較研究』（高等教育研究叢書四六）広島大学高等教育研究開発センター。
有本章　一九八一年、『大学人の社会学』学文社。
有本章編　一九九四年、『学問中心地の研究―世界の学問的生産性とその条件』東信堂。
有本章・江原武一編　一九九六年、『大学教授職の国際比較』玉川大学出版部。
市川昭午・喜多村和之編　一九九五年、『現代大学院教育』玉川大学出版部。
岩山太次郎・示村悦二郎編　一九九九年、『大学院改革を探る』（ＪＵＡＡ選書10）大学基準協会。
潮木守一　一九八四年、『京都帝國大學の挑戦』名古屋大学出版会。
科学技術庁編　二〇〇〇年、『科学技術白書』大蔵省印刷局。
科学技術庁科学技術政策研究所編　二〇〇〇年、『科学技術指標』大蔵省印刷局。
ギボンズ、M. 他　一九九四年、『現代社会と知の創造―モード論とは何か』（小林信一監訳）丸善。

クラーク、B．R．一九九四年、『高等教育システム―大学組織の比較社会学』（有本章訳）東信堂。
ザイマン、J．一九九五年、『縛られたプロメテウス』（村上陽一郎他訳）シュプリンガー・フェアークラーク東京。
大学審議会 一九九八年、『二一世紀の大学像と今後の改革方策について』（答申）。
バートン＝ジョーンズ、A．二〇〇一年、『知識資本主義』日本経済新聞社。
文部科学省 二〇〇一年、『教育指標の国際比較』平成一三年版、大蔵省印刷局。
―― 二〇〇二年、『文部統計要覧』平成一四年版 大蔵省印刷局。
文部省編 一九九七年、『我が国の文教政策』平成九年度、一四六―一五二頁。
Altbach, P.G. 1996, *The International Acadademic Profession: Portraits of Fourteen Countries*, The Carnegie Foundation for the Advancement of Teaching.
Clark, B.R. 1995, *Places of Inquiry*, University of California Press（有本章監訳『大学院教育の国際比較』玉川大学出版部、二〇〇二年）.
Clark, B.R. 1993, *The Research Foundations of Graduate Education: Germany, Britain, France, United States, Japan*, University of California Press（潮木守一監訳『大学院教育の研究』東信堂、一九九九年）.
Geiger, R.L. 1993, *Research and Relevant Knowledge: Amirican Research Universities Since World War II*, Oxford University Press.
Light, D. Jr. 1974, "Introduction: The Structure of the Academic Professions", *Sociology of Education*, 47-1, pp.2-28.
Merton, R.K. 1973, *The Sociology of Science: Theoretical and Empirical Investigations*, edited by N.Storer, University of Chicago Press.
Parsons, T. and Platt, G.M. 1973, *American University*, Harvard University Press.
Pierson, G.W. 1952, *Yall College: An Educational History 1871-1921*, Yale University Press.

2 拡大する大学院

浦田広朗

はじめに

戦後の新制大学院は、CIEの強い指導によりスタートした。しかしそれは、教育機関として日本社会に十分に根づいたわけではなかった。一九六〇年代以降、工学系修士課程を中心に学生数が増加したものの、大学院全体としては、学部に比してきわめて小さな存在であった。ところが、二〇〇〇年までに大学院学生数を倍増するという方針(大学審議会答申『大学院の量的整備について』)が打ち出された九一年以降は、いずれの分野も急速に拡大している。二〇〇〇年の大学院学生数は約二〇万五〇〇〇人で、六〇年の一三倍、九一年の二・〇八倍である。大学学部の大衆化は周知の事実であるが、大学院も急速に大衆化している。

大学院の数をみると、二〇〇〇年段階で国公私立合わせて四七九の大学(四年制大学全体の七四%)に大学院(修士課程・博士課程)が置かれている。六〇年には八四大学(四年制大学全体の三四%)に大学院が置かれていたにすぎなかったから、大学院数は五・七倍に増加したことになる。

本章では、このような急速な大学院の拡大がどのような部分で、どのような要因で起きているかを明らかにし、そこにみられる問題点を指摘したい。

1　拡大の趨勢

①設置者別構成の推移と研究科の規模拡大

戦後日本の大学院は、どのように拡大してきたのだろうか。在学者数を中心にみていきたい。

まず、設置者別にみてみよう。新制大学院は、一九五〇年に私立大学のみでスタートしたが、新制大学の最初の卒業者が出た五三年には、国公立大学にも設置された。三年後の五六年には、国立大学の大学院に在籍する学生は全体の半数を越えるまでになった。その後現在に至るまで、大学院学生の六割前後が国立、三～四割が私立、残りが公立という構成比で推移している。七〇年代半ばから九〇年代半ばにかけて国立のシェアがほぼ一貫して上昇しているが、九七年からの四年間は国立のシェアが低下しており、公私立がわずかながら上昇している。ただしこれは、大学院を持つ公私立大学が増えたためである。個々の公私立大学大学院の規模は、それほど大きいわけではない。

九〇年代に入って急速に大規模化しているのは、国立の大学院である。国立大学大学院の一大学院当たり在学者数は、六〇年には三五七人であったが、七〇年には三九九人、八〇年には四二五人、九〇年には六〇九人と増加した。九六年には一〇〇〇人を越え、二〇〇〇年には一二九九人となった。この結果、一九八〇年までは一〇対一未満であった国立大学の学部生対大学院生比は、二〇〇〇年には三・七対一にまで上昇した。今や国立大学の学生の五人に一人強は大学院生である。現在の国立大キャンパスでは、大学院生は決して珍しい存在ではない。これに対して、私立大学の学部生対大学院生比は、二〇〇〇年時点でも二八対一未満である。

研究科単位でみても、大学院の大規模化が進行している。二〇〇〇年の一研究科当たりの修士課程在学者数は一一六人であるが、この値は六〇年には四九人であった。修士課程においては、研究科の規模はこの四〇年間に二・四倍になっている。国立の大学院研究科だけに限ると、一研究科当たりの修士課程在学者は五六人（六〇年）から二二四人（二〇〇〇年）へと、ちょうど四倍である。今や国立の大学院研究科（修士課程）は、小規模な学部並みの大きさである。公立大学大学院の一研究科当たり修士課程在学者数も二倍以上（二四→六四人）になり、私立（四七→七〇人）並みの規模となった。

博士課程においても研究科は大規模化しており、二〇〇〇年の一研究科当たり在学者数は七〇人である（六〇年は四〇人）。ここでも国立の大学院研究科の大規模化が著しく、一研究科当たり在学者数は一五一人に達している（六〇年は六二人）。公立も大規模化している（二四→五〇人）が、私立はそれほどでもない（二〇→二八人）。

ただし、以上はあくまでも平均値の話である。個別研究科データをみると、大学院研究科の規模は驚くほど多様であることがわかる。二〇〇〇年のデータ（大学基準協会『大学一覧』）によれば、修士課程では、募集停止の研究科および二〇〇〇年以降に新設された研究科を除いても、在学者数が一〇名以下の研究科が二六もあり、全体の二・五％にのぼる。他方、在学者数が一〇〇〇人を越える研究科は一五（いずれも理工系）、五〇〇人を越える研究科は六一で、全体の五％を越えている。

博士課程は、平均値からわかるように規模は小さく、在学者数一〇名以下の研究科は二三二で、九八年までに博士課程が置かれた研究科全体の二九％にのぼる。しかし、在学者が一〇〇〇人を越える研究科も一つあり、五〇〇人を越える研究科は一三（いずれも国立）、三〇〇人を越える研究科は四一で、全体の五％に達する。

②急成長した女性と学際的分野

私立四大学でスタートした新制大学院に入学した学生一八九人のうち、女性はわずか六名で、三％を占めるにすぎなかった。しかし、その後、女性の比率はほぼ一貫して上昇し、二〇〇〇年には二六％に達している。大学院学生の四人に一人が女性である。女性比率も、やはり九〇年代に入ってからの伸びが著しい。**表2‐1**に示されている九〇年を基準とする指数をみても、女性の増加は際立っている。

専攻分野別にみると、大学院が急成長した九〇年代に在学者シェアの上でも増加しているのは、社会科学と「その他」の分野である。これら以外の分野では、工学は八〇年から九三年にかけて、保健は七三年から八九年にかけて、教育は七七年から八五年にかけて、それぞれ在学者シェアの上昇を経験している。人文科学のシェアは、七五年以降九五年まで長期減少。理学は、在学者比率の変化が小さく、安定したシェアを占めていたが、九九年に一〇％を割るに至った。総じて、伝統的・純粋科学的分野が相対的に減少し、学際的・応用科学的分野が増加したということができる。表2‐1に示した「その他」には家政と芸術を含んでいる。文部省（現文部科学省、以下同じ）「学校基本調査」で

表2‐1　大学院学生数の増加

（1990年を100とする指数）

年	計	課程別 修士	課程別 博士	設置者別 国立	設置者別 公立	設置者別 私立	性別 男	性別 女
1960	17	13	26	15	22	21	19	8
1970	45	45	47	41	59	53	49	25
1980	60	58	64	57	61	66	63	43
1990	100	100	100	100	100	100	100	100
2000	228	231	220	222	250	235	200	372

専攻分野別

年	人文	社会	理学	工学	農学	保健	教育	その他
1960	40	36	20	5	12	27	8	2
1970	73	70	55	38	50	32	22	28
1980	87	72	66	53	63	53	40	62
1990	100	100	100	100	100	100	100	100
2000	199	307	201	216	208	183	206	590

出典）文部省『学校基本調査報告書』各年度版より算出。

「その他」に分類される学際的分野のみに限定すると、九〇年の在学者数を一〇〇とする二〇〇〇年の指数は一四九九。一〇年で一五倍近くとなる成長である。

このように、課程、設置者、性、専攻分野によって拡大のペースは異なるものの、九〇年代に入っていずれの部分も拡大ペースは上がった。その結果、とかく米英仏と比較して極度に低いといわれてきた人口一〇〇〇人当たり大学院在学者数は、九四年に一を越え、二〇〇〇年には一・六二人に達している(1)。

2　拡大の要因

①修士課程進学率の動向

では、このような拡大は、いかなる要因で起きたのか。矢野が指摘しているように、大学院進学率規定要因の分析はほとんどなされていない(矢野、一九九九年、一六頁)。ここでは、大学(学部)進学率ないし志願率規定要因に関する先行研究を参考にして、修士課程進学率(大学卒業者基準)の分析を試みる。

修士課程進学率の分子は、当然ながら修士課程入学者である。分母については、前年度の大卒者数とする場合と、該当年齢(二二歳)人口を基準とする場合がある(2)。大卒者数を基準とした場合の修士課程進学率は、一九六〇年段階では二・九%。その後六六年まで上昇し五・八%に達するが、六〇年代後半から七〇年代を通して五%前後で推移した。上昇基調となるのは八〇年代に入ってからである。九四年まで順調に上昇して一一・〇%に達した。九〇年代後半には頭打ちとなるが、九八年以降再び上昇し、二〇〇〇年には一三・一%となっている。該当年齢人口を基準とする修士課程進学率は、六〇年段階では〇・二%。その後ほぼ一貫して上昇し、二〇〇〇年には四・一%に達している。

大卒者数基準の修士課程進学率を男女別にみると、六〇年段階では男子三・一％、女子一・八％であった。その後も男女間には数％ポイントの差がみられ、二〇〇〇年では六・五％ポイントの差がある（男子一五・五％、女子九・〇％）。

②進学率を左右する条件の変化

大学進学に関する先行研究が指摘しているように、進学率に影響を及ぼすのは、家計の所得水準、教育の価格、供給量、および進学しなかった場合の失業率などである。この点を念頭に置いて、大学院進学率規定要因分析のためのデータを収集した。

まず、家計所得の変数としては、総務庁「家計調査」より、親世代（世帯主が五〇～五四歳の勤労者世帯）の可処分所得を用いる。大学院進学者といえば立派な大人である。親に頼ることなく経済的に自立して大学院に進学する者も少なくないだろう。しかし、文部省「学生生活調査」（二〇〇〇年度）によれば、「家庭からの給付」が修士課程学生の収入に占める比率は五五％に達する。学部（昼間部）の七二％に比べると小さいものの、修士課程学生の生活のかなりの部分は、家庭からの経済的援助によって支えられている。大学進学の場合と同様、親世代の所得を説明変数として取り上げることは有効と考えた。

次に、教育の価格は、進学者にとっては費用である。そのデータとして、大学進学研究の場合、授業料をはじめとする学納金が用いられることが多い。しかし現在のところ、大学院の学納金は、文部省「学生納付金等調査」の対象とされていない。そこで、間接的データであるが、文部省「学生生活調査」から得られる学生の年間支出データから学費を用いることにした。「学生生活調査」から学生（およびその家計）が支払った学納金のみを取り上げることも可能である。しかしここでは、教育の費用を広く捉えるため、学納金に修学費、課外活動費、通学費を含めた学費を用いる。

二〇〇〇年の場合、修士課程学生が支出した学費は平均七五・二万円で、そのうち学納金（五八・四万円）は七八％を占める。「学生生活調査」において大学院の学費が調査されるようになった七六年には、学納金（一二・八万円）は学費（二七・五万円）の四七％にすぎなかった。この間、学費全体に占める学納金の比率は一貫して上昇している。これはとくに、国立大学大学院の学納金が上昇したためと考えられる。なお、「学生生活調査」は隔年実施であるので、非実施年については、前年と翌年の平均値を用い算出した。所得と学費は、消費者物価指数により実質化した（一九九五年価格）。

大学院教育の供給量の指標としては、文部省『学校基本調査報告書』および文教協会『全国大学一覧』から合格率（修士課程入学者数／入学志願者数）や入学定員比率（修士課程入学定員／大学卒業者数）を算出することができる。合格率は、大学進学研究でも供給量の指標として用いられる。しかし大学院の場合、合格率は、大学院修了後の雇用機会を反映した大学院側の入学政策の影響を受けるので、大学院修了後の無業者率と逆相関関係にある（第3節①参照）。このため、後に取り上げる博士卒無業者率と合格率を回帰式の中に同時に投入するのは適切ではない。そこで、ここでは、公式的な供給量（入学定員）を大学院教育の潜在的需要量（大学卒業者数）によって調整した値である入学定員比率を用いる。

入学定員比率は、六〇年代から八〇年代に至るまで、ほぼ六～八％の範囲で推移していた。修士課程入学定員は、若干のズレはあっても、ほぼ大学卒業者数に見合う形で増加してきたといえる。ところが、九二年以降は、修士課程入学定員の増加率が大学卒業者数の増加率を上回っているため、入学定員比率が上昇し、二〇〇〇年には一一％に達している。

大学院進学は、大学卒業後の失業回避の方策とも考えられる（大卒失業率が高ければ大学院進学率も高まる）。しかし、大卒者の失業率データは得られない。大卒者の求人倍率であれば、リクルートが調査しており、八五年からのデータが得られる。しかし、調査方法が変化しているため、大卒者全体の求人倍率は八七年以降についてしか得られない（男子大卒は八五〜九七年、女子大卒は八七〜九七年）。そこで、文部省「学校基本調査」から得られる大学卒業後の無業者（一時的な仕事に就いた者を含む）を大学卒業者で除し、失業率の代替指標として用いる。

大卒無業者率は、六〇年代はじめは四％前後の水準であったが、六四年から七八年（一一％）に至るまで上昇基調で推移した。八〇年代に安定して九％前後で推移した後、九一年には六％という低水準に達したが、その後急速に上昇、二〇〇〇年には二七％に達している。ただしこれは、全体の変化である。男子に限ると、全体より一〜五％ポイント低い水準で推移している。女子の無業者率は、男子よりもかなり高く、六〇年代後半から七〇年代の終わりまで二〇％を越えていた。八〇年以降、男女差は縮小する傾向にあるものの、女子の無業者率はなお高く、二〇〇〇年は三〇％である。

大学院進学が大学卒業後の失業回避方策であるといっても、大学院修了時に就職や進学の機会に恵まれる見通しがなければ大学院進学は選択されないだろう。そこで、進路見通しの指標として、修士課程修了後および博士課程修了後の無業者率を取り上げた。修士課程または博士課程修了後の無業者率が高い（進路見通しが立たない）と、修士課程進学率は下がるという仮説である。

修士卒無業者率は、学部卒無業者率とほぼ同じか低めで推移している。とくに男子は、八六年以降、学部卒無業者率より一貫して低い値を示している。二〇〇〇年では男子学部卒無業者率が二五％であるのに対して、男子修士卒無業者率は一二％である。ところが女子の修士卒無業者率はきわめて高い値を示しており、六七年以降、一貫して二〇％を越えている。博士卒無業者率はさらに高く、七〇年代後半は、全体と男子は三〇％前後、女子は四〇％前後であった。若干の振幅を伴いながら九二年に至るまで低下するが、その後は再び上昇している。二〇〇〇年の博士卒無業者率は、全体三四％、男子三一％、女子四〇％である。

③男女によって異なる進学要因

以上の説明変数を用い、修士課程進学率を被説明変数とする重回帰分析を試みた。分析期間は、一九七七〜九九年の二三年間である。家計所得、学費、合格率、修士卒と博士卒の無業者率は一年のタイムラグを置いた。他方、大学卒業後の無業者率と修士課程入学定員比率はタイムラグを置かず、当年データを用いた。とくに近年は就職活動が早期化しているが、七〇年代後半から八〇年代においても、前年の秋までに就職はほぼ確定していたからである。つまり、大学院志願を決定する前の段階で、自分自身を含む大卒者の就職状況が判明すると考えた。入学定員の大きさも大学院志願段階でわかっている。分析結果は**表2－2**に示す。

まず、男女を合わせた全体についてみると、家計所得、入学定員比率、大卒無業者、博士卒無業者率が有意である。所得が高いほど、入学定員が大きいほど、また、大卒時の就職状況が厳しいほど、修士課程進学率が高まる。しかし、長期的な（博士課程修了後の）進路見通しが立たなければ修士課程進学は選択されないという結果である。学費と修士卒無業者率の偏回帰係数の符号は負になっており、学費や修士卒無業者率が高いほど、修士課程進学率は低下することを示している。しかし、いずれもt値が小さく、有意でない。

性別にみると、男子は、全体とほぼ同じ結果である。他方、女子は、博士卒無業者率が有意ではなく、修士卒無業者率が有意である。つまり、男女とも、所得と当面の失業回避、および大学院の供給量と出口の問題を重視して修士課程進学・非進学を選択している点は共通している。異なるのは、どのタイミングの出口を重視しているかという点である。女子は、修士課程修了時の進路見通しを考慮して進学・非進学を選択している。これに対して男子は、博士課程修了時、つまり、より長期の進路見通しを踏まえて選択している。博士課程進学率の男女間格差や専攻分野の違いも考慮して分析を深める必要もあるが、ここでは進路見通しの長さの違いを指摘するにとどめておく。

表 2-2　修士課程進学率の重回帰分析

	全　体	男　子	女　子
定　　数	-7.176 (-1.293)	-6.780 (-0.954)	-9.570** (-2.549)
所　　得	0.291** (2.650)	0.359** (2.831)	0.293*** (4.151)
学　　費	-0.027 (-0.391)	-0.075 (-0.859)	0.018 (0.470)
入学定員比率	0.850** (2.276)	0.855* (1.869)	0.316 (1.609)
大卒無業者率	0.227*** (3.195)	0.303*** (3.062)	0.191*** (6.629)
修士卒無業者率	-0.216 (-1.118)	-0.251 (-1.134)	-0.314*** (-4.497)
博士卒無業者率	-0.242** (-2.799)	-0.264** (-2.734)	-0.007 (-0.243)
調整済決定係数	0.971	0.969	0.984
D W 比	2.037	1.915	1.906

注）各セルの上段は偏回帰係数、下段括弧内は t 値（***1％有意、**5％有意、*10％有意）

修士課程進学率：修士課程入学者数／大学卒業者数 ×100（全体および男女別）

所得：世帯主が 50 ～ 54 歳の勤労者世帯の実質可処分所得（月額、単位万円、1 年ラグ）

学費：修士課程在学者の学費（年額、単位万円、1 年ラグ）

入学定員比率：修士課程入学定員／大学卒業者数 ×100

大卒無業者率：無業者数／大学卒業者数 ×100（全体および男女別）

修士卒無業者率：無業者数／修士課程修了者数 ×100（全体および男女別、1 年ラグ）

博士卒無業者率：無業者数／博士課程修了者数 ×100（全体および男女別、1 年ラグ）

3　拡大による問題点

①出口見通しのない学生増

前節の分析結果によれば、九〇年代に入って急速に増加した修士課程進学者は、大学院修了後（男子は博士課程修了後、女子は修士課程修了後）の進路が十分に開かれなければ増加にブレーキがかかるが、大卒者の就職難や修士課程の入学定員拡大がつづく限り減少することはない。したがって、修士課程進学者の急増によって現在発生している問題点は、有効な改善策が打ち出されない限り、今後も継続する可能性がある。改善されるべき現状の問題点を明らかにしておきたい。

問題点の一つは、これまでにも指摘した急激な規模拡大によるものである。文部省『学校基本調査報告書』には、一九七三年から、本務教員のうち大学院担当教員数が示されるようになった。七三年時点ではその数二万七〇六一人で、大学教員全体の三二％にすぎなかった。その後この人数は増加をつづけ、二〇〇〇年には八万八九三人となり、全体の五四％に達している。

大学院担当教員はこれほど増加したのだが、第1節で述べたように、学生数は教員数以上に増加している。このため、大学院担当教員一人当たり学生数（ST比）は、七三年の一・七から二〇〇〇年には二・五にまで上昇した。七〇年代後半に低下したが、その後ほぼ一貫して上昇し、学生数が急増する九〇年代にはとくに上昇した。九七年と九八年にはわずかに低下したが、九九年と二〇〇〇年には再び上昇して前述の値となっている。ただしこれは、わが国の大学院全体でみた値である。国立（七三年一・五→二〇〇〇年二・七）、公立（〇・九→一・七）、私立（二・五→二・四）という、設置者ごとの違いもあるし、各大学の個別研究科ごとの事情はさらに異なる。学生が少なすぎて定員に満たない研究科もあれば、多すぎて教育条件が悪化している研究科もあるはずである。

大学院全体としての入学定員充足率は、長い間一〇〇％に満たなかったが、修士課程においては、九一年に一〇〇％を越え、二〇〇〇年は一一四％である。国立では、全体より早く九〇年に一〇〇％を越えており、現在は一二一

%。公立は九一年に一〇〇%を越え、現在は一一六%である。私立は九四年に一〇一%に達したが、その後九七年まで若干低下、九八年に上昇に転じ、現在は一〇四%である。

博士課程は、修士課程以上に入学定員充足率が低かったが、九五年と九六年に国立の入学定員充足率が一〇〇%を越えた。二〇〇〇年現在、国立九六%、公立八五%、私立六二%、全体で八四%である。

三浦が指摘しているように、従来、わが国の大学院では、修了後の雇用機会を考慮し、入学定員を充足するよりも、入学者を制限する入学政策がとられてきた(三浦、一九九一年、一二九―一三〇頁)。このため、例えば修士課程修了者の無業者率と修士課程入学定員充足率の関係をみると、六〇年代後半以降九〇年までは、無業者率が上がると入学定員充足率が下がる、無業者率が下がると入学定員充足率が上がるという関係が一年程度のラグを伴ってみられた。ところが九一年以降は、無業者率とは無関係に定員充足率が上がる傾向にある。とくに九一～九四年は、修士課程修了者の無業者率が上がっているのにもかかわらず、入学定員充足率は一〇〇を越えて上昇した。修了後の雇用機会の見通しは立たないにもかかわらず、定員以上の学生を受け入れる研究科が増えたのである。

ただし、現状において、修士課程、博士課程とも、全体の入学定員充足率が一〇〇%前後であるということは、入学定員を上回って入学させている研究科と、定員を下回っている研究科があることを意味する。大学基準協会『大学一覧』から得られる個別研究科のデータを検討してみよう。『大学一覧』には、個別研究科の入学者数ではなく在学者数が記載されている。そこで、入学定員充足率ではなく、収容定員に対する在学者数、つまり収容定員充足率を算出した。その際、九七年以降に設置された新しい研究科は除外した。また、二〇〇〇年時点で学生募集を停止している研究科も当然ながら除外した。

表2-3は、収容定員充足率別の研究科分布を課程別に示している。いずれの分野においても、在学者数が収容定

表 2-3　収容定員充足率別にみた研究科の分布

修士課程		人文	社会	理学	工学	農学	保健	教育	家政	芸術	その他	全体
定員充足率	200%以上	2	19		9	2			1	1	4	38
	180～200	4	6		4		4	1		1		20
	160～180	7	12		16	4	2	1		3	5	50
	140～160	10	19	4	17	3	5	9		3	5	75
	120～140	21	39	4	33	8	14	22		6	32	179
	100～120	25	52	12	18	11	21	21	4	9	19	192
	80～100	31	37	6	10	12	12	8	3	1	10	130
	60～80	25	51	5	3	1	13	4	3	2	3	110
	40～60	17	32	3	1	1	5		5		5	69
	20～40	1	5					1	1			8
	0～20	1	1									2
平均定員充足率		103%	111%	102%	139%	120%	108%	119%	88%	128%	123%	115%

博士課程		人文	社会	理学	工学	農学	保健	教育	家政	芸術	その他	全体
定員充足率	200%以上	12	10	2	5	10		1	2		12	54
	180～200	6	3		2	1		1		1	2	16
	160～180	10	6		4		2	4	1	1	3	31
	140～160	13	17		5	2	3	2	1	1	6	50
	120～140	15	14	3	7		13	4		2	17	75
	100～120	7	23	4	16	6	32	3	1	5	6	103
	80～100	14	18	6	10	3	32	1	2	1	8	95
	60～80	7	28	3	13	5	19		3	1	5	84
	40～60	16	37	4	16	5	26	1	2	1	6	114
	20～40	8	27	9	19	2	17	1	1		9	93
	0～20	4	28	1	10	1	9				1	54
平均定員充足率		118%	81%	82%	84%	137%	79%	134%	134%	115%	122%	96%

課程計		人文	社会	理学	工学	農学	保健	教育	家政	芸術	その他	全体
平均ST比	国立	2.1	2.4	2.7	4.3	2.5	2.3	1.4	−	3.6	3.5	2.6
	公立	1.6	1.5	1.7	3.4	1.6	1.5	−	2.6	1.3	1.4	1.7
	私立	2.0	2.4	1.5	2.2	1.2	2.0	1.9	1.0	1.4	5.1	2.3
	全体	2.0	2.4	2.0	3.1	2.1	2.1	1.5	1.2	1.7	4.1	2.4

出典）大学基準協会『平成 12 年度大学一覧』より算出。

員を大きく上回る研究科もあれば、下回る研究科もある。修士課程についてみると、分布がとくに広がっているのは社会科学である。社会科学では、定員充足率が一〇〇％以上の研究科が五四％にのぼっている一方で、一四％の研究科の充足率が六〇％未満である。人文科学やその他の分野も、定員充足率による分布の広がりが大きい。これに対して、どちらかといえば上方（定員充足率が高い方）にシフトしているのが工学と芸術、下方にシフトしているのが理学と家政である。しかし、上方にシフトし定員充足率平均値が高い分野でも、定員を満たしていない研究科はかなり存在するし、下方にシフトし定員充足率平均値が低い分野でも、定員を大きく上回る学生を受け入れている研究科もある。博士課程の場合は、修士課程以上に定員充足率による分布の広がりが大きい。第1節において、研究科の規模は多様であることを指摘したが、定員充足率でみても多様なのである。

②教育条件の悪化

次に、教育条件の重要な指標である教員一人当たり学生数（ＳＴ比）をみてみよう（表２-３最下段）。この値の分母は、研究科の専任教員だけでなく、兼担教員も含む。『大学一覧』の「はしがき」に毎年書かれていたように、兼担教員も、所属が当該大学の学部であるというだけで、実質的に専任教員とみなし得るからである。分子の学生数は、修士課程学生と博士課程学生を合わせた値である。分母の教員数を修士課程担当と博士課程担当に分離することができないからである。

したがって、このような値を用いて算出したＳＴ比は一つの目安にすぎない。しかし、目安にすぎないとはいえ、工学の平均ＳＴ比の高さは際立っている。国立工学はとくに高い。他にも、公立工学、国立芸術、「その他」が高い。個別研究科データをみると、ＳＴ比が四以上の研究科は一二％に達する。国立に限定すると二一％の研究科がＳＴ

比四以上である。以下、ＳＴ比五以上が全体の五％（国立では八％）、六以上が二％（同三％）である。大学教員一人当たり学部学生数は、一六〜一七人であるので、学部に比べると大学院は恵まれているといえるかもしれない。しかし、国公立大学に限ると、教員一人当たり学部学生数は、一九六〇年代から現在に至るまで七〜九人である。大学院の中には、国公立大学の学部の平均的ＳＴ比を大きく上回る研究科もみられる。

大学院ＳＴ比の変化（本節①参照）や現状は、大学院における授業や研究指導が変化したこと、あるいは変化せざるを得なくなっていることを意味している。九三年に修士課程二年および博士課程一年の学生を対象に実施された「大学院における研究者養成に関する調査」には、大学院における教育に対する大学院生の強い不満が示されている。この調査の自由記述回答の整理と解釈は、小林（一九九五年ａ）によってなされている。そこでは、大学院生の不満の原因を教員の人格や学生の気質変化といった個別事情にのみ求めるのではなく、その背後にある構造的問題に目を向ける必要があることが指摘されている。構造的問題とは、小林によれば、①設備施設・経費・教員スタッフ（助手を含む）がほとんど変わらないまま大学院が急激に拡大したこと、②学術研究の進展と学部および大学院の教育が整合的でなくなっていることである。

この調査が実施されて数年が経過し、大学院はさらに拡大したが、構造的問題が解決に向かっているという証拠は乏しい。例えば、九七年に全国の大学院・研究科に対して実施された「大学院改革の実施状況に関するアンケート調査」（岩山・示村編、一九九九年）によれば、教育課程・教育方法等の改革は七〜八割前後の大学院で実施または検討されている。しかし、その歩みは、学部の改革と比べると遅いといわざるを得ない。

③学生生活の変化

大学院生の生活も変化している。ここでは、経済的側面に焦点を当ててみてみよう。大学院生の経済生活を支える上で、奨学金が重要な役割を果たす。奨学金の中でも最も一般的・包括的な日本育英会奨学金について、その受給率（奨学金受給者数／大学院学生数）をみると、一九七〇年（修士課程四三％、博士課程六三％）から九三年（それぞれ二五％、三五％）に至るまで低下傾向にあることがわかる。しかし、九四年になって修士課程に有利子貸与制度（第二種奨学金）が導入されたこともあって、低下傾向に歯止めがかかり、修士課程は上昇に転じた（二〇〇〇年の受給率は、三六％）。ただし、修士課程の上昇分のほとんどは、有利子貸与制度によるものである。博士課程の受給率は、三〇％台の後半で停滞している（二〇〇〇年は三六％）が、日本学術振興会特別研究員（ＤＣ）が拡充されている。このように、大学院生に対する奨学金制度は、徐々にではあるが改善されているといえよう。

しかし、支出、つまりお金の使い途にあらわれる大学院生の生活に目を向けると気にかかる点がある。島（一九九九年）は、六八〜九六年の学部学生（昼間部）の学生生活費を分析して、一般的世帯以上のペースで住居・光熱費の比率が上昇する一方で、修学費(3)の比率が低下していることを指摘している。島が分析したものと同じ文部省「学生生活調査」を用いて、大学院生の学生生活費の変化（七六〜二〇〇〇年）をみても同様のことがわかる。気にかかる点というのは、修士課程学生の変化である。修士課程学生の修学費が学生生活費全体に占める比率は、七六年には一三・一％で博士課程学生（一六・三％）に近い水準にあった。ところが、その後一貫して低下し、二〇〇〇年には四・一％で、博士課程学生（七・四％）よりも学部学生（二・五％）に近い。名目値でみても、修士課程学生の修学費は、八〇年には一二万円であったが、二〇〇〇年には七万七〇〇〇円である。

大学図書館等が整備されたため、自分で本を買わなくても済むようになったためかもしれない。学習・研究に必要な情報はインターネットで収集しているのかもしれない。しかし、修学費の減少が、修士課程学生の学習・研究意欲が学部学生に近づく形で低下していることが原因であれば問題である。

修士課程学生が学部学生に近づく傾向は、収入面でもみられる。「家庭からの給付」が学生の収入に占める比率をみると、この約二〇年間、学部学生は七五％前後、博士課程学生は二〇％前後でほぼ安定している。ところが、修士課程学生の収入に占める「家庭からの給付」の比率は、七六年の四八％から二〇〇〇年には五五％に上昇している（この間の最低は八〇年の四五％、最高は九六年の六〇％）。

修士課程学生に対する家庭からの給付が上昇することは、むろん悪いことではない。それだけ大学院教育に理解を示し、積極的に投資する家計が増えたことを意味するからである。しかし、学生生活費という限定的なデータではあるが、九〇年代の大学院の急速な拡大の中で、とくに修士課程に、学部学生と大差のない学生が多く入学していることを示しているのではないだろうか。このことは、このような学生の教育に対して、学部学生と同等以上の多様な配慮が必要になっていることを意味する。今や大学院、とくにその修士課程は、研究者養成や就職待機だけでなく、専門職業人の養成、学部教育の補習学校、あるいは高級カルチャーセンターといったさまざまな機能を取り込んでいる（川嶋、一九九八年）。それぞれの機能を果たすための工夫が求められているのである。もっとも、これらのすべてを大学院という名称で一つに括り、修士課程修了者の全てに同じ修士学位を授与することが適切かどうかは、別途検討すべき問題である。

注

（1）文部科学省『平成一六年版　教育指標の国際比較』（国立印刷局）によれば、二〇〇〇年時点の米英仏各国の人口一〇〇〇人当たり大学院在学者数は、アメリカ（フルタイム在学者）三・八六人、イギリス（同）二・七二人、フランス（大学第三期課程在学者）三・七〇人である。日本の大学院が現在のペースで拡大すれば、それほど遠くない将来に、まずはイギリスの水準に達するだろう。もっとも、各国の大学院制度はかなり異なる（クラーク編著、一九九九年）から、この値を比較することに大きな意味があるわけではない。

（2）　もちろん、小林が指摘しているように、大卒者を基準として大学院への進学率を考えることは、最近では近似的意味しか持ち得ない（小林、一九九五年b、六〇—六一頁）。社会人や留学生など、大学新卒者以外のからの修士課程進学者が増大する傾向にあるからである。したがって、ここでの分析も、大学院拡大の要因を近似的に捉えようとするのである。

（3）　学費のうち、学納金以外に、正課教育を受けるために学生本人が支出した経費。教科書、参考図書、実習材料、文具類、実習旅行費など（通学費や課外活動費は含まれない）。

引用・参考文献

荒井克弘　一九八九年、「科学技術の新段階と大学院教育」『教育社会学研究』第四五集。
岩山太次郎・示村悦二郎編　一九九九年、『大学院改革を探る』（ＪＵＡＡ選書10）大学基準協会。
市川昭午・喜多村和之編　一九九五年、『現代の大学院教育』玉川大学出版部。
大崎仁　一九九九年、「大学院教育」『高等教育研究紀要』第一八号。
川嶋太津夫　一九九八年、「大衆化する大学院」天野郁夫他『変貌する高等教育』岩波書店。
クラーク、Ｂ．編著　一九九九年、『大学院教育の研究』（潮木守一監訳）東信堂。
黒羽亮一他　一九九二年、「わが国における大学院拡大の可能性」『大学研究』第九号。
小林信一　一九八九年、「工学系大学院の発展過程と現段階」『教育社会学研究』第四四集。
――　一九九五年ａ、「理工系博士課程の危機」『ＩＤＥ・現代の高等教育』第三六三号。
――　一九九五年ｂ、「大学院への進学と大学院生の就職」市川・喜多村編、前掲書。
島一則　一九九九年、「親と大学生の学生生活費負担に関する実証的研究」『高等教育研究』第二集。

三浦真琴　一九九一年、「大学院修士課程の機能分化に関する一考察」『教育社会学研究』第四八集。
矢野眞和　一九九九年、「ユニバーサル化への道」『高等教育研究』第二集。
山本眞一　一九九六年、「学術研究システムから見た大学院に関する研究」『大学研究』第一五号。

3　大学院重点化政策の功罪

小林信一

はじめに

本章は大学院重点化政策の背景と問題点について論じる。「大学院重点化」は、一九九一年に東京大学の法学部で、教員の所属が学部から法学政治学研究科に移され、それに伴うさまざまな制度上の改革を実施したことに端を発し、二〇〇〇年でほぼ終息したといわれる。

「大学院重点化政策」は奇妙な政策であった。関係者のほとんどが「大学院重点化」という言葉を知り、その言葉を使って議論していながら、実は「大学院重点化政策」という明文化された政策はなかった。しかし、実態としてそうした政策が展開され、日本の大学院の在り方、ひいては研究の在り方に多大な影響を及ぼしたことも、否定し難い事実である。「大学院重点化」は、元来は国立大学に固有の制度の枠内における改革であったが、いまや公立大学や私立大学でも「大学院重点化」の言葉を用いて大学改革を進めている。国立大学に関しても、公式には二〇〇〇年度までで「大学院重点化」は終息したとはいわれながらも、国立大学法人化という新しい状況の中で、広義の「大学院重点化」は今後も継続する可能性がある。このように「大学院重点化」は当初の限定された意味では捉え切れない展開をしている。

「大学院重点化政策」にせよ「大学院重点化」にせよ、それらを一義的に定義することはほとんど不可能である。本章では「大学院重点化」の名のもとに、事実として起きたさまざまな変革の総体を対象とし、その背景と問題点について、研究活動の観点も交えながら吟味する。なお、大学院重点化が国立大学の制度の中で生じてきた問題であることから、以下では主として国立大学の大学院について論じる。

1　大学院重点化とその背景

①大学院制度の整備充実

日本の現行の大学院は、新制大学の創設に伴って一九五一年以降各大学に設置された。しかし、学部の発展に比べ大学院の発展は遅れ、制度的にも未整備な状況がつづいていた。八〇年代には工学系の修士課程を中心に大学院が拡大し、大学院制度の問題点も顕在化し、次第に大学院制度の充実が重要な政策課題となっていった。当時は、独立研究科などの一部の例外を除いて、大学院独自の施設、教員がほとんど手当てされていなかった。またそのための経費も、学生当積算校費というわずかばかりの経費以外には、明示的にはほとんど手当てされていなかった。そのため、大学院が拡大した工学系等の研究科では施設の狭隘化、教育・研究費の不足が慢性的問題になっていた。

この過程で、大学院を大学の基幹的組織として位置づけるべきだと考えられるようになった。多くの大学では大学院の教育は学部に所属する教員が、兼担といわれる形式で、いわば片手間で、大学院を担当していた。大学院の規模が小さかった時代にはそれでよかったが、大学院生が多くなると、大学院専任の教員の配置が求められた。これに対応して、大学院専任教員、独立専攻、独立研究科など、学部に基礎を置かない大学院独自の教員や組織が置かれるようになった。また、従来は大学院の目的は研究者の養成にあったが、実態に合わせる形で、高度専門職業人の養成もその視野に含めるように制度を変更した。このような大学院制度の整備のための改革は、一九七四年の大学院設置基準の制定以降、徐々に進められ、八八年の大学審議会答申『大学院制度の弾力化について』とそれに基づく制度改革により一段落した。

その次の段階で問題となるのは、このような制度のもとでいかに大学院の整備を進めるかであり、一九九一年五月の答申『大学院の整備充実について』、同年一一月の答申『大学院の量的整備について』がその方向性を具体化した。前者では、いわゆる留学生枠、社会人学生枠などの形で大学院の専任教員ポストを配置することにより、実質的に大学院スタッフを充実する方法を示した。後者は、大学院の整備の目安として、二〇〇〇年までに大学院生を倍増させるという目標を設定した。その後は、これらの枠組みの中で大学院の整備が進められた。なお、大学院の規模に関しては、二〇〇〇年に在学者数は二〇万五〇〇〇人を越え、当初の計画（一九九一年の在学者数九八、六五〇人の二倍）を達成した。このような大学院改革の方向性は、現実に進んでいた大学院の拡大と知識社会化への対応として、決して特別なものではなかった。大学院の量的整備に関して、分野別の違いに対する配慮が欠けていた、などの問題はあったものの、おおむね妥当だったと思われる。

大学院重点化の現象も、基本的にはこのような大学院制度の整備・充実という文脈の中に位置づけることができる。しかし、これらの一連の検討の中で、大学院重点化という方法が明示的に取り上げられたわけではなかった。

②研究機能の充実

大学院重点化の背景には、大学院による研究者の養成に対する期待という、従来からあった動機だけでなく、大学院を学術研究推進の中核機関として位置づけたいという動機もあった。

一九八〇年代前半の技術摩擦が契機となり、八〇年代後半には「基礎研究ただ乗り」が盛んに議論されるようになっていた。また、八〇年代にはマイナス・シーリングのため国立大学の施設、設備が次第に疲弊し、研究費不足が慢性化する状況がつづいていた。このような背景から、八〇年代末から基礎研究の推進の必要性が広く議論され、その打開策としてセンター・オブ・エクセレンス（COE）の育成が政策的課題として取り上げられるようになった。八八年の科学技術白書『創造的研究環境の確立をめざして』にはセンター・オブ・エクセレンスの表現が登場した。一連の議論は、九三年からの中核的研究拠点（COE）育成プログラム（科学技術振興調整費）、九五年からの中核的研究機関支援プログラム、中核的研究拠点形成プログラム（いずれも科学研究費補助金）などの政策に結実した。

COEは、卓越した研究拠点と呼ばれる。COEはすべての組織を対象とするものではない。必然的にそれは重点化の性格を帯びる。その担い手に関しては、「センター・オブ・エクセレンスの単位としては、研究分野、研究活動の実態等により、研究所、研究センター、大学院研究科など様々なものが考えられる」（答申『二一世紀を展望した学術研究の総合的推進方策について』一九九二年）とされ、大学院がCOEを担い得る機関として期待された。ここでも、大学院重点化はその対策として明示されたわけではない。だが、同答申は「我が国においても、比較的優れた研究環境を持ち、卓越した研究実績を上げている研究機関も存在するが、これらの機関も含めさまざまな分野においてセンター・オブ・エクセレンスを積極的に整備していく必要がある。そのため、既存の諸制度も活用しつつ具体的な形成の方法について検討する必要がある」とし、既存の大学院がＣＯＥの形成と結びつく余地を残した。そのため、重点化した大学院の多くがＣＯＥ形成を一つの論拠とした。大学院重点化はＣＯＥの育成という政策的目標に対する一つの解答という側面も有していた。

③東大の特殊性

大学院重点化は東京大学からはじまった。東京大学には、大学院重点化に取り組むべき固有の背景があった。東京大学の場合には、教養学部が存在し、学部のはじめのほぼ二年間、学生は教養学部で単位を取得する。そのため、各学部には三、四年次の学生のみが配属される。一方、大学院が一九八〇年代に急速に拡大したため、教員の立場からみると、学部生は指導対象の主要部分とはいえない状況になっていた。学部の後半二年、修士課程の二年、博士課程の三年を細切れにして教育するよりも、それらを一体化して系統的に指導したいと考えるのは自然の成行きである。そのため、東京大学ではこの時期、学部後半から大学院にかけて一貫教育体系を構築することが検討され、理学院構想、工学院構想などの一貫教育構想に結実していった。

理学院構想では、学部三、四年次から博士までの一貫教育、工学院構想では学部三、四年次と修士課程の一貫教育が想定された。理学院構想は、学生のほとんどが研究者となるという実態を反映したものであったし、工学院構想はほとんどの学生が修士課程を修了してから民間企業等に就職するという実態を反映したものだった。いずれにしても、すでに大学院教育は学部教育の片手間で担当するようなものではなくなっていた。東京大学の場合、どの分野でも多かれ少なかれ似た状況にあった。

また、東京大学に限らず、有力大学では研究環境の悪化や研究費の不足が著しかった。これにはいくつかの要因がある。有力大学の場合、大学院生が増えたにも関わらず、施設整備がそれに対応していなかったため、大学院生が増えれば増えるほど、教育・研究スペースが相対的に狭隘化した。伝統的な大学であるがゆえに、老朽化した施設が多かったことも一因である。また、研究活動が活発であるので科学研究費補助金やその他の研究助成金の導入が拡大したが、間接経費の制度が整備されてこなかったため、校費のかなりの部分を間接的経費に充てるしかなく、そのため教育・研究に充当できる費用が実質的に減少した。この傾向は、一九九〇年代の公的な研究助成の拡大により、多くの大学に及んだ。

研究環境の悪化、研究費不足の状況は、大学によって異なる。有力大学ほど状況は悪化しており、改善要求は大きくなる。状況の改善のためには、国立大学の基準を一律に改訂しても意味はない。大学院生が多い大学、研究活動が活発な大学を対象とした方策、すなわち、大学院の規模に応じた資金配分の仕組み、校費以外の外部研究資金における間接経費の徴収制度が必要になる(このうち後者に関しては、いまだ十分とはいえないものの、一九九五年以降次第に整備されてきている)。こうした問題に対しても、東京大学は先頭に立って、解決策を模索しなければならなかった。

当時、大学院の規模に応じた資金配分の仕組みとして採用し得る方策にはどのようなものがあったか。大学院の学生当積算校費の単価を上げる方法には、授業料との関連で限界がある。その配分方式は、すでに定員ではなく実員を根拠として配分されていた。これは、定員充足率が一〇〇%を下回っている時代には適した方法だが、定員超過状態になると、配分される経費は多くなるので学生増加のインセンティブが働くが、かえってスペースの狭隘化の要因になるという矛盾を抱えていた。

そうなると、実員を定員化するか、選択的に特定の大学院のみに重点的に資源配分をすることが必要になる。前者の場合は、基準面積が増大するので狭隘化の解決の方法となる。しかし、学生定員、教官定員、施設面積などが相互に対応づけられていた制度のもとでは、教員数も増やさなければならない。教官定員の増加は、国家公務員総定員抑制政策の制約により困難である。これを回避するには、教員当たり学生定員の大きい大学院専任教員の比率を増やすしかない。附置研究所の教員の大学院教育への参画により、学生定員を増やすことは可能であるが、これについてはすでに実現していた。残された方策としては、学部に所属する教員の一定割合を大学院専任に振り替えるという選択肢があるが、その場合は学部定員を減らすという結果を招くので、大学にとっては避けたい選択である。

選択的に特定の大学院のみに重点的に資源配分をする方策については、徐々に整備が進んだ。すでに、一九八〇年代末から大学院の教育・研究のための設備の重点的整備、費用の重点的配分が行われてきた。施設面に関しては制約が大きく、九三年の「ベンチャービジネス・ラボラトリ」による施設整備まで待つことになった。二〇〇二年度に創設された「二一世紀COEプログラム」も、大学院に対する選択的、重点的な資源配分の仕組みである。しかし、九〇年代初頭においては、重点配分の手段は限定的であった。このように、九〇年前後の国立大学、とくに東京大学は、研究環境の整備、研究資金の確保という問題を前にして、八方塞がりというべき状況にあった。

理学院構想や工学院構想は、これらの問題に対して新しい制度の導入で解決を図ろうとしたものだった。構想は、関係者の間で議論が繰り返されたが、その途中の一九九一年に、法学部で教員の所属を学部から法学政治学研究科に移すという改革が行われた。これは、それまでの理学院構想、工学院構想とはまったく異なる発想であり、既存の制度を変革するのではなく、既存の制度の中で改革を進めようという試みであった。大学院に独立研究科を置くことは認められていたので、研究科を独立研究科と位置づけ、学部所属の教員を研究科所属に移した。ただし、それだけでは学部定員の大幅削減という望ましくない結果をもたらすので、さまざまな工夫や制度の整備が必要となった。その詳細については後述するが、これにより研究費の増額、さらには施設面積の拡大などを実現できた。これを「大学院重点化」と呼んだ。

ここでは、教官の所属を学部から大学院に移すという手段が、大学院の改革、大学院の拡充という目的のために採用されたというよりは、教官の所属を学部から大学院に移した結果として、大学院の拡充につながったというべきかもしれない。もちろん、表面上、大学院改革という目標が掲げられたとしても、実態としてはそれがレトリックにすぎないということは、誰もが了解していた。

このような組織改革は、かねて改革を検討してきた理工系分野にも影響を及ぼすことになった。それまでの理学院構想、工学院構想は、法学部の改革方式を取り入れて、大学院重点化により、大学院改革や教育・研究環境の改善に取り組む方向に舵を切った。

④人文社会系分野の改革

大学院重点化の背景としては、人文社会系分野の改革の問題もある。一九八〇年代には、理工系分野では修士課程が拡大し、その卒業生が社会で活躍するようになったが、文系の大学院は定員充足率が低く、さらには学位授与率も低く、就職状況もよくなかった。大学の教員がどのような説明をしようとも、社会一般の通念からすれば、そのような大学院は規模を縮小して、その分の資源を拡大する理工系大学院へ回すべきだということになる。もし、文系においても規模拡大や、大学院重点化をめざすならば、定員充足や学位授与の改善が必要となる。就職状況を改善するということは、とりもなおさず社会で求められる人材を育成することを意味する。つまり、文系大学院にとって、大学院重点化は積年の問題の解決に取り組むことを意味した。

さらに、学部教育は一九九〇年代に入ってから、「大綱化」による改革が進んでいたが、文系では理工系に比べてその進捗がはかばかしくなかった。例えば、工学系分野では、学部教育のアクレディテーションをめざす動きがあり、全国レベルで教育内容の平準化へ向けての努力がみられた。しかし、文系ではそのような動きはほとんどなかった。とくに法学部は、有力大学の学生でさえ司法試験のための予備校に通うという状況が発生し、法学部教育の在り方が批判の的となった。また、既存の法学部教育の中では、現実の社会で要求の大きい企業法務や知的財産権や外国の法律などの実務向け教育が不十分であるという問題もあった。

法学部に限らず、文系の学部教育は現実社会で役に立たないという批判が強かった。理系では、学部教育と大学院教育ではその内容も異なり、教育内容に階梯が存在している。ところが文系の場合には、学部でも大学院でも同じような内容の教育をするなど、特殊な内容について深く教育が行われる一方で、基礎的な内容について体系的な教育が行われないなどの問題があった。このような状況の中で、学部については基礎教育を充実し、実社会で役に立つような専門的な内容は大学院で教育するように改革を進める考えが登場した。大学院ではMBAやロースクールなどのプロフェッショナル・スクール型の教育へシフトすることが検討された。

文系の大学院重点化においては、このような改革圧力が影響を及ぼしており、いつくかの大学ではプロフェッショナル・スクール型のコースが導入された。しかし、本格的な改革は、その後の専門大学院、さらには専門職大学院の出現を待つことになる。

⑤重点配分への圧力

すでに述べたように、大学院が抱える問題の解決の方法の一つは、研究資源の重点的配分である。これは、大学院改革の観点のみならず、財政上の観点からも要請された。特定の大学院のみに重点的に資源配分をする方策については、すでに一九八〇年代末から大学院の教育・研究のための設備の重点的整備、費用の重点的配分が行われてきた。ただし、これは一般の競争的資金とは異なり、必ずしも明確に公募、評価、選抜が行われていたわけではない。この点は、九三年から始まった「ベンチャービジネス・ラボラトリ」も同じである。財政的観点からいえば、使途が明確でない資金を薄く広く配分するよりは、成果が期待できる組織に重点的に資源配分する方が、費用対効果の観点で望ましい。必然的に、重点的な資源配分を指向することになる。しかし、このような重点的な資源配分は、さまざまな波及効果をもたらす。

大学院重点化が、東京大学にとどまらず多くの大学に波及した大きい要因が、大学の序列意識にあることは否定し難い。従来も、一部の大学ではじまった改革が他の大学に波及していくことはしばしばみられた。とくに国立大学の間には、旧帝国大学、旧官立六大学等々の暗黙の序列が存在しており、序列を崩すような突出した改革を好まない雰囲気があった。そのような中で重点的な資源配分が行われると、次々と多くの大学が同様の組織改革を望むようになる。東京大学がやれば、他の旧帝国大学も大学院重点化をめざし、その後には別の国立大学がそれを指向することになる。このようにして、さまざまな国立大学で大学院重点化をめざした大学改革構想が検討されていった。

2　大学院重点化の進展

①大学院重点化の実現

さまざまな要因が交錯する中で一九九一年に、東京大学の法学部が教員の所属を学部から法学政治学研究科に移すという組織改革を実施した。ここに大学院重点化が始まった。大学院重点化で実施されたことのほとんどは、既存の制度的枠内での改革の組合せであり、決して目新しいものではなかった。しかし、既述のように、単純な改革ではかえって望ましくない結果を避けられないので、さまざまな工夫が必要だった。

まず、学部所属の教員を大学院研究科の所属に転換する（大学院の部局化）。これにより、それまで学部講座の積算単価が適用されていたものが、積算の基礎を大学院講座とすることで、大学院のための教育・研究経費が確保される。しかし、このままでは学部の担当者がいなくなるので、大学院の教員が学部を兼担する形にする（これを専担と呼んだ）。これに伴い、新たに学部専担経費を定義し、学部の教育経費を確保する。これだけでは、所属が変わっただけであり、経費の面でもほとんどメリットはない。そこで、大学院講座をいわゆる大講座にする（大講座化）。大講座は講座当たりの積算単価ではなく、それを構成する教授、助教授、助手のそれぞれについて単価が割り当てられている。当然ながら、単価は教授、助教授の順に大きい。そこで、従来の助手のポストを教授や助教授のポストに転換する（定員のアップシフト）ことにより、人数は一定のままで、経費の総額を増やすことが可能になる。

加えて、大学院のみを担当する講座や教員ポストを配置する。このためには、新たなポストを獲得して大学院に独立の講座を新設することが必要になるが、学内の研究所、研究センターなどの教員により大学院講座を設置したり、外部の研究者を客員教授などの形で招聘する客員講座を新設することで、新たな専任のポストを用意しなくても、大学院担当の講座を作ることができる。これらの講座も経費の積算の根拠になる。

このような方法によって教育・研究経費を若干増やすことができる。当初は大学院重点化をすれば経費は二五％の増額になるという噂が流布したが、どの程度のアップシフトが可能か、学内外の組織と協力して大学院のみを担当する講座をどの程度用意できるかによって異なってくる。そのため、後から大学院重点化を進めた学部では、教育・研究費を増額するという狙いを実現できない例もあった。

このような大学院講座の充実は、単に経費を増額させるだけではなく、それに伴って大学院の学生定員を増やす効果もある。積算の基礎は単に経費の算出基礎であるというだけでなく、学生定員の積算の基礎でもあるからである。そのため、大学院重点化は大学院学生を増加させる手段でもあり、大学院の量的整備という政策にも合致するものとなる。すでに学生数が定員を超過していた研究科では、超過分を実員化することができる。また、留学生や社会人の受入れを増やすことで、いわゆる留学生枠、社会人学生枠の大学院専任教員ポストを増やすことができる。これも、スタッフの充実、経費の増加に寄与することになる。

大学院重点化とはこれらの改革の複合である。ここには留意すべき点がある。第一は組織によっては、学生定員が増えるだけで、教員ポストもほとんど増えず、教育・研究経費もほとんど増えない場合もあり得る。その場合には、教員当たり学生数が増加するなど教育条件の悪化が懸念される。それでも大学院重点化を実現しようとするのは、既述のようなさまざまな狙いやインセンティブがあるからである。

第二は、ほとんどが既存の改革手段によって実現されているため、どこの大学でもやろうと思えば大学院重点化は不可能ではないということである。クリアすべき条件は、文科省が改組を認めるか否か、大学院の改組を伴うため設置審査を経る必要があるが、それをパスできるか否か、である(研究科や専攻の新設ではなかったので、当初は設置審査は行われなかった)。これらの条件に関しては、当初はかなり重要な意味を持っていた。公式な大学院重点化は二〇〇〇年までで終わったといわれるのもそのような理由からである。

②大学院重点化の拡張

二〇〇〇年までに、大学院をめぐる状況はかなり変わった。その結果、大学院重点化の意味も拡張していった。

第一に、国立大学の積算校費の仕組みが変更された。従来は、教官当積算校費が手当てされていたが、二〇〇〇年度からは、教育研究基盤校費を中心とする制度に改定され、分野別、職位別に定められていた費用が、ほぼ一本化された。大学院重点化は、積算単価に差があることを巧妙に利用したが、この制度変更の結果、前提そのものが失われたことになる。したがって、従来型の大学院重点化はできなくなった。第二に、一九九九年に学校教育法や国立学校設置法が改正された。その結果、大学院に研究科以外の基本組織を置くことができるようになり、国立大学の場合には、教育のための組織として教育部、研究のための組織として研究部を置けることになった。教育部、研究部については、さまざまな呼称が認められることになった。大学院重点化を進める上で、既存の組織形態に納らないものも登場しつつあり、それを許容するための制度改革でもあった。すなわち、大学院重点化の制度上の追認である。

その結果、さまざまな組織が登場した。研究科に代えて、教育部、研究部という名称で組織を設置した大学もあれば、研究院、教育研究院といった呼称も用いられた。学府、学環という名称もある。さらには、学堂、学舎、学林、学廊などという名称も登場した(京都大学地球環境学大学院の内部組織名称)。しかし、あまりにも多様な呼称が登場したために、それらが何を意味するかが判然としなくなった。

さらに問題を複雑にしているのは、このような多様な呼称が許された波及効果として、大学院の部局化を実現していない大学の中にも、学内措置で、教育と研究の組織を分化させる例も登場してきたことである。そのようにすれば、形の上では教員を研究組織に所属させることができ、いかにも研究大学らしい体裁を整えることができる。そこでは、予算上のメリットはほとんどないとしても、大学院重点化がめざしたものの一部を実現できた。このような事態が進展した結果、大学院重点化とは何かを明確に定義することは困難になった。

なお、三〇年近く前に、筑波大学が学群、学類、学系という名称の組織を設置した。これらの名称は法律で定義されたものだが、それらが何を意味するのかは、今日に至っても、広く理解されているとはいい難い。実は、これらの学内組織こそ、教育と研究を組織的に分離する改革の先例である。見方によっては、大学院重点化や教育部、研究部の分離は、筑波大学方式が一般化したものだともいえる。逆にいえば、筑波大学の固有性は失われた。国立大学法人化により、筑波大学の学群、学類、学系という名称は、法的根拠を失い、他の大学の教育部、研究部と同じ位置づけになるだろう。

大学院重点化の意味は、大学院を重視する、研究を重視する、といった大学改革の方向性を示す一般的なものになっていった。組織設計の柔軟化は、国立大学に限定されない。大学院重点化という言葉は、私立大学でも用いられるようになっていった。さらに、二〇〇四年度の国立大学法人化は、柔軟な組織を可能にするので、今後はいっそう組織の多様化が進むと予想される。そうなると、大学院重点化の意味はますます不明瞭なものになる。学部という大学の基本組織に制約されることなく、柔軟な組織設計と、教育・研究の多様化、個性化を進めることは、大学改革の観点からも望ましい。このことが、多様な組織、名称の登場や、国立大学のみならず私立大学においても大学院重点化が標榜されることの背景にある。しかし、あまりにも多様な組織形態、組織名称があることは、決して好ましいことではない。とくに、受験生や学生、さらには卒業生を雇用する企業等に理解が困難な状況をつづけることは望ましくない。

③大学院の規模拡大と学生層の変化

大学院重点化によって大学院はどのように変わっていったのだろうか。ここでは、一九九〇年と二〇〇〇年の二時点の大学院入学者の変化を比較する。

学校基本調査によると、大学院入学者数は修士課程で約三万人から約七万人へ二・三倍の増加、博士は七八〇〇人から一万七〇〇〇人へ二・二倍の増加を見せた。このうち、国立大学は修士課程で約二万人から四万一〇〇〇人へ二・一倍、博士課程は五二〇〇人から一一九〇〇人へ二・三倍の増大である。修士課程については、すでにかなり拡大していたこともあり、むしろ私立大学での拡大の方が大きい。分野別にみると、すでに拡大していた理学、工学、農学よりも、それ以外の人文社会などの分野の拡大が著しい。博士の場合には、研究科の設置数が少ない理学分野を除いて拡大が著しい。また、明確に分野分類できない学際的な研究科も多数登場した。

ただし、これらの増加は大学院重点化のみの影響ではない。大学院重点化と並行して、一九八〇年代後半から、それまで博士課程が未整備であった旧二期校の大学を中心に自然科学系の博士課程の整備が進んでいた。また、九〇年代にはすでに自然科学系の博士課程を設置していた大学に人文社会系の博士課程の設置が進んでいった。ただし、これらの博士課程の入学定員は小さい。

注目したいのは、大学院生の大学間の流動性の高まりである。学校基本調査によると、入学者全体のうち他大学等の出身者の割合が、修士課程で二三・七％（一九九〇年）から二八・二％（二〇〇〇年）へ増大し、博士課程で二二・八％から三一・七％へ増大した。修士課程にせよ、博士課程にせよ、従来よりも広範な大学で整備が進み、自大学での進学チャンスが拡大したにもかかわらず、他大学へ進学する者が増大した。とくに、博士課程でその傾向が顕著である。こうした変化の大きい要因が大学院重点化にあると考えられている。有力大学で大学院の入学定員が拡大し、また基礎となる学部・学科を持たない独立研究科や独立専攻も設置されたため、従来以上に他大学の出身者を受け入れる余地が拡大した。このため、大学院生の大学間移動が拡大していった。なお、他大学出身者が増大している背景には、大学院重点化にせよその他の大学院の新増設にせよ、社会人学生の受入れを拡大したという事情もある。二〇〇〇年の学生数のうち社会人学生は修士課程で一万五〇〇〇人（一〇・六％）、博士課程で九八〇〇人（一五・七％）である。社会人学生は勤務地や居住地との関係で出身大学にかかわらず、通学可能な地域の大学に進学する傾向があるからである。

④環境の変化

一九九〇年代には、大学院重点化がはじまった当初には予想されていなかった環境変化が起きた。政策面の変化と政治的環境の変化である。

科学技術政策の面では、一九九五年に大きい転換があった。九五年には科学技術基本法が制定されるとともに、ポストドクター等一万人支援計画が始まった。翌九六年には、科学技術基本計画が策定され、科学技術活動への重点的投資の方向が打ち出されるとともに、ポストドクター等一万人支援計画が基本計画に取り込まれ、正式の計画となった。これらの動きは、大学院重点化にとっては追い風となった。

一方、一九九八年一〇月に大学審議会は答申『二一世紀の大学像と今後の改革方向について』をとりまとめた。これは、大学院の規模の見通しについて言及した。諮問では、二〇一〇年における大学院生の規模について三〇万人という具体的整備目標が例示されたが、答申では従来の制度を前提とした場合、二二万ないし二五万人といった控えめな推計値が採用された。とくに、博士課程については供給過剰になる分野もあり得るとした。もっとも、今後の動向によっては二五万人を越え、「諸外国の状況や今後の社会変化等を踏まえると、将来的には諮問において例示されたように大学院の在学者数が三〇万人規模となることも予想される」という文言を付け、諮問との整合性をとった。しかし、とくに博士課程の場合、修了者の就職状況が芳しくない上に、ポスドクが増加したことで就職までの一時的な緩衝帯はできたもののその限界についての懸念が存在したため、大学院の拡大に対する不安が広がっていたのも事実である。

なお同答申では、「大学院の教育研究活動の比重が高まり、これが中心的役割を果たすに至っている大学においては、当該大学の教育研究目的を効果的に達成する責任ある組織の体制を整備するため、研究科と学部とを同等の基本的な組織として、当該学部とともに当該研究科に教員を所属させ、研究科教授会を置くのみならず、人事についても審議を行うとともに、全学的な運営に関与し得るような仕組みを法令上明確化する必要がある」とし、大学院重点化を実質的に追認している。同時に「学部や研究科を置きつつも学系と同様に研究上の目的から編制される組織を設ける方式など、多様な組織形態を採り得る制度的枠組みを考慮していく必要がある」とした。これらが、上述の一九九九年の制度改正につながった。

政治的局面では、国立大学の法人化と規制緩和が、大学の環境を大きく変えることになった。これらは、大学院重点化の初期には想定されていなかったことである。行財政改革は一九九〇年代を通じて大きいうねりとなり、二〇〇一年には中央省庁の統廃合や特殊法人を含む関連事業の整理統合や移管という形で、大学にとっても大きな環境変化をもたらした。さらに、二〇〇四年には国立大学が国立大学法人に移行することになった。国立大学法人は独立行政法人の枠組みの中で、国立大学に法人格を付与するものである。その仔細は、現実に国立大学法人が登場するまでは判然としないが、内部組織や運営の多様化が進む可能性が高い。

規制緩和の動きは、高等教育行政にも及んだ。従来の設置基準、設置審査を通じた高等教育行政も規制緩和の対象とされ、設立審査などが大幅に緩和された。従来は事前の審査が必要だった事項のかなりの部分が各大学の自主性に委ねられ、届出制に変更された。もっとも、高等教育の質の保証の観点からは、事前審査に代わる品質保証システムが必要とされる。そこで、アメリカのアクレディテーション・システムに似た事後的な評価システムを導入することになり、事前評価との併用による品質保証システムを構築することになった。

一九九九年の関連法令の改正のみならず、このような規制緩和が、大学の多様化を実現した。結果として、私立大学でも大学院重点化を標榜することが可能になり、大学院重点化は国立大学にとどまらないスローガンになった。これらの環境変化の結果、その初期に想定された大学院重点化にとどまらず、多様な大学院重点化が進むことになった。国立大学法人化によってその傾向はいっそう強まることになるだろう。やがては、大学院重点化は明確な制度や仕組みではなくなっていくだろう。むしろ今後は、競争的な研究資金配分などと結びついた形での実質的な重点化が進むものと予想される。

3　課題と展望

①抜け道探し

これまでに紹介してきたように、大学院重点化もしくは大学院重点化政策は、必ずしも明確な理念や方向性があったわけではない。さらには、国立大学法人化、設置基準の緩和などの大学をめぐる政治状況の急展開の結果、大学院重点化は実質的意味を失いつつある。

大学院の整備充実のための政策的議論は、一九九〇年代初頭までは段階的に進んできたものの、その後は本質的議論が欠如し、政策にも一貫性を見出しにくい。このことは、ほとんどの大学関係者が了解していたと思われる。

「抜け道」（天野、二〇〇一年、一九六頁）探しとしての大学院重点化だったことは、暗黙の了解だったのである。しかし、一度走りはじめた大学院重点化は止めることはできなかった。

結局のところ、大学院重点化は、大学院問題や大学における研究活動の問題に対する本質的解答を先送りした。大学院の本質的問題は、知識社会において大学院がどのような役割を果たすべきか、そのために大学院をどのように整備充実していくか、である。大学院が将来の科学技術・学術活動を担う優れた若手研究者の育成を担うことは、過去においても将来においても変わることはない。それに加えて、知識社会を担う研究者以外の高度な専門的職業人をいかに育成するかも課題である。そのような人材の育成を担う大学院の組織や運営はどうあるべきか、さらには大学の研究活動と大学院をどのように関係づけていくべきなのだろうか。大学院重点化は、このような本質的問題に十分に答えられなかった。

日本の大学院の顕著な特徴は、大学院生はみな、研究者予備軍だと捉えられ、研究者になるべく育成される点にある。そこには大きい問題がある。第一は、大学院を修了して、大学教員や公的研究機関の研究者となる者が少なくなっている現実の前では、民間の研究者、技術者やそれ以外の専門家へのキャリアパスを前提とせざるを得ないのに、伝統的な研究者養成を前提とした養成方法でよいのか、大学院は研究者養成に成功しているのか、という問題である。第二に、多様なキャリアパスを前提とするときに、極端に狭い範囲の研究に集中することがよいとはいえないし、研究者となる者にとっても、そのキャリアの中で、さまざまな新しい研究テーマに挑戦しなければならないので、むしろ基礎的な研究訓練、幅広い知識の獲得を優先すべきだという問題が出てくる。

②研究者養成の問題点

大学教員や公的研究機関の研究者の需要自体が減少しているという厳然たる事実がある。最近の半世紀は高等教育が著しく拡大し、研究活動も非常に大規模になった。研究活動の成長期においては、大学教員と研究者の新規需要が発生し、大学院における研究者養成は有効な役割を果たせた。しかし今後は、これまでのような研究活動の規模拡大は期待できない。ここ十数年の間に明らかになってきたことは、研究活動は定常状態に移行しつつあるということである（たとえば、ザイマン、一九九五年）。研究活動は無限に拡大することはできない。どこかで資金的、人的資源制約が働き、成長にブレーキがかかる。そのような状況では必然的に、研究者のキャリアにも大きい変化が生じ、オーバードクター問題、ポスドク問題などが生じる。

これまでは、研究者はあたかも自営業者のようなものとされ、個人の創意と自己研鑽によって活動の場を得ていくべきだとの考え方が支配的だった。そこでは、大学院生の就職は、本人の努力の問題に還元され、就職できないのは本人の才能や努力が足りないからだといって済ますことができた。たしかに、研究は伝統的に個人的な活動だと考えられてきたし、そのような条件下では、大学院生が懸命に研究に勤しむことも妥当だった。しかし、研究活動が定常状態に移行した後にも、従来型の研究者養成をつづければ、供給過剰に陥るのは必至である。定常状態においては、若手の研究者需要が減少し、その結果研究者の高齢化が進む。もちろん、オーバードクター問題は、研究者のキャリアパスの設計を含む科学技術政策の問題である。しかし、大学や大学の教員にもオーバードクター問題の責任はある。大学、大学教員、科学技術政策は、せめて一〇年後、二〇年後のわが国の研究活動の姿を描いて研究者養成の在り方を検討しなければならない。

③高度専門職業人の養成の意義

大学院が研究者の育成だけを目的とするのは非現実的であるし、知識社会では、高度な専門的教育訓練を受けた人材に対する需要が大きくなる。大学院に高度専門職業人養成や社会人の継続教育の機能を期待するのは、このような観点からは当然である。この変化の意味は、大学の長い歴史の中に位置づけることで理解できる。

大学は一九世紀後半になって研究機能を獲得した。学問分野ごとの教育・研究組織が確立し、そこで専門的教育を受けた者が研究者となる循環が出来上がった。そこでは、研究者という職業の確立、学問分野ごとの研究者の育成システム、専門学会などの研究者集団の制度化が並行して実現した。これらの変化を「科学の制度化」や「アカデミック・リボリューション（大学革命）」と呼ぶ。このような研究者養成をより体系的に実現したのが、アメリカの大学院（グラデュエート・スクール）である。

それ以前にも、大学は神学、法学、医学の領域で専門家養成と強く結びついていた。これらは、プロフェッショナル・スクールという形で大学に定着した。したがって、大学が研究機能を獲得したことは、大学が神学、法学、医学の専門家に続いて、研究者という第四の新しい専門家の養成機能を担うようになったことを意味する。今日、大学が神学、法学、医学や研究者に加えて、高度専門職業人の養成機能を担いつつあるのは、歴史的にみれば、神学、法学、医学、研究者につづく、第五の専門職の養成に乗り出したことを意味する。大学が第五の専門職の養成に乗り出したことは、大学が研究機能を獲得したことと同等の革命的変化である。

この変化は徐々にはじまっていた。とくにアメリカでは、ビジネススクールを典型とする新しいプロフェッショナル・スクールがそれを実現してきた。第五の専門職とは、知識社会を支える専門家である。多様な職業があるが、高度な専門性に裏付けられた知的で創造的な活動を担う職業であるという点は共通している。それは必ずしも研究者にとどまるものではなく、もっと広範な職業群を含んでいる。それをライシュに倣ってシンボリック・アナリスト（ライシュ、一九九一年）と呼ぶこともできる。ＭＢＡ、技術経営（ＭＯＴ）の専門家、知的財産権の専門家、臨床心理士などの高度専門職業のほとんどが該当する。これらの専門的職業は、すでに確立している専門職ほどには、専門家コミュニティも確立しておらず、大学の人材養成との関係も確固たるものにはなっていない。これらの専門的職業を研究の応用と捉えるならば、これらの人材の養成は研究者養成の亜流ということになる。たしかに、彼らは既存の学問、科学技術に多くを負っている。しかし、それは、神学、法学、医学、研究者が知識に依存しているのと同等の意味においてである。新しい専門職は知識に従属するのであって、研究に従属するのではない。

専門的職業人の養成に対応しようとすることは、研究者の供給過剰に対する緊急避難ではない。大学が新しい専門職の確立と養成に乗り出すことを意味していると捉えるべきである。これらの活動の重要性は認識されつつあるものの、日本ではその育成が遅れている。日本の研究者、大学教員の多くが、これらの活動を研究活動の亜流か価値の小さい研究活動だと捉えているという背景がある。しかしそれは研究活動の亜流ではなく、科学技術知識の固有の活用形態である。しかも、現に社会から大いに求められている活動である。残念ながら、これらの新しい専門職群は、それほど確立しておらず、職業アイデンティティも明確でない。筆者は、このような専門的職業群を、科学技術知識に依存していることから広義の科学技術者と呼んでいいと考えている。ただし、従来のような研究とは異なる新しい様式の知識生産活動に従事するという点で、ノンリサーチの科学技術者であり、また大学にとどまるものでもないという点で、ノンアカデミックな科学技術者と呼べる。

高度専門的職業人養成の問題は、知識社会の人的基盤となる新しい専門家の養成の問題だと捉えるべきである。このことはとりもなおさず、狭義の研究活動とは異なる新しいタイプの科学技術活動（知的活動）を大学の新たな機能として取り込むことを示唆している。

④知識社会の大学院へ

それでは、どのような大学院を作るべきか。二点だけ指摘しておきたい。第一は組織設計の問題である。大学院重点化がもたらした多様な組織の創設は、実は従来型の研究活動の充実という動機を持っていることが多い。しかし、このことが本当によいことなのかは再検討が必要だろう。とくに、教員を研究組織に所属させるという組織設計には問題がある。大学院重点化や法令改正による教育組織と研究組織の分離は、大学にマトリクス組織を導入することを意味する。これは筑波大学で三〇年以上前に試みられた組織設計である。しかし、教員の基本的所属を研究組織に置くことはよい選択だったのか。

マトリクス組織では、より安定的な機能を基本組織とし、より流動的な機能を必要に応じて設置するという形態をとる。そうすることで、変化に柔軟に対応できるからである。もし、大学における研究活動の振興を目標とするならば、また、研究活動が教育活動に比べて流動的だとするならば、教育組織を基本組織として教員を配置し、研究組織は人員の柔軟な組合せによって実現する方が理にかなっている。しかし、大学院重点化に限らず、多くの大学で教員を研究組織に所属させることを考えている。ここには、組織論としての奇妙さがある。

筑波大学の改革は三〇年以上の実績を持っている。大学院重点化のうち、教員組織の研究組織への移行は、筑波大学型の組織設計と似た面を持っている。そうであるならば、筑波大学の経験を吟味すべきだ。筑波大学の改革に定評はないが、少なくとも、教員を研究組織に配属した結果として、他大学よりも研究活動や社会の変化に柔軟に対応できたという明白な証拠はない。筆者には、他大学がさまざまな組織改編を繰り返してきたのと比べて、筑波大学の組織改編は非常に硬直的だったように思える。とくに、研究組織としての「学系」は研究の進展に対応して柔軟に改編していくことが当初想定されたが、現実には「学系」再編にはほとんど手が付けられないままに推移した。教員の所属組織は安定性を求めるので「学系」の再編は本質的に困難なことだった。容易には判断できないものの、研究組織に教員を配置すれば、研究活動がかえって硬直化するか、別の実質的研究組織が登場することが予想される。

第二は、大学院組織は研究組織なのか、教育組織なのか、という問題である。さらには、大学院教育は、教育活動と位置づけるべきか、研究活動（ここでは、狭義の研究活動ではなく、知識生産活動全般を指す）と位置づけるべきか。従来、日本の大学院は教育組織として位置づけられてきた。これに対して、欧米諸国のみならずアジアでも、大学院教育は研究費で賄われる活動として位置づけられてきた。

アメリカの典型的な例では、大学院教育は大学の基本的な教育活動として位置づけられるのではなく、何らかの追加的資金によって賄われてきた。それは、政府からの研究助成であったり、各大学の持つ奨学金であったり、多様な形態があるが、いずれにしても、追加的な資金があるところではじめて大学院が成立する。もっとも、プロフェッショナル・スクールは必ずしもそうではなく、教育組織として成立してきた面もある。しかし、研究を指向する大学院の多くでは何らかの研究資金によって、大学院生の授業料と奨学金が賄われている。政府が提供する研究費にはそのような費用が含まれており、とくにＮＳＦ（全米科学基金）の提供する資金の中には、当初から大学院プログラムや科目の創設を念頭に置いたものも珍しくない。

すでに述べたように、わが国では、研究活動の重点化や大学院の重点的整備のための政策的手段は限られている。大学院重点化はそのような状況の中で採用された過渡的手段であった。法人化した大学に対して、研究基盤や大学院の重点的整備を進めるためには、何らかの競争的な資金の配分を考えざるを得ない。二一世紀ＣＯＥプログラムはまさにそのようなものである。しかし、二一世紀ＣＯＥプログラムの経費は、研究資金として配分されているわけではなく、また大学院プログラムの設置と結びついているわけでもない。あくまでも通常の大学院経費の延長上にある。また政策プログラムとしての継続性にも限界がある。ＣＯＥという名称を冠して、その選抜性を明確にしたものの、かえってこのプログラムは限定的に実施せざるを得ない宿命にある。一方、行政改革後の科学技術振興調整費は、研究振興の観点から「新興分野人材養成」プログラムにおいて人材育成のための資金を競争的に配分している。これは、必ずしも大学院プログラムの創設をめざしたものではなく、大学院との制度的関係は明確ではないが、大学院における人材養成の改善も視野に入れている。

これらは、過渡的なものだ。もし、大学院の重点的整備を進めるならば、それは競争的にならざるを得ないし、教育を競争的に扱うことには限界がある。大学院の重点的整備は、研究基盤の重点的整備と結びつき、研究資金の競争的配分によって賄われることは、早晩避け難いものになるだろう。つまり、研究指向の大学院については、大学院を研究組織として位置づける方向に向かうだろう。ただし、教員の基本的所属単位が大学院になるというわけではないことにも留意すべきである。

⑤大学へのインパクト

本格的な研究活動はどこの大学でもできるという性質のものではなくなり、研究の拠点化が進むだろう。個々の大学の立場からみれば、あらゆる研究活動に取り組むという状況ではなくなるので、研究活動を選択し、研究費や研究人員などの研究資源の投入先を集中させなければならない。その結果、研究活動の重点化、戦略化が進むことになる。

このような変化は、大学にどのような影響を及ぼすであろうか。第一は、大学のマネジメントの変革である。従来は、大学教員一人ひとりまたは小規模なグループが自らの判断で研究テーマを決めて、研究活動を進めればよかった。しかし、研究活動の組織化、重点化などが進めば、大学が組織として研究について意思決定し、判断しなければならない局面が出てくる。すでにこの傾向は欧米の大学で現れてきているが、日本でも国立大学法人化がその傾向を加速する。とくに中小規模の大学では、全学的研究体制を構築することが必須である。

第二に、さまざまなタイプの研究者が必要になってくる。従来の大学では、教授、助教授、講師、助手が研究の主要なスタッフであった。しかし、研究活動に組織的に取り組んでいく上では、これ以外の専門的な研究スタッフが必要な場合も少なくない。しかも、必要となる人員の種類や量は固定的なものでなく、研究活動の内容や段階に応じて異なる。そのような非伝統的な研究スタッフを契約により雇用する必要が生じる。また、結果的に研究人材の流動性が高まることになる。そこでは、従来とは異なる人事政策が求められる。

筆者は、すでに大学の研究の戦略化の可能性を指摘してきた。「大学は、研究を教育とともにその二大機能の一つとして位置づけながら、大学として研究活動に関する意思決定をすることはほとんどなかった。しかし、大学院重点化、二一世紀COEプログラムなどの政策への対応を通じて、大学として研究活動の方向性について意思決定するようになってきており、この傾向は国立大学法人化によって、いっそう明確になるだろう」という論旨である。

日本のみならず、研究資金配分は大型化し、個別的な研究テーマに関するプロジェクト助成よりも、ある程度まとまりのある研究分野に対する包括的な研究資金助成へと重点を移している。そのような条件下では、個々の研究者ではなく、研究者が集団として研究活動に取り組むことが必要になる。また、そのような研究は、分野融合的であることが多く、さまざまな組織からの参加が求められる傾向がみられる。このような状況下では、研究活動は組織的に意思決定され、管理される必要が出てくる。法人化がこのような傾向に拍車を掛けることは想像に難くない。中期目標、中期計画という形で、大学は研究活動の方向性を明示することになるが、そこでは個人の研究活動までは言及できないため、大括りのテーマが設定されることになる。それに基づいて、資源配分をすれば、大勢としては集団的な活動へとシフトするだろうし、機関評価はその傾向を強化するだろう。

研究者個人にとっては、そのような活動にコミットせざるを得ないし、個人で研究資金を獲得しない限りは、従来のような研究活動を継続することは困難になる。大学の教員は、一方では学界への帰属意識が強いので、大学という組織への帰属との間で葛藤が生じる可能性が高い。これをどのようにマネージするのかが当面、大きい問題になると思われる。また、大学にとっても、大学が組織として研究活動にコミットする度合いが大きくなる。そのため、従来のような研究事務ではなく、アメリカの大学に典型的にみられるようなリサーチ・アドミニストレーションの仕組みが必須となろう。

4　提　言

・大学院重点化の幻想から解放されて、真の大学院改革について検討する必要がある。
・大学院による研究者養成については、科学技術政策的観点からの検討が必要であると同時に、各大学もどのような役割を果たすべきかを真摯に検討すべきである。
・高度専門職業人養成については、それを二一世紀の大学の役割であることを十分に認識し、そのための方法や組織の在り方について検討されなければならない。

・研究に重点を置くことは、必ずしも研究組織を基本組織とすることと等値ではない。大学の組織設計は多様であるべきだが、研究を軸に組織設計することはかえって硬直的になる可能性がある。また、大学院組織の名称の不必要な多様化については再考すべきである。
・卓越した大学院の重点的整備のためには、そのような大学院の活動を研究活動として捉え、研究助成の枠組みの中で整備を進める方が自然である。
・大学における研究の位置づけが大きく変わってくる可能性がある。各大学は全学レベルの研究戦略が必要になってくる。研究活動のための人事政策、研究管理機能や研究者のコミットメントの在り方について変革が求められる。

引用・参考文献

天野郁夫　二〇〇一年、『大学改革のゆくえ』玉川大学出版部。
市川昭午　二〇〇一年、『未来形の大学』玉川大学出版部。
ザイマン、ジョン　一九九五年、『縛られたプロメテウス』シュプリンガーフェアラーク東京。
ライシュ、ロバート　一九九一年、『*The Work of Nations*』ダイヤモンド社。

4 政府の資源配分と大学院

阿曽沼明裕

はじめに

本章では、日本の大学院の財政的側面を、政府の財政補助を中心に検討し、その現状と問題点を明らかにする。政府の財政補助を中心にみるのは、後述するように大学院の費用の多くが政府に依存していると考えるからである。とはいえ大学院のための経費を把握することは容易ではない。そこで以下ではまず、何が大学院の経費を捉えにくくしているのかを考える（第1節）。次に、日本の大学院におけるファンディング（財政補助）にどのようなものがあるのかを概略する。ただし、どこまでを大学院のための財政補助と考えるべきかという問題は難しく、大学院に限定した財政補助とその規模を明確に出せるわけではない（第2節）。次に、大学院の経費の規定要因の一つである政府の学術研究政策に着目し、大学院への財政補助への影響を検討する（第3節）。そして次に、近年とくに一九九〇年代以降の大きな変化について検討する。大学院の財政的基盤については、これまでしばしば、それ独自の財政措置がなくきわめて不十分であるという指摘がなされてきたが、その点は近年大きく変化しつつあるように思える（第4節）。最後に、大学院の財政的基盤の問題点と今後の課題について若干整理を行う。

1　困難さの要因――大学の活動の未分化と多様性

①大学院経費の把握の難しさ

大学院の活動に費やされる経費の実態は掴み難い。大学院に限定して、その活動の経費を示すデータもきわめて不十分である。例えば『学校基本調査報告書』の「学校経費調査」では大学院に限定した項目はないし、個別機関でも大学院に限定した経費を公表しているところは見当たらない。単に調査が行われていなかったり、資料として公表されていないというだけではないし、また、先進諸外国の事情も似たようなもので、日本だけの問題ではない。大学院の経費には本質的に捉え難い側面があるといえる。

その第一の問題は、大学の学部と大学院の経費を厳密に分けて計上することが困難であるということである。それは大学院が従来学部の添え物のようなもので組織的に独立していなかったことによるのだろうが、多くの場合大学は学部と大学院を一体のものとして運営しているからである。例えば理工系の研究室は学部生から博士課程学生まで抱えて一体になって教育・研究活動を行っている。建物等の施設費や教員の人件費が学部のために費やされたのか大学院のために費やされたのかを明確に分けることはしばしば不可能である。このことは、例えば財源について学部と大学院とで異なる授業料を設定することを難しくさせている。

この学部と大学院の関係は、組織的に大学院が学部から独立すればかなりの部分問題ではなくなる。だが、現実にはそれは困難であるし、それだけでは解決しない問題もある。

それは、研究のための経費と大学院教育のための経費が区別できないことである。これが第二の問題である。教育経費と研究経費の区別が難しいことは大学の経費全体にいえることだが、大学院は、教育と研究とが密接にかかわるため、教育経費と研究経費の区分は学部以上に難しい。むしろ、研究と教育の密接な関係は大学院に集約されている。たしかに純粋に大学院教育の経費もあるだろうし、純粋に研究活動のための経費もあるだろうが、しばしば理工系で指摘されているように、大学院生は教育を受ける立場であると同時に研究室の研究活動を支えており、大学院教育と研究は同じ財政的基盤で成り立っている。このため大学院の教育経費のみを取り出すことが難しく、どの程度を学生納付金に依存すべきかも簡単な問題ではない。

かくて、どこまでを大学院の経費として考えるべきかについては、スタンダードな見解があるわけではない(1)。

②大学院の活動・機能の範囲

このように大学院経費の限定の難しさは、大学の活動の未分化に原因があるが、では、大学の教育・研究活動の中で組織としての大学院の活動はどこまでの範囲なのか。

一般的には、大学の教育・研究活動は、学部教育、大学院教育、研究活動という具合に概念的には区別できる。その中で学部教育と大学院教育、あるいは学部教育と研究活動とは、現実の経費の区別は困難であるにしても、活動内容としてはそれぞれかなり独立している（もちろん、厳密にはティーチング・アシスタントの活動のように学部の教育活動も大学院と無関係とはいえない）。しかし、上で述べたように大学院教育と研究活動とは表裏一体の側面があり、概念的にも区別が難しい。研究活動に無関係の大学院教育や、大学院教育にかかわらない研究活動もあるが、大学院教育と直接的にあるいは間接的に結びついた研究活動が存在する。したがって、大学の教育・研究活動を、「学部教育」「研究活動とは関係のない大学院教育」「研究活動に関係する大学院教育（大学院教育に関係する研究活動）」「大学院教育と無関係な研究活動」、という具合に四つに分けると、大学院の活動としては、学部教育は除き、研究活動に関係するかしないかによらず大学院教育は含めることはできよう。問題なのは研究活動である。大学院教育に無関係な研究活動を含めるべきかどうかについては、研究所の研究活動は除くとしても、一般の教員の研究活動のどこまでを大学院の活動と考えるかという問題が残る。加えて、近年では研究所といえども大学院教育を行う場合が多いので必ずしも大学院と無関係とはいえない。

ここでの大学院の活動は大学院の機能とも言い換えられる。組織としての大学院の機能としては教育機能と研究機能があって(2)、教育機能については、従来からの研究後継者養成もあれば、高度職業人養成機能もある。また、最近では生涯学習のための教育も行う。相対的にみれば、研究後継者養成は研究とかかわっており、高度職業人養成や生涯教育は研究とあまり関係ない（もちろん高度職業人養成が研究と密接にかかわる場合もある）。このように教育機能の内容は多様である。研究機能についても、研究後継者養成と結びつくようなものもあればまったく無関係のものもある。広く大学院の機能を捉えれば、大学院レベルの教育機能と研究機能ということになるが、やはり研究機能のどこまでが含まれるかという問題が残る。

③大学院経費と財政補助の捉え方——限定性と包括性

このように大学院の経費を限定することは難しく、さらには活動や機能そのものを限定することも容易ではない。だが、大学院の活動を、とりあえずは「大学院教育と研究活動」と考えることはできよう。他方で政府の財政補助（予算）については、一般に財政補助はそれがどのように使われるかということとは必ずしも厳密に一致するわけではないので、予算と実際の大学院経費とは別物として考えることが可能であり、上に述べた活動別に無理やり財政補助（予算）を組み立てることも不可能ではない。しかし、実際には、大学院経費の曖昧さを反映して、国立大学でいえば、人件費や教官当積算校費のように、学部教育と大学院教育と研究のための予算が区別されずに計上されるものが多い。もちろん政府の財政補助の中には、その使途が学部教育に限定されたものもあれば、大学院教育に限定されたものもあるし、科学研究費補助金のように研究活動に限定された予算もある。たしかにこうした学部教育、大学院教育、研究活動のそれぞれの活動（機能）別に目的が限定された財政補助もあるが、他方で多くの補助が活動内容を限定しない財政補助である。ここでは、前者を「限定性の高い財政補助」、後者を「包括性の高い財政補助」ということにすると、次にみていくように大学院予算はかなりの部分が包括的な予算からなる。

なお、繰返しになるが、活動内容に関して限定的な予算といえども、実際の支出に際しては、結果的に他の活動のための経費となるということはしばしばある。例えば、研究費といわれているものも大学院の教育活動のために使われている。アメリカでさえも、連邦政府の研究補助金が大学院の費用の重要な部分をなしていることはよくいわれることであるし、日本でも、科学研究費補助金や省庁からの研究助成、受託研究費や奨学寄付金といった明らかに研究費といえる経費も、部分的には大学院教育に必要な経費となっていることは否定できない。

2　大学院へのファンディング（財政補助）

大学院にかかわる活動のための財源は、大まかにいえば、政府からの財政補助以外に、学生納付金や生活費等の

表4-1　大学院の活動のための財源

家計支出	
	学生納付金 　　入学金、授業料、入学検定料 生活費
民間資金	
	研究費・寄付 　　奨学寄付金（企業、民間財団、個人） 　　受託研究費、共同研究費 学生援助 　　民間財団からの奨学金
政府補助	
	機関補助 　　国立学校特別会計への一般会計からの繰入れ 　　私立大学等経常費補助金
	非機関補助 　研究助成 　　科学研究費補助金 　　受託研究費（政府出資金研究助成、地方公共団体からの委託研究） 　　文部科学省以外からの研究助成 　学生援助 　　日本学術振興会特別研究員 　　日本育英会の育英事業費補助 　　（文部省国費留学生）

家計支出、企業や民間財団や個人からの寄付金や研究助成や奨学金（まとめて民間資金）がある。それを示すと**表4-1**のようになる。

政府からの財政補助には、大学に対する一括補助としての機関補助と、個々の教員やプロジェクトあるいは学生に対する個別補助（非機関補助）の大きく二つがある。以下家計支出、民間資金、政府補助の順に概観し、とくに政府財政補助については、予算の包括性と限定性に留意しつつ整理する。

①家計支出

まず、入学金や授業料などの学生納付金は、国立大学全体の収入（国立学校特別会計歳入）の十数％にすぎないが、私立大学では全体の収入の七割以上を占める。これに対し、学生数を大学全体でみれば、私立大学の学生は全体の八割弱を占め、国立大学は二割強にすぎないので、しばしばいわれるように日本の高等教育費は学生納付金に大きく依存している。しかし、大学院学生に限れば、国立大学の大学院学生の数は学部学生数の四分の一程度を占めるのに対して、私立大学では三％弱の規模にすぎず、その結果大学院学生数全体の中で、国立大学がその三分の二を占め、私立大学は三分の一を占めるにすぎない。その意味では大学院の教育費は学部学生と違って政府補助に依存する度合いがはるかに高い。

さらに、私立大学においても国立大学においても、大学院学生の学生納付金がそのまま大学院の財源となるわけではない。ふつう大学院経費、学部教育の経費と区別せずに支出されており。大学院学生の納付金の額も、大学院経費に見合った額を設定しているわけではなく、学部学生の納付金額と同等かそれより少なく、学生納付金は支出と切り離されているといえよう。むしろ学部学生の納付金が大学院経費の財源となり、いわゆる内部補助が生じている。国立大学では、授業料はいったん国庫収入となるので、支出面での大学院経費とのつながりはないといってよい。このように大学院学生の納付金は大学院経費の財源には違いないが、それが主要な財源とはいい難い。

生活費については、学部学生と比べて大学院生は、数年間の放棄所得がある一方で、学費や生活費などの費用負担があり、なおかつ親にはあまり頼れないと想像され、学生個人の負担感は高いと考えられる。文部省（現文部科学省、以下同じ）学生生活調査を分析した小林によれば、「大学院では生活費などで金がかかるが、家庭からの給付は少ない。それを授業料の安さ（とくに私立）と多様な奨学金、博士の場合はアルバイトでカバーしている」（小林、一九九四年、一二六頁）状況である。つまり、大学院生の場合、家庭よりも個人や奨学金に依存する傾向が強い。

②民間資金

他方で、企業、個人、団体などからの民間資金としては、大学への寄付金や、研究助成、受託研究費や共同研究費、学生への奨学金などがある。学生援助については、文部省の「育英奨学事業に関する調査」によると、一九九六年には、奨学金支給額は、公益法人によるものが三一〇億円、学校法人その他によるものが二五一億円となっている。このほか、地方公共団体からの奨学金支給額は二八九億円となっている。これらは大学院生に限らないものであるし、日本全体の奨学金事業費の八割以上が後述する日本育英会によるもので、これらは二割弱を占めるにすぎない。

これら学生援助以外の企業等からの民間資金は、ほとんどが研究費という側面を持つので、必然的に大学院の活動と密接にかかわる。企業などからの民間資金は、特定の国立大学の特定の領域に集中する傾向がある。国立大学は、二〇〇〇年度には、企業や個人からの寄付金や民間財団からの研究助成からなる奨学寄付金を五二八億円受け入れている。受託研究費としては、総額五七一億円を受け入れているが、この中には政府出資金事業による研究助成三一三億円が含まれているし、一般の受託研究費二五九億円の中にも地方自治体からの委託研究費が含まれているので、純粋に民間からの受託研究費がどの程度かは不明である。

③政府による財政補助（機関補助）

国立大学への機関補助は、国立学校特別会計（一九九九年度予算は二兆七二六一億円、以下特記しない限り、一九九九年度当初予算額）に対する政府の一般会計からの繰入れ（一兆五五三七億円）である。一般会計からの繰入れは、授業料などの学生納付金（三三八七億円）や付属病院収入（五二七三億円）や前述した奨学寄附金、受託研究費などとともに特別会計の歳入となる。より具体的に国立大学への機関補助の内容をみるには、この特別会計の歳出予算項目をみるとよい。教育研究よりも医療サービス機関に近い大学付属病院を除いて考えると、一般会計からの繰入れ、学生納付金、奨学寄附金や受託研究費などが財源となって、国立大学の運営費（「(項)国立学校」、一兆五九一三億円）、施設整備費（「（項）施設整備費」、一六四一億円）、研究所経費（附置研究所や大学共同利用機関等の経費「（項）研究所」、一九七〇億円）として支出される。

国立大学運営費の中で最大の項目は、人件費（一兆一一五六億円、病院と研究所は除く）であるが、その中で教員の給与は学部教育、大学院教育、研究活動という具合に活動の違いで区別されているわけではなく、きわめて包括性が高い。一応大学院教育を担当する教員については付加的な意味で大学院手当てがついているが、基本給が学部教育と研究活動のための給与で、追加分が大学院教育のための給与というわけではない。また、大学院重点化によって給与の内容の解釈が大きく変わったはずであるが（これは第四節で述べる）、包括性が高いことには変わりはない。

国立大学運営費の中の物件費（四三五二億円）は、管理経費（一一五億円）、研究教育経費（三四三八億円）、特殊施設経費（六四七億円）、設備施設更新充実経費（九六八億円）、厚生補導経費（五五億円）などからなるが、かなりの部分は大学院にもかかわるが、大学院のための予算と限定されているわけではない。教育経費か研究経費かという区別すらほとんどない。

この物件費の中で最大の予算項目で、国立大学の中核的な予算といえるのが、教官当積算校費（一三五八億円）である。これは講座当たりあるいは教官当たりに単価が決まっていて、それを積算した額が大学に配分される。大学内では大学中央や各部局で共通経費が控除され、残りが各教官や講座に配分されているといわれる。この予算項目は戦前の帝国大学では講座研究費と呼ばれ、戦後は教官研究費と呼ばれたが、研究費というよりも国立大学の基幹的な運営費全般を賄っていたので教官当積算校費と改称せられた。また、学生当たりに単価が決まっている予算項目もあり、これは学生当積算校費（五〇三億円）と呼ばれる。なお、両者を含めて二〇〇〇年度から教育研究基盤校費と改称され、積算の仕方も大きく変わったが、ここでは一九九九年度以前の状況について述べ、教育研究基盤校費については後述する。教官当積算校費の単価は、一方で学問分野の性格から実験系、非実験系、臨床系に分けられ、同時に他方で学科目、大修士講座、博士講座とに分けられ設定される。学生当積算校費も理系や文系、学部生か大学院生かなどによって単価に区別が設けられている。その意味ではあたかも大学院に限定した予算措置のようにみえるが、単価の違いは実際のコストを反映しているわけではないし、単価はあくまで予算を組み立てるための基準にすぎない。積算校費が大学に配分された後の使用は大学に任され、学部教育、大学院教育、研究活動ごとに区別された予算として扱われてはおらず、したがって積算校費はきわめて包括性の高い予算項目である。その点は二〇〇〇年度からの教育研究基盤校費においても同様である。

国立大学運営費の中で大学院に限定した経費としては、一九九二年に、特定の研究科への大学院重点特別経費とティーチングアシスタント経費を含む予算としてはじまった高度化推進特別経費（八五億円）や、リサーチアシスタント経費などからなる研究支援体制充実経費（一一億円）がある。高度化推進特別経費は二〇〇〇年度には、大学院重点整備経費と大学院充実支援経費からなる大学院創造性開発推進経費（二〇〇〇年度、一〇八億円）に組み替えられた。また、設備費の中には大学院教育研究設備費（一〇億円）や大学院最先端設備費がある程度で、大学院に限定されるのはむしろこれらの予算項目くらいのものだし、一九八〇年代以前はこうした予算項目すらなかった。なお、二〇〇〇年度には新たに大学院のために「教育研究拠点形成支援経費」や「大学院拠点形成設備費」が計上されている。

国立大学運営費以外については、研究所経費は、もともと教育活動とは独立した研究活動のための経費であることは明らかだが、近年では大学院教育を行うことが多く、どこまで大学院経費と考えればよいかは難しい。施設整備費については、大型特別機械整備費の中に大学院重点整備設備費などもあるが、大部分は大学院に限定することは難しい。

私立大学については、政府から私立大学等研究設備等整備費補助（三九億円）、私立大学・大学院等教育研究装置施設整備費補助（一八八億円）があり、これらは限定的な予算であるが、額からいえば私立大学等経常費補助金（三〇〇七億円）が最大であり、この大部分は大学院に限定された財政補助ではない。経常費補助には、学生数などに基づく一般補助（二二五六億円）と、一定の評価のもとに配分額が決まる特別補助（七五一億円）があり、近年一般補助に対する特別補助の比率が高まっている。特別補助の中で国立大学と同じように高度化推進特別経費があり、これは大学院に限定した経費といえよう。しかしながら、それは一部であり、私立大学への経常費補助は、その使途において国立大学への機関補助以上に自由度があって、財政補助としては包括性が高い。なお、私立大学への政府補助金は、私立大学全体の収入の一割強にすぎない。財源の残りの大部分は学生納付金収入である。

このように大学院に限定された予算は近年増えているとはいえ、額そのものは小さい。しかし、それは大学院のための予算が少ないことを意味せず、とくに国立大学では相当の割合が大学院経費となっている。

④政府による非機関補助

機関補助は概して包括性が高いが、これに対して個別補助（非機関補助）は活動内容に対してはるかに限定的である。個別補助には大きく研究費補助（研究助成）と学生援助がある。個々の教員や研究者への研究費補助の代表は文部省科学研究費補助金であり、この他に一九九六年度にはじまった政府出資金事業といわれる研究助成がある。学生援助の代表的なものは日本育英会による育英奨学事業であり、この他に日本学術振興会の特別研究員制度への補助は研究助成と学生援助の中間的なものと位置づけられよう。なお、日本学術振興会の特別研究員制度に似たものとして科学技術庁などにも特別研究員制度があるが、これらの研究員は文部省以外の省庁の研究機関や特殊法人などで研究に従事している。この他、文部省の国費留学生で大学院レベルの研究留学生と教員研修留学生に奨学金の補助が行われている。

科学研究費補助金は、研究活動への補助金であるが、理工系の研究室の重要な研究費財源となるので大学院教育とも密接にかかわっている。科学研究費補助金はとくに一九九〇年代に著しく増額され、一九九九年で一三一四億円となり、教官当積算校費（研究所や病院も含めて一五七六億円）と並ぶ額にまで増えている。科学研究費補助金の中には日本学術振興会特別研究員の研究費である特別研究員奨励（四八億円）が含まれる。また、科研費の中の創成的基礎研究費（新プログラム方式）やＣＯＥ（センター・オブ・エクセレンス）形成基礎研究費では特別研究員を採用できるが、その研究費も特別研究員奨励費に含まれている。なお、この科学研究費補助金は八割程度が国立大学に配分されている。

科学研究費補助金は文部省によるものだが、政府出資金事業による研究助成は文部省だけでなく他省庁の研究助成も含む。従来政府から大学の研究活動への助成は文部省科学研究費が大部分を占め、それ以外は特殊法人などを経由して他省庁からの研究費が受託研究費として大学に受け入れられてきたが、建設国債を財源とする出資金事業として研究助成がはじまり、それが近年飛躍的に増額されてきた（方法はやはり特殊法人を通じた受託研究費として受け入れる）。先に述べたように二〇〇〇年度には出資金による研究助成のうち国立大学が受け入れる額は三一三億円になる。これ以外に従来型の一般の受託研究費が二五九億円あるが、これは企業や地方自治体からの受託研究も含んでいる。詳細はわからないが政府出資金事業による研究助成も大部分は国立大学に配分されている。

大学院生に対する援助はおもに日本育英会の奨学金である。日本育英会は政府の貸付金（一〇二〇億円）と財政投融資資金（一三二〇億円）、貸与奨学金の返還金（一三一〇億円）をもとに奨学金を貸与している（総額四一五一億円）。この四一五一億円のうち、大学院生への奨学金は一四九四億円である。大学院生に対する貸与率は、一九九八年度で三六％で、修士課程で二二％、博士課程学生で五二％であり、大学学部の一一％より高い。ただし、これはすべて貸与であって給与ではない（第一種学資金は無利子だが第二種は有利子である）し、その額は、学費や生活費からすれば低く、世界的にみてもきわめて低い水準であるといわれる。ただし、近年日本育英会による貸与総額は増額されていることは確かで、とくに機関補助と比べればその増加は著しい。

研究助成と学生援助の中間の性格を持つ日本学術振興会特別研究員制度は一九八五年に創設され、一九九九年には予算額で一二二億円にまで増加した。この特別研究員になると、研究奨励金（給与）と研究費を与えられる。研究費は科学研究費補助金の特別研究員奨励費に含まれる。一般の特別研究員に加え、ＣＯＥ特別研究員、新プロ特別研究員などがある。

日本の際立った特徴は、機関補助に対して非機関補助がきわめて低水準であることであり（金子、一九八九年、一一九頁）。この傾向は現在でも変わらないが、九〇年代には、非機関補助の増加は著しいものがある。

3　学術研究政策と大学院財政

大学院は人材養成機関なので政府の教育政策に規定されるが、同時に学術研究にも関わりが深いため、大学院への財政補助は学術研究政策の影響を少なからず受けると考えられる。ではどのような影響を受けてきたのか。

まず、日本の大学院への財政補助政策の中で、新制国立大学院発足後、一九五六年の講座制・学科目制の区別、その違いを反映した教官研究費（後の教官当積算校費）の単価設定は重要な意義を持つと考えられる。この予算単価設定は、大学院教育の経費というよりも大学の序列や研究機能を視野に入れて行われた感が強い。しばしばいわれるように、この当時そしてその後も国立大学の大学院の教育機能は貧弱であったし、なおかつ研究活動と切り離せない研究後継者養成に偏っていた。そして、現在の教官当積算校費がこの頃教官研究費と呼ばれていたことからもわかるように、実態は別として研究費であり、講座制か学科目制かの違い、つまり大学院を持つか持たないかは研究費の違いとして扱われていた。この研究費を増やすことが、その後修士課程の設置や博士課程への昇格、さらには一九九〇年代の大学院重点化のインセンティブになった。

このように当初大学院の財政基盤は、大学院教育のコストという観点よりむしろ研究機能に焦点を置いて組み立てられていたといえよう。その後、一九五〇年代半ばから教官研究費（教官当積算校費）の単価が増額されるが、これは研究環境の改善を求める声によってはじまったものだった。しかし、一九六〇年頃から一九七〇年代前半までの国立大学の（学生定員）拡大とそれに伴う国立大学予算の増額は、高度経済成長に対応した人材養成、とくに理工系人材養成のための機関の拡充という側面が強くなる。その中で理工系学部の教員養成のために大学院の学生定員も増加し、一九六三年度からは修士大学院の設置もはじまった。この間、教官当積算校費や学生当積算校費も総額で大きな増加をしたのはいうまでもないが、単価も著しく増額され、それぞれの組織での教育・研究環境は著しく改善された。この時期に理工系の研究室は定員充足率を九割程度にまで伸ばし、研究室が教員と多くの大学院生から構成されるという図式が出来上がった（三浦、一九九一年、一二八頁）。一九六七年には、設備関係の予算で大学院教育研究設備費が作られた。

こうして戦後の大学院の最初の著しい拡大の時期には、大学院への財政補助には人材養成の整備つまり教育政策が影響を強めた。その後、一九八〇年代末までは、国立大学大学院全体の拡大というよりも、教員養成系や新構想大学などの設置や増設がメインとなっており、それに伴う大学院関係予算の動きにおいても特定領域の人材養成という教育政策がより表面に出てきたといえよう。とはいえ、一九八〇年代には、国立大学への機関補助は停滞し、国立大学大学院の教育・研究環境は劣悪化が進展する。その影で、機関補助と比べ相対的には、科学研究費補助金が増えたり、奨学寄附金や受託研究費が増えたりと、研究に限定した財政補助は増えており、学術研究政策の影響がないわけではない。

しかし、さらに、一九九〇年代になって大学院は戦後二度目の急速な拡大の時期に入るが、この時期には学術研究の観点が再び顕著になった。国立大学の機関補助では、教官当積算校費も単価が若干増え、研究科改組や新設で総額は大きく増額され、新たに高度化推進特別経費などの大学院関係の予算項目が作られ増額された。施設整備関係予算も一時期飛躍的に増えた。非機関補助では、科学研究費補助金が飛躍的に増額され、前述したように政府出資金事業による研究助成がはじまり急速に予算額を増やした。また、日本学術振興会の特別研究員制度が拡充され、日本育英会の育英奨学事業予算も急速に増えている。先にみた大学院関係予算はこの時期多くが増額されている。

こうした予算の増額の要因には、一九八〇年代に進展した国立大学の窮乏化と基礎科学ただ乗り批判への対応、さかんにいわれた理工系離れ問題への対応といったことがある。さらに決定的だったのは、一九九〇年代前半のバブル経済の崩壊で、研究開発や企業内教育を負担に感じた産業界が、政府に対して公的支出の拡大を求めたことである。そこから科学技術基本法が制定されたり、建設国債による研究助成等がはじまり、研究費関係予算が増えた。大学院関係予算の動きもこれに密接にかかわる。むしろそれ以前からすでに、市川（一九九二年、二二五頁）の指摘するように、一九八〇年代後半からの大学審議会を軸にした高等教育政策は学術政策との結びつきを強めていた。このように大学院拡充は、高度職業人養成やリカレント教育、留学生への対応、その他さまざまな理由から求められたが、研究環境改善への期待が大きなモチベーションとなったのである。

4　一九九〇年代の新たな動き

これまでみてきたように、大学院の経費は特定化し難く、大学院への財政補助も包括的な予算が大きな位置を占めてきた。このためか、大学院の独自の財政基盤が確立されていないという批判が多かった。新制大学発足時に大学院独自の予算措置がなされなかったことが、大学院の未発達の遠因になっているという批判もあった。しかし、一九九〇年代にはこの点で小さくない変化があった。すでにみたように大学院に限定された予算は増えているし、日本学術振興会特別研究員や日本育英会による奨学金も増えている。だが、それだけではない。それは、大学院重点化の動きである。

大学院重点化にはいくつかの側面があってしばしば混同される。これはおもに国立大学を対象とした用語であるが、大きく三つの意味が含まれていると考えられる。第一は、学部教育に対する大学院教育の重点的拡充であり、第二は、大学院研究科の部局化であり、第三は、特定大学の大学院の重点的な整備である。

広義には重点化は第一の意味だが、しばしば国立大学では、旧小講座の統合による大講座化を経て、大学院研究科が部局化することを重点化するというので、第二の意味となる。この部局化によって、従来の学部教授会は研究科教授会となり、大学内の運営上重要な組織が学部から研究科へ移り、同時に、従来学部所属であった教員は研究科所属となり、主たる任務は大学院教育と研究ということになった。部局化に際しては、従来の教官当積算校費が、博士講座相当の単価に加え、学部兼担ということで教官一人当たり二五％増額されるといわれ、それが大学院重点化の大きなインセンティブになった。この重点化は一九九一年東京大学法学部による法学研究科の部局化にはじまり、旧制帝国大学の多くの学部が部局化された。旧七帝国大学を中心に部局が進んだという点では、特定大学だけ重点的に大学院整備が進んだということで、それは結果的に第三の意味となる。新制大学発足後の大学間の格差構造の基本的部分は、学科目か講座かの違いであったが、今回の大学院重点化はそれをさらに強化するものでり、その意味では、大学院とその財政基盤は常に大学間格差の源となっている。なお九〇年代終わりには、予算増額を伴わない研究科の部局化による重点化の動きもみられた。

さて、この重点化によって重要なのは大学院予算の位置づけの変化である。すなわち、教員の主要な任務が大学院の教育研究活動に変わったため、重点化した部局や大学の予算は大学院の活動経費のための予算となったのである。例えば、重点化された大学の教員の給与は、従来学部を中心とした教育・研究活動に対する報酬であったのだが、それが大学院の教育・研究活動に対する報酬となった。その他教育・研究費、設備費などの予算も、大学院の活動をメインの対象とすることになった。重点化されている大学は旧制帝国大学の大部分の学部と、その他一部の大学の学部にすぎないが、それらの大学の予算は国立大学予算全体に占める割合も高いから、国立大学予算の相当部分が第一義的に大学院経費と化したといってよい。その意味では、大学院独自の予算がないという批判はすでに当たらない。

他方で、二〇〇〇年度から、国立大学の予算の組み方が大きく変化した。すでに述べたように、国立大学の中核的な予算である教官当積算校費と学生当積算校費が教育研究基盤校費に組み替えられた。この教育研究基盤校費の総額は従来の積算校費の総額と大きく変わらないが、単価が教員と学生のそれぞれ一種類だけとなり、教官数積算分と学生数積算分が全体の三割程度になり、残りの七割程度は大学分として、大学が自由に学内で配分を行うことを前提として配分されることとなった。これは予算の使途がより限定されなくなったという意味で包括性が高まったといえるかもしれない。しかし、それ以上に重要なのは、学内資源配分に評価がかかわる可能性が出てきたことである。従来の積算校費は共通経費を除くと自動的に各教官へ配分されていたが、この組替えで、そうした自動的配分が当然視できなくなってきた。それだけでなく、大学にとっても大学分の部分に関しては積算根拠が明確ではないため、やはり今後文部省から配分されない可能性もある。このため大学によっては、予算削減を避けるため効率的な学内配分を行う努力をしはじめた。こうして、評価による資源配分が重要な課題となってきた。さらに国立大学の法人化の動きは、財政資源配分のこうした動きを一気に加速させるものである。その中にあって、重点化した大学では、大学院生の定員充足率の高い研究科により多く配分されるなど、大学院の諸活動の評価とそれにリンクした財政資源配分が拡大する可能性があり、これによってさらに大学院の諸活動とその財政基盤との関係がより表面化する可能性がある。

5　大学院の財政基盤における問題点

以上の検討は国立大学が中心である。それは国立大学の方が大学院生が多く（とくに高コストの理工系で）、大学院経費の多くが国立大学で費され、政府の財政補助も国立大学への補助が中心であったからである。もう少しいえば、大学院の財政基盤は、これまでの大学院の機能が、工学系を除いて研究後継者養成が中心であったため政府補助への依存度が高く、また工学系についても政府補助への依存度が高く、そのため、それらに対する財政補助は授業料に依存しないから大学院教育のコストを反映せず、おもに国立大学への比較的包括的な財政補助（機関補助を中心とする）であった。

しかし、大学院の社会的な機能は、国立大学といえども、研究機能とそれと密接にかかわる研究後継者養成にとどまらず、高度専門職業人養成、生涯教育へ拡大し、多様化が進みつつある。それゆえ従来の政府の包括的な財政補助だけでは済まされず、大学院のさまざまな機能に応じた費用負担の在り方が模索されねばならないだろう。例えば、研究や研究後継者養成は公共的性格のものとして公的補助の対象となるかもしれないが、高度専門職業人養成が公的補助の対象になるべきかは怪しい。個人のキャリアや所得のアップに直接つながる教育への投資は個人で授業料を負担するべきだろう。そうした職業人養成機能の拡大に伴い、大学院教育のコストが考慮され、コストに応じた学費が設定され、大学院の活動の一定部分はそうした財政基盤によって支えられねばならないだろう。一言でいえば、大学院の多様な機能・活動にある程度応じた財源を考える必要が出てくる。

他方で、私立大学でも、低額の授業料しか負担しない大学院生の高い教育コストを学部生の納付金でまかなってきたが（内部補助）、それはあくまで大学院が小規模でプレステージのための飾り物であったからであって、大学院がこのまま拡大しつづければそのコストを考えざるを得なくなる。

とはいえ、大学院の機能の多様性は、費用負担の問題をよりいっそう複雑化する。すなわち、大学院の機能は多様であり、大学院の便益の帰属が複雑で、多くの主体がそれぞれに便益を得るので、誰がどのコストを負担すべきかを決定することは容易ではない（小林、一九九四年、一三三頁）。便益だけではない。第1節でみたように、大学院の諸活動の未分化のため、どこにいくらコストがかかっているかも明確にはわからないのである。

このように現在大学院の財政基盤、費用負担の構造変化を迫られているにもかかわらず、費用と便益の交換関係についてほとんど調査研究が行われておらず、不明なことばかりである。単に政府が大学院関係の財政補助を増やせばよいわけではない。それは過剰投資や資源配分の非効率、教育機会の不均等をもたらすであろう。むしろ多様な機能を持つ大学院の費用と便益の交換関係について本格的な検討がなされる時期に来ている。

補論

本章はもともと二〇〇〇年末に執筆したもので、二〇〇〇年度から予算の仕組みが大きく変わったこともあって一九九年度の数値を使っている。本来なら数値も新しくすべきだが、現在は変化が激しく、戦後の構造を理解するには一九九九年の数値をそのまま使った方がよいと判断し、数値は変えずに残した。それゆえ厳密に現時点を示す数字ではない。その代わりに、大学院の財政基盤という観点から、現在進行しつつある重要な変化として、研究資金の多様化、専門職大学院の出現、国立大学の法人化について若干述べておく。

一九九六年に政府出資金による研究助成制度がはじまったことにみられるように、研究活動の資金の多様化はすでに進んでいるが、その他、他省庁からの研究資金もさまざまな形で（国立学校特別会計に計上されない形で）大学に入ってくるようになった。最近では外部資金の獲得は、隠すべきことではなく評価される雰囲気であるということもあり、外部資金はより顕在化しつつある。以前は表面に出てこなかったものが次第に明るみに出つつあるというケースもあるだろう。この多様な外部資金は期限付研究員など学内に多様な職員を増やすといった問題の要因にもなっている。最近では、国際競争力のある世界最高水準の大学づくりを推進するためにはじまった、「二一世紀COEプログラム」が有名だが、こうした資金の多様化は直接に間接に大学院の教育活動や研究活動にかかわり、大学院の財政基盤をより多様で複雑なものにしつつある。だが同時に、例えばアメリカの大学では、授業料収入への依存の強いプロフェッショナル・スクールは別として、Ph.D. を授与する大学院の財政基盤の多くが外部研究資金（大学院生の授業料の多くも外部研究資金を財源とする）に依存しており、日本で同様の傾向が強まるとすると、外部研究資金の増加は、大学院の財政基盤に重要な意味を持つことになる。

他方で、「専門職大学院」は、一九九九年に高度職業人養成のためにはじまった「専門大学院」を、さらにアメリカ型のプロフェッショナル養成に特化した形で、二〇〇三年度からはじまった制度である。法科大学院、会計大学院、技術経営大学院等がある。専門職大学院では、教員は実務経験者を採用し、原則として、従来からある一般の大学院とは別の独自の教員組織を作り、授業料については、完全ではないにしてもコストを視野に入れた額を設定することになっている。高額の授業料に対して奨学金の役割も大きくなるものと考えられる。このような専門職大学院の出現は大学院のコストについて考える機会を提供しつつあり、授業料一つをとっても、一般の大学院との関係が問題となるように（もちろん学部の授業料との関係も問題となる）、大学院一般のコストの問題にも目を向けさせる。その意味で、大学院の費用と便益との交換関係を考える大きな出発点となるだろう。

こうした外部資金の増加や専門職大学院の出現は、国立大学の中では珍しく大学の経営戦略と結びつく傾向があるが、その傾向を加速させるのが国立大学の法人化である。国立大学の法人化は、九〇年代に入ってバブル経済崩壊後、知識基盤経済の中で大学の教育・研究の果たす役割が強調され、国立大学が新産業創造や国際競争力の源泉、国際的水準の大学になるために構造的な変化を迫られるようになったことが大きな背景となっている（実際には、行財政構造改革の中で、郵政民営化等と同列に政治的な問題として急速に浮上し、公務員削減の対象となったことが法人化の直接的な要因となった）。このため、個々の大学が自律的運営を通じて創意工夫を行うシステムへの変革が法人化の重要な理念となっている。それは例えば、従来全国立大学の収支を文部科学省が一括して管理していた国立学校特別会計の廃止と個別大学による会計管理の導入、個々の大学が自己収入増加を図るインセンティブの付与、評価とリンクした運営費交付金の大学間配分、運営費交付金の学内配分機能の強化、といったことに表れている。これらの変化は、大学院をよりいっそう経営戦略的対象としてみなし、大学院のコストやアウトプットを問う動きが強くなる要因になるに違いない。そこでもやはり大学院の費用と便益との交換関係を考える傾向が増すことになるであろう。

注

(1)　これ以外にも大学院の経費を考える上では、例えば管理運営経費や附属病院経費との関係の問題などさまざまな問題がある。

(2)　大学院を教育組織であるという見方からすると、大学院の研究機能という言い方はおかしなものである。しかし、その言い方は日本では必ずしもおかしくはない。アメリカの大学のように、教員組織であるデパートメントが研究組織（プロジェクト）や教育組織（スクール、カレッジ）から独立していれば、大学院といえば、大学院レベルの教育組織として位置づけられ、研究組織とは区別することもできるが、少なくとも日本では組織上そうなってはいない。大学院（研究科）やかつての学部は教員の所属する組織であり教育組織であり同時に研究組織でもある。さらにいえば、実はほとんどの先進諸国には同様の事情があり、大学院が教育組織として明確に位置付けられているアメリカが珍しいともいえなくはない。

引用・参考文献

阿曽沼明裕　一九九四年、「国立大学に対する政府財政支出に構造変化」『大学論集』第三集。

――　一九九九年、「基礎科学を巡る政策と状況の変化」中山茂・後藤邦夫・吉岡斉編『通史　日本の科学技術　国際期5−Ⅱ』学陽書房。

市川昭午　二〇〇〇年、『高等教育の変貌と財政』玉川大学出版部。
――　一九九二年、「教育政策の視点から見た大学審答申」『大学研究』第九号。
金子元久　一九九〇年、「高等教育財政の国際比較」『大学論集』第一九集
クラーク、B.・編著　一九九九年、『大学院教育の研究』（潮木守一監訳）東信堂。
黒羽亮一　一九九三年、『戦後大学政策の展開』玉川大学出版部。
小林信一　一九九四年、「大学院の機能と学生援助政策」矢野眞和（研究代表者）『高等教育の費用負担に関する政策科学的研究』（科研費研究成果報告書）。
財政調査会編　一九九九年、『国の予算　平成一一年度』。
文教予算事務研究会編　各年、『国立学校特別会計予算執務ハンドブック　各年度』第一法規。
文部省　各年、『我が国の文教施策　各年度版』。

5　研究評価と大学院

「鏡よ、壁の鏡よ。世界で一番美しいのは誰？」『白雪姫』

藤村正司

はじめに

南方熊楠（一八六七～一九四一年）。カタカナ名現代思想がもてはやされる中でひと頃、民族学者の間に南方ブームが起こったことは記憶に新しい。その南方が単身イギリスに乗り込み、独学で処女作「極東の星座」を総合的・国際的科学雑誌『ネイチャー』に掲載したのは一八九三年のことである。帝国大学令の公布が一八八六（明治一九）年だから、わずか七年後である。百年後の現在、『ネイチャー』への日本からの投稿は一年で約六〇〇編にものぼる。そのうち受理されるのは、ほぼ九％程度の五五編前後である。朝日新聞社『大学ランキング 二〇〇〇年版』には、一九八九年から一九九八年までの『ネイチャー』掲載論文数のランキングがある。第一位が東大の一六二編、第二位が京都大の八九編、第三位が大阪大の六五編、以下名大、九州大、筑波、東工大の順になっている。

ところが、『ネイチャー』の、日本の科学に関する報道活動を担うネイチャー・ジャパン社が教授、助教授、講師、院生を含めた科学研究教育にかかわる研究者一〇〇〇人当たりに換算したランキング表をみると、日本電気基礎研究所（NEC）が三二・八、理化学研究所が二二・八となり、東京大学が一三・四、京都大が六・五、大阪大が六・二となっている（スウィンバンクス、一九九四年）。日本からの論文掲載が一部の限られた研究所で突出していることがわかる。

バートン・クラークは、このような民間の企業研究所に特化したわが国の学術体制を企業に「応用された大学」（The Applied University）だと評価したが、それは国際比較からみたわが国の「探求の場」の特徴と問題点をついているといってよい（クラーク、二〇〇二年）。政府から「第三者」へと国立大学の評価体制が移行する現在、「探求の場」としてのわが国の大学院をどのように評価するのか、そこにはどのような問題がはらんでいるか、本章で検討してみたい。

1　合理化

政府は国立大学の「大売出し」をはじめようとしている。「市場行きの切符」を拒む国立大学は、自ら評価活動を引き受け、社会に対する説明責任を果たしていかねばならないとされる。近年はさまざまなメディアが独自の調査により、大学のランキングを掲載するようになっている。だが、研究者評価にせよ機関評価にせよ、これまでわが国で試みられてきた評価活動は散発的な状況にあったといってよく、評価の在り方についての議論は十分尽くされているわけではない。

実際、競争原理を働かせるために大学院の専門的評価活動を客観的に行うといっても、誰がどのような方法でどのくらいの間隔で評価するのか、固有の方法を開発することは容易ではない。ましてや、折からの厳しい財政状況の中、評価結果が資源配分とリンクするとなると、評価システムの構築よりも組織防衛の声が大きくなる。否、そもそも大学界の場合、文学や芸術の世界とは異なって評論家という独立した評価者は存在しない。むろん、わが国で機関評価の客観的な研究がなされてこなかったわけではない。わが国の機関評価の本格的な研究のはじまりは、『大学評価の研究』(慶伊編)である。この研究が出版されたのは一九八四年だが、そのあとがきには次のような記述がある。

「……共同研究を進めながら、私たちがまず痛感させられたのは、そうした公然たる評価を嫌う社会的・文化的風土であり、またこれまでの評価や評価研究の蓄積の乏しさである。……しかし作業を進めながら、何よりも痛感させられたのは、大学の質や水準を捉え、評価する上で欠くことのできないデータや情報の不足、あるいは整備のおくれである。」(二九〇頁)。

この調査では、カーネギー大学分類に基づいて各大学群の教育条件、就職実績、フローとしての研究活動が客観的に分析され、とくに日本の全大学の約半分は、総論文生産の四%というきわめて低い研究活動を行っているにすぎないこと、他方で日本の大学の化学研究が世界的水準にあることを実証的に明らかにし、大いに関係者の注目を集めた。この日本版カーネギー調査の特徴は、まさしく研究大学、大学院大学、準大学院大学、修士大学、学部大学など、研究機能を軸として分類し、さらに専門分野別に分析・評価を行っていることである。およそ大学であれば研究機能を有することが自明とされているにもかかわらず、あえて「研究大学」とそうではない大学に分類しているのである。今日でこそ、「研究大学」、「大学院大学」、「研究志向の大学」「研究基幹大学」という命名に違和感はなくなったが（このこと自体、大きな意識の変化であるが）、それまで大学評価といえばもっぱら受験生＝高等学校の質だけが問題視され、しかも「学生一流・教師三流」説が流布していただけに、研究機能を基準とした大学群の特性分析は、きわめて大胆な試みであった。

ところで、そうした研究機能を中心とした大学評価は何よりも「機関の威信」を診断ないし測定しようとしていることにほかならない。威信とは、他者がどうみるかというものであり、その意味で本質的に主観的なものである。この威信に大学のような非営利組織の行動原理を求め、威信の最大化こそが大学の行動を理解する最も適切な方法だとしたのが、アメリカの経済学者ガービン（R.Garvin）である。

そのガービンが『大学行動の経済学』を著したのは一九八〇年だが、ガービンの威信最大化モデルの特色は、競争的な環境の中で威信を獲得しようとする行為者＝研究者や大学経営者の動機づけの視点を取り入れたことにある。それはこれまでの大学の組織行動を理解するために用いられてきた社会学的な同僚モデル、官僚制モデル、政治モデル、無秩序モデルには、いずれも大学の共同体内部の規範や葛藤の過大視と組織目標の軽視があるからである。しかし、今や威信それ自体が競争的環境の中で大学の目的関数になっているとガービンはいう。そこにはアメリカの高等教育システムを支える競争原理と、何よりも機関評価を許す慣行と科学社会学の蓄積があることはいうまでもでない。

科学社会学は、冷戦構造の中、一九七〇年代からアカデミック・プロダクティビティの計量的分析を精力的に行ってきた。CUDOSを規範とする学問共同体への貢献を測定するために、個々の研究者、専門分野ごとにクオリティの高い雑誌への掲載回数、被引用頻度、受賞回数、指名回数あるいは科学研究費や各種財団からの助成金などを定量的に評価した。わが国では、新堀通也が二五年前に国勢調査にちなんで学勢調査と銘打った同僚評価（peer review）を社会学（者）と教育学（者）について実施したことがあったが（新堀、一九七八年）、恒常的・継続的な機関評価システムを構築するまでには至らなかった。そこには大きく三つの問題がある。

第一は、大学界の聖域意識が強く、外部の批判を許さない風土があることはいうまでもないが、『大学評価の研究』のあとがきにあるように、何よりも同僚評価にかかる膨大なコストである。機関評価にせよ個人評価にせよ、客観的な評価活動を行うには、研究者一人ひとりのデータ・ファイルを構築するという気の遠くなるような作業を行わねばならない。当時は研究評価を奨励し、外部に説明させようとする政治的圧力も公的機関もネットワークもなく、したがって研究者の情報を収集・管理するインフラが整備されていなかった。だが、今日では、高等教育をめぐる競争的なまなざしのもと、技術革新によるパソコンメモリの増大とSSCI、SCI、AHCIなどデータ・ベースの整備が行われ、情報検索という本来の趣旨を超えて業績の国際比較がきわめて低いコストで可能になった（大場、二〇〇〇年）。実際、こうした科学を定量的に測定することそれ自体が、サイエントメトリクス、ビブリオメトリクスとして定着しつつある。その結果、わが国の自然科学系の論文生産数が、アメリカには及ばないものの世界第二位であることが明らかになった。だが、後に触れるようにこのような躍進の陰には相当根深い問題が横たわっている。

第二は、研究活動を質的に評価することの難点である。この問題をクリアするために論文生産数だけでなく、被引用頻度が質的方法として用いられている。現在では、ある一定の期間の中でどれだけ引用されたかで影響力の大きさを測定するインパクト・ファクターが開発され、おもに自然科学系の評価に利用されている。

ところが、その被引用頻度にも根本的な問題がある。そもそも引用が何を意味するのかについて、きわめて煩雑な手続きを行わねばならないからである。同じ一回の引用といっても、それだけではどのように引用されたか何も語っていない。引用には、否定的な引用、肯定的な引用、そして儀礼的な引用がある。筆者はかつてある社会科学系の雑誌について引用・被引用の関連を調べた経験があるが、同じ出身大学で研究者の業績が雪だるま式に引用される傾向がある。同僚評価は仲良し評価と区分し難い。さらに、自己引用は引用から除外するのが通例だが、共著の場合はどう判断するか、ファースト・オーサーの重み付け、引用の経過期間をどのくらいのスパンに設定するかなど、被引用回数を正確に読み取るには文脈を辿らなければならない。被引用回数よりも謝辞の中に有益な情報を提供する場合もある。

第三は、人文社会科学系の評価にかかわる難点である。一般に、人文社会科学系では経済学を別にすれば、学会誌よりも単著にプライオリティを置くこと、自然科学系に比べてジャーナル発行のペースが遅いこと、英文で論文を書く習慣がないので国際比較の遡上に乗りにくいことである。一般に、同じ一冊の単著、一編の論文であっても出版社によってもまた学会の規模や歴史によって格付けがあり、どの学会誌に掲載されるかによって評価は大きく異なるが、人文社会科学系では専門学会誌よりも、例えば『思想』、『現代思想』、『世界』、『中央公論』など総合雑誌を高く評価する傾向がある。同じ著書でも研究書、一般書、新書、教科書、翻訳書をどう評価するかについて必ずしも明確な序列が形成されていない。要するに、アカデミズムとジャーナリズムが未分化なのである。その意味で、人文社会科学系研究者の同僚評価を行った新堀らの調査は先駆的であると同時に、当該分野固有の問題が伏在していたのである。

試みに、一九九八年に出版された『社会学文献辞典』（見田宗介・上野千鶴子・内田隆三・佐藤健二・吉見俊哉・大澤真幸編)を用いて文献の掲載頻度をカウントしてみよう。この辞典には社会学の基礎・重要文献リストが九九四点ほど掲載されている。三回以上文献が紹介されている社会学者のリストを作成すると、日本人で最も多いのは、社会学者ではなく民俗学者の柳田国男が九冊、次いで、見田宗介が五冊、哲学者の廣松渉と多木浩二、鶴見俊輔、福武直、作田啓一、大塚久雄、村上泰亮、奥田道太、吉見俊哉がそれぞれ四冊となる。三冊には、一四名がカウントされるが、その中には上野千鶴子、内田隆三、大澤真幸、佐藤健二ら編集委員のほか、哲学者の竹田青嗣、政治学者の丸山真男、そして吉本隆明らの著作が挙がっている。

他方、外国人ではウエーバー一二冊、マルクス九冊、デュルケーム、フーコー、レヴィ=ストロースが六冊、イリイチ、エンゲルス、ゴフマン、パーソンズ、フロイト、ハーバーマスが五冊、ジンメル、ニーチェ、マリノフスキー、ルーマン、レイン、ドゥルーズらが四冊となり、ブルデューは三冊である。出版社の販売戦略もあるのかもしれないが、『社会学文献辞典』と称しながら、哲学、政治学、歴史学、文化人類学、言語学、精神医学にわたる文献が挙げられるなど現代(日本)社会学の特徴がここに現れている。

ところで、このリストを見て思うのは、最も影響力のあり、かつ掲載頻度の多い重要文献は、実は最も読まれていない文献ではないかということである。逆にいえば、読んでいない人が多くいなければ、影響力のある著作とはいえないのである。そうだとすれば、これは学問評価のパラドクスである。

今から二五年も前に出版された新堀のパイオニア的な研究は、方法論上の問題とデータの制約はあれ、いわば大学内部のグレイゾーンに客観的なデータを用いて接近を試みようとしたものである。その意味で聖域の一角を切り崩したものだといえる。しかし、こうした大学評価の第一世代による冒険的な分析、そしてそれにつづく機関研究は、社会学的には大学界の機能分化の結果、もしくは分化の程度を記述したものであって、分化の過程やその要因については必ずしも明示的ではなかったように思う。そこでは競争原理や消費者主義の浸透といった漠然とした「見えざる手」が、分化の前提としてまた研究の動機にもなっていたのである。

だが、今や分化の過程とそれを促す要因はそうした「見えざる手」ではなく、小さな政府と称する強力な政府とステークホルダーが結合した「見える手」＝合理化のエージェントとなって姿を現れているのである（山本、二〇〇〇年）。ガービンは官僚制による権力の集権化が市場のメカニズムを規制するものとみなしたが、わが国の場合、市場と官僚制が結合し大学界に合理化を迫っている。いうまでもなく合理化は、ウエーバーが計算可能性、予測可能性、効率性、そして技術体系による制御をもって近代西欧社会の特質として描いたものである。偏差値に代わるさまざまな大学ランキングは、こうした大学界に対する合理化の現れの一つであり、消費者や学生の選択と納税者への説明に資するように大学のさまざまなサービスを量的に格付けしたものだといえる。それはまた簡便で相対的であるだけに、合理化に抵抗する大学界に対してバランスシートにもなっているのである。したがって、大学評価の研究は、専門分野の深い森の中に入り込んでより精緻な評価システムを構築することよりも、合理化を促進しようとする政府やステークホルダーと、合理化の非合理性を訴え相互に自己防衛する大学界との攻防こそがテーマになるのである。

2　研究の予測可能性と「資源配分の不平等」

合理化のエージェントは、研究の計算可能性のみならず、研究の予測可能性を要請する。それはアウトプット（事後評価）だけでなく、インプット（インフラ）を加味した評価がなされるべきであるという、一見客観的で公正な議論に現れている。本来、研究の成果は事後的にしか評価できないが、いわゆる投入産出分析は利用可能な資金の効率的な配分という点から事前も含めて総合的に研究評価しようとするものである（塚原、一九九九年：ザイマン、一九九五年）。具体的には、論文生産数は投入された資源や院生数を考慮すべきであり、またインプットはできるだけ少なくしてアウトプットを大きくすることである。

ここで九五の国立大学を対象にして、インプットとアウトプットの関係から研究の予測可能性を探ってみよう。何をインプット、アウトプットにするか、またフローをとるかストックをとるかは恣意的だが、利用できるデータの制約もある。さしあたり、インプットとして『文部省年報』に記載される平成一〇（一九九八）年度の国立大学の教職員数と機関類型を用いる。ともにストックであり、教職員数は機関の規模を表す指標である。機関類型については、旧七帝大に東工大、筑波大、広島大、神戸大を加えた一一大学を「研究大学」、千葉大、新潟大、金沢大、岡山大、熊本大、長崎大など六つの旧官立大学を「総合大学Ⅰ」、博士課程を持つ三一の国立大学を「総合大学Ⅱ」、工学・医歯系のみからなる二一の国立大学を「単科大学」、そして修士課程のみを持つ二六の国立大学を「修士大学」とした。

アウトプットにはフローとして平成一〇（一九九八）年度の科学研究費を用いる。いうまでもなく、科研費は申請した課題を遂行するためのインプットに違いないが、採択の可否は研究の予測可能性を示す事前評価とみなすことができる。科研費は競争的・効率的研究費補助に位置づけられ、さらに基盤、奨励、萌芽、総合的、ＣＯＥ、特別研究員などの一般目的と、特別推進、重点領域、特定領域試験、創成的基礎などの特定目的に大きく区分される（阿曽沼、一九九九年）。科学研究費は個人単位で申請・採択されるが、採択総額を大学・学部・学科単位に換算し、教員一人当たりの配分額や採択件数を算出すればフローとしての大学ランキングが出来上がる。『大学ランキング』（朝日新聞社）に掲載されたデータをみると多少の意外性はあれ、ランキングはほぼ予想通りである。予想通りというのは、学部偏差値と変わらないからである。

個別大学のランクはともかく、競争的資源配分とされる科研費が大学の規模を一定としたとき大学類型によって偏っているのかどうか、言い換えればフローとしての資源配分がストックとしての大学類型によってどの程度偏りがあるのか探ってみよう。平成一〇年度の科研費総額の配分実績をみると、一一の「研究大学」に全体の七四・五％、残りの八四大学で二六・五％が配分されている。**表5-1**は、科研費総額を被説明変数とした場合の分析結果を示したものである。大学類型はダミー変数で、「修士大学」がベースである。科研費、教職員数ともに対数変換している。

この表からわかるのは、要するに同じ規模の大学であっても大学類型によって科研費配分のウェイトが著しく異なること、「研究大学」への科研費配分が突出していることである。言い換えると、「研究大学」から出された計画申請書の方が、平均して研究の予測可能性が高いとみなされているのである。こうした資源配分の格差が、「研究大学」という命名に違和感がなくなった大きな理由なのであろう。ところで、先に触れたように科研費は、共同研究と個人研究の違いはあるが、あくまで研究者個人が申請し、専門分野別に審査されるから機会は平等に開かれ競争原理が働いているとみられている。しかし、**表5-2**にみる

表5-1　科学研究費配分の影響要因

教職員数(ln)	1.342 〔.832〕	.795 〔.493〕
研究大学		2.572 〔.587〕
総合大学Ⅰ		1.562 〔.252〕
総合大学Ⅱ		.927 〔.304〕
単科大学		.806 〔.226〕
修士大学		(ref.)
決定係数(%)	68.9	81.7
N	95	95

注）上段はb、下段はβ、大学類型は本文参照。
係数はすべて0.1%水準で有意。

表5-2　政府機関からの研究助成交付比率：過去3年

(単位：%)

	人文社会	N	理工農	N	医歯薬	N
国立研究大学	55.3	47	78.7	225	77.4	53
私立研究大学	31.3	32	60.0	25	72.2	18
国立一般大学	28.0	143	55.0	240	59.8	102
私立一般大学	10.3	252	23.9	377	42.1	76

注）データソースは、カーネギー大学教授職国際調査(1992年)。
大学類型は、江原(2003年)参照。

ように、過去三年に政府機関から研究助成の交付を受けた教員の比率を専門分野別にみると、総じて研究環境の差を歴然と示したものとなっている。さらに、**表5-3**は、日本とアメリカとで研究者の属性を一定としたときに大学類型の違いがどの程度、研究助成交付の比率を高めるかを比較したものである。大学類型を同じ基準で比較することはできないが、日本のデータの方が大学類型を投入したときのモデルの当てはまりは良好である。

むろん、過去の業績に応じて結果として配分格差が生じること、業績によって地位やランクが形成されること自体はメリトクラシーの原理からみて好ましいことである。だが、地位（研究環境）によって業績が形成される場合もある。地位と業績との相乗効果が、科学の世界におけるマタイ効果であり、経済学における収穫逓増の法則である。収穫逓減を前提とする経済学では収穫逓増はきわめてまれな現象として扱われるが、科学の世界ではごく普通に起こっている。だが、問題は選抜性の強化の結果として生まれた「配分の格差＝結果の不平等」をど

表5-3　政府機関からの研究助成交付の影響要因

	日本		アメリカ	
年齢	-.049***	-.051***	-.023***	-.025***
教授	.473*	.667**	.716	1.104 +
助・准教授	.493*	.470*	.290	.589
講師	(ref.)		(ref.)	
著書	.577***	.562**	.110	.046
学術論文	.048***	.022***	.104***	.081***
医歯薬	1.148***	1.172***	.716***	.757***
理工学	1.025***	1.022***	.914***	.994***
人文社会	-.064	-.108	-.270	.001
その他	(ref.)		(ref.)	
国立(公立)研究大		2.078***		1.102***
私立研究大		1.338***		.858***
国立(公立)一般大		1.004***		.445***
私立一般大		(ref.)		(ref.)
Nagelkerk R 2乗	.218	.332	.199	.231
model χ 2乗	280.2	448.9	369.7	433.9
N	1,581	1,581	2,535	2,535

注）数値は、ロジスティック回帰係数、有意水準：＋ p＜10%、* p＜5%、** p＜1%、*** p＜0.1%、
アメリカの大学分類：研究大（研究大＋大学院大）、一般大（総合大＋教養カレッジ）。
業績は過去3年、著書は1冊以上を1としてカウント、常勤職のみ。

こまで容認するのか、という公正観にかかわっている。そして、その公平観を支えるのは大学教員市場の流動性と校費の保障にある。

ところが、大学教員市場の流動性に乏しいとされるわが国の国立大学では、そもそもスタートラインでこのような越え難い格差がロック・インされていることは、開発経済学がいうところの中心・半周辺・周辺に類似した階層構造、言い換えれば中心に向かうアカデミック・ドリフトが存在することを示している。それだけ「研究大学」のストックが安定しているということだが、それは自家養成に対する批判はあれ、優秀なスタッフの多くが母校出身者からリクルートされていることの証左なのであろう。

したがって、競争原理といっても実のところ「ガラスの天井」に似て、天井の上にいる人々は競争原理を公平だとみなして機会の平等を歓迎し、結果の不平等については過去の業績によるものだと主張する。他方で、天井の下では競争原理は「競争神話」にすぎず、不公平感が高まる。外部評価によって競争的環境を創出するというが、近年の積算校費という「セーフティ・ネット」の漸減と科研費の増大、そして独立行政法人における標準運営費交付金の算出式は、自由裁量と自己責任という両刃の剣でもって、すでにある研究環境の格差を固定し、個性が輝く一部の大学だけを顕彰することになろう。「被評価機関には意見表明の機会を確保する」といっても評価されるだけで評価する側に回らない大学、権威ある第三者に評価されない大学には格下という悲哀が残る。

むろん、平成一一(一九九九)年に出された学術審議会の答申にも第三者評価の方法・基準に際して「相対的に劣悪な研究環境であっても比較的大きな成果を上げる場合もあるので、研究者や研究環境にも留意すること」とある(五二頁)。だが、『ネイチャー』の二〇〇〇年一月の記事には、次のような記事が紹介されている。

「……最近発表されたヒト二一番目染色体の塩基配列に関する画期的な論文（*Nature*, 1999）では、日本人科学者が大きな貢献を果たした。しかし、この論文の共著者となった慶應義塾大学の科学者たちは、学内で最も歴史の古い地下にある薄汚れた狭い研究室でＤＮＡシーケンサー数台をやりくりして研究を完成させた。これとは対照的に欧米の共同執筆者たちは、先進技術に満ちあふれた快適な研究環境において潤沢に用意されたものを使っていたのである。……省庁間の連携不足から資金は分散し、無駄になっている。すなわち必要以上に助成金を受け取った研究者がいる一方で、資金が必要な研究者には助成金が行き渡らなかった研究者もいる。世界的に大々的に報道された慶應義塾大学の研究者の場合がまさにそれであり、かれらは政府が二〇〇〇年に実施するゲノム関連研究を対象とした研究助成プログラムの対象から外されてしまっているのである。いったい誰の責任であろうか？……。」(Swinbanks, 2000)

3　「鉄の檻」

「研究大学」という命名に違和感はなくなったが、わが国で大学ランキングという相対評価が制度化されるにはまだ日が浅い。しかし、ランキングはさておいても第三者による機関評価が社会学的検討に値するのは、非営利組織の存立(survival)について「意図せざる結果」を招来する可能性があるからである。

およそ大学院のような非営利組織の行動原理は、ガービンのいうように威信の最大化にあるにせよ、それは効率や利潤を最大化することによって存立する営利組織とは対照的な位置にあるとみなされてきた。なぜなら大学院は、法的には「学術の理論及び応用を教授研究し、その蘊奥をきわめて、文化の進展に寄与することを目的」（学校教育法

第六五条）としつつ、○合《マルゴウ》教授や学位授与権など大学院設置基準にかかわる一連の類型化された「意味の体系」（＝信認）によって成立するからである。言い換えれば、「意味の体系」が教育・研究活動という日常的な営みに先んずるのであって、意味の社会的効用の実証（本当にわが国の大学院は、世界の第一線に伍した卓越した教育・研究拠点になって研究者や高度専門職の養成ができるのか）や、その効率性の評価（本当に学位を出しているのか）を待って存立してきたわけではないからである。

むしろ、学部の上に研究科があるだけで、とりわけスター教授が一人でもいれば、大学院の教育・研究の実態はともかく、大学と学生は多大な便益を受け、組織の名声と社会的体面は保持される。こうした儀礼的効果はきわめて劇的なものだから、単に教員一人当たりの平均論文数が他大学より一編多くなるとか、それによって評価ランクが一つ上昇するといった官僚制的な栄達によっては容易に獲得されるものではないのである。

ところが、反面、こうした大学院の持つシンボリックな側面は意味から構成されるだけに、管理的・効率的なまなざしから査定されるとさまざまな問題が露見する。スター教授の引抜きは組織の威信を高め、研究費を獲得する際の戦略の一つであるが、私学であればたちまち学生一人当たりにかかる教育費や授業料にはねかえるし、独立行政法人となる国立大学では学生当積算校費の単価を低くしよう。また大学院には学位授与権が認められているといっても恒常的に学位が出されてきたわけではない。大学院教育もコースワークや試験が徹底しているかどうかは疑わしい。何よりも、大学院の定員管理はきわめてルーズである。そもそも大学院はさまざまなディシプリンから構成されるだけに、同僚評価は可能だが、トータルとしての大学院像は描きにくい。

こうしたアナーキーな状況にもかかわらず、否、それが常態だからこそ、これまで大学院の査定がなされてこなかったのである。むろん、国立大学における監督庁と現業部門との行政上の分離もあるが、より本質的には「意味の体系」に対する信頼とプロフェッションに対する自由裁量、成果目標の曖昧化、そして社会的貢献度などの査定についての意図的な回避と看過がある。自己点検・自己評価がそうである。もちろん、そうした看過の陰に組織の何が温存、隠蔽されているかは第三者には理解できないから寛容さと忍耐が強いられてきたのは確かである。例えば、大学審議会の一連の答申には、高等教育の役割として国際競争力への貢献とあるが、わが国の大学教員が高等教育の今後の在り方として、国家の競争力に資することを必ずしも重視していないことは、九〇年代の初めに実施されたカーネギー・データにみることができる（表5－4参照）。

ところが、今やさまざまな合理化のエージェントによる多元的な査定が「鉄の檻」のイメージとして現れつつある。院生の入学状況、担当時間数、担当大学院生数、論文博士のための研究指導人数、学位授与数、学術論文数、外部資金、診療時間、治験・臨床試験件数、進路状況、管理運営件数、審議会の開催回数などなど、会計制度に馴染む共通の物差しが分野の違いを越えて適用されようとしている。そこで組織の自己防衛が生まれる。例えば、分野による不公平が生じないよう、また個々の研究科は評判を落とさないよう共通のフォーマットが作られ、相互にモデル校や成功例の模倣がはじまる。いわば「大学院のマクドナルド化」が進行するのである。その結果、多元的評価の意図とは裏腹に、評価の画一化が進行し、組織の多様性と個性化が妨げられ、さらに地域性すら失われよう。さらに、評価項目のフォーマット化と、研究スタイルのライフワーク型からプロジェクト型へのシフトは、教育・研究スタイルのいっそうの標準化と量への幻想すら生み出すのである。

さらに、多元的評価は実務上の煩雑さを伴うが、それはとくに大学官僚制の末端にある

表5-4　今後の高等教育の在り方
―国際競争力のための国力の強化（比率）―

	最も重視	かなり重視	N
韓　国	45.1	39.6	883
アメリカ	42.1	38.0	3,390
イギリス	33.4	40.1	1,886
日　本	18.0	30.7	1,770
ドイツ	13.2	39.4	2,574

注）「大学教授職国際比較データ」1992年。

大学事務部に作業のルーチン化を、そして教員個人には日常の教育・研究活動、さらには社会サービスまで自己管理を要請する。およそ教育・研究や社会サービスの動機は内発的・自発的動機によってなされるものだが、毎年度の評価リストを埋めるため、定員を埋めるため、運営費交付金が削られないため、という新たな「動機の語彙」が加わるのである。

こうして評価という手段が目的に転移する。定員が埋まらない地方の研究科、否、重点化した研究科では二次・三次募集を行わざるを得ないが、大学院入学選抜の弾力化によって、学部から進学してくる学生のみならず、他大学から進学してくる学生や社会人まで院生のリクルートを広げなければならない。

これを人材の流動化といえば聞こえはよいが、ここには三つの問題がある。一つは、地方にある国立大学や私立大学からすれば、流動化は有名大学による人材の独占にほかならず、地方と中央、国立大学と私立大学の間で院生の奪合いが生まれることである。第二は、教員の負担である。社会に開かれた大学院は社会人、そして大学院の国際化はますます多くの留学生を特別選抜によって受け入れるよう奨励するが、選抜だけ特別でそれ以後は特別扱いできないとすれば、社会人や留学生を抱える教員の負担は大きい。国立大学協会が行った悉皆調査によると、大学教員の意識は社会人入学については入学しても修士までというのが大方の意見である(国立大学協会、一九九六年)。

第三は、したがって学部生よりも院生の方が能力の分布が大きくなることである。そこで、この能力のバラツキを小さくするために、博士課程やポスドクが拡充整備される。ところが、こうした延命装置は三〇歳近くまで職の当てのない多くの青年を抱え込まざるを得ない状況を生み出し、教員の側からみると短命装置にもなりかねない。平成一四(二〇〇二)年度のデータでは、博士課程卒業後の無業者率は、人文・社会・教育学専攻で四七・一%(平成元(一九八九)年：三一・四%)、理・工・農学専攻では三六・九%(平成元年：二七・六%)である。死亡・不詳者を加えると、人文・社会・教育学専攻では実に六二・三%、理・工・農専攻で四六・一%にものぼる。

こうしてわが国の大学院は定員が埋まらないと困るが、埋まるともっと困るというアンビバレンツな状況が生まれているのである。いずれにせよ、合理化の波はわが国の大学院を玉石混交たらしめ、ひいては大学院の選抜機能と研究者および高度専門職の養成機能を弱めるが、逆にそのことが大学院重点化や専門職大学院へのいっそうの弾みとなっているのである。

ところが、この大学院のアメリカモデルは院生定員と教員の負担問題だけでなく、実はもっと根深い問題をはらんでいる。助手ポストの教授振替えによる教授比率の増加がそれである。大学院担当の資格を有する講師以上の職階構成比率をみると、平成一四（二〇〇二）年度現在、国公私立の合計で教授は五九%(国立は五一%)、助教授三一%(国立は四〇%)、講師は一〇%(国立九%)となる。教授と助教授・講師の構成比がほぼ三対二になっている。一〇年前のデータと比べると教授比率は三%、二〇年前よりも六%も高くなり、いわゆる逆ピラミット型が強まっていることがわかる。つまり、組織の中で最も競争的な若手層が薄くなっているのである。こうした教授層の増加傾向は、アメリカの大学でもみられるが、NCES（National Center for Education Statistics）の二〇〇〇年データによれば、四年制公立大学に勤務するフルタイムの教授と准教授・助教授・講師層の比率は、二対三である。参考までにカーネギー・データ（一九九二年）をみると、日本の大学教員の職階構成は教授が五五%と高く、アメリカは三六%(研究大学Iが四三%、研究大学IIは三八%、大学院大学Iは三五%、大学院大学IIは二八%、総合大学は三三%、リベラルアーツは二五%)、韓国は三六%、ドイツは三三%、そしてイギリスは一九%となっている。教授ポストの肥大化は、定期昇給制のあるわが国の大学では安定した研究生活を約束するが、反面、増加する院生が助手の肩代りを行うことになり、日本の高等教育を競争的環境から遠ざける構造的要因の一つになっているのである。

おわりに

わが国における大学院の評価活動は、大学設置基準の大綱化以降、自己点検・自己評価、大学院重点化、教員任期制の導入、日本技術者教育認定機構（ＪＡＢＥＥ）や大学評価・学位授与機構の設置、そして独立行政法人化というこ一〇年の合理化の流れから現れたものとみることができる。財政的諸問題と規制緩和の考え方がそうした大学院をめぐる合理化の根本にあること、それゆえわが国の高等教育が「ステークホルダー社会」に組み込まれ、政府による金銭支配がいっそう強まることは疑いようもない事実である。

しかし、この流れは逆転不可能なものなのか、それとも市場と国家の一時的な調整なのか、高等教育の発展過程の新たな一局面なのだろうか。たしかに、これまで等閑に付されてきた大学院が外部評価によって短期的には資源の効率的配分が可能になり、競争的環境作りがなされる部分もあろう。だが、評価の重視は何よりもそれが生み出す結果によって長期的に判断されなければならない。そしてその判断を左右する基準は、はたして評価によって期待した成果を大学院は上げることができるのか、公正への配慮はあるのか、個別大学もしくは個別分野のアイデンティティは維持されるのか、ということである。期待された成果を上げることができなければ、格差がいっそう拡大するならば、個別研究科やディシプリンのアイデンティティが脅かされるならば、評価の重視は見直さねばならない。

こうした三つの基準がどこまで満たされるかで、現在の改革の方向性にどう対応するかが決定されようが、現状では大方はこの急激な流れについては官僚制の行く末を「鉄の檻」とみたウェーバーとともに好ましいものとはみていない。それでは、研究者はどのように合理化の流れに処していけばいいのか。そこには二つの対応がある。一つは、第三者評価で公式に要求されている評価項目に粛々と応ずることだが、今一つゴフマンのいう第二次的調整という処し方もある。それは、リッツアのいうように合理化による統制を受けつつも、客観的に評価されにくい専門性＝ニッチの中に逃げ込み、そこで自由に研究を行うというものである（リッツア、一九九九年）。むろん、この対応は目新しいものではなく、ごく一般的な処し方であろう。

だが、合理化のいっそうの進行によって評価がルーチン化されるようになれば、ルーチンワークを素早く切り上げて専門の仕事に当てることができる。だとすれば合理化はそれほど悲観視すべきものではないことになる。むしろ、創造性の世界にはある程度の合理化が不可欠だということである。

独法化のキックオフにわが国の高等教育の明るい未来を夢見ることは難しいが、二〇〇九年の高等教育を楽しむには、合理化されにくい専門性の中から評価されるもう一人の自己を観察するのも一つの方法かもしれない。冒頭に掲げた『白雪姫』の一節は、最も美しいはずの后が魔法の鏡に向けたせりふである。しかし、その后も魔法の鏡も物語の主人公ではなかった。

引用・参考文献

阿曽沼明裕　一九九九年、「国立大学における研究費補助のパターン」『高等教育研究』第二集。
市川昭午・喜多村和之編　一九九五年、『現代の大学院教育』玉川大学出版部。
江原武一　二〇〇三年、「大学教員のみた日米の大学―九〇年代初頭」『京都大学大学院教育学研究科紀要』第四九号。
大場淳　二〇〇〇年、「人文社会科学の研究環境とその評価」『高等教育研究』第三集。

クラーク、バートン編著 一九九九年、『大学院教育の研究』(潮木守一監訳)東信堂。

クラーク、バートン 二〇〇二年、『大学院教育の国際比較』(有本章監訳)玉川大学出版部。

慶伊富長編 一九八四年、『大学評価の研究』東京大学出版部。

国立大学協会 一九九六年、『国立大学大学院の現状と課題』。

ザイマン、J. 一九九五年、『縛られたプロメテウス』(村上陽一郎他訳)シュプリンガー・フェアラーク東京。

新堀通也 一九七八年、『日本の学界』日本経済新聞社。

スウィンバンクス、D. 一九九四年、「Nature 誌への投稿案内」*Nature*, ネイチャー・ジャパン社。

塚原修一 一九九九年、「専門的活動としての研究評価」鳥居泰彦編『学術研究の動向と大学』エイデル研究所。

山本眞一 二〇〇〇年、「大学評価を考える視点」『高等教育研究』第三集。

リッツア、G. 一九九九年、『マクドナルド化する社会』早稲田大学出版部。

Garvin, R. 1980, *The Economics of University Behavior*, Academic Press.

Swinbanks, D. 2000, "Japan's Scientists Must Learn to Take Action," *Nature*, 403, pp. 7–8.

6 学問中心地の移動

――学問中心地の移動と大学・大学院の課題――

大膳　司

資源が乏しく、国土の狭い日本が、激変する世界に貢献する、存在感のある国になるため、「科学技術創造立国」をめざして、「科学技術基本法」が、一九九五年に成立した。そのことの意義を、その成立の中心的役割を担った尾身幸次元科学技術政策担当大臣は、「一つは、二一世紀の新しい日本の国づくりの方向として世界最高水準の『科学技術創造立国』をめざすということを国内外に明らかにしたこと、第二は、『科学技術基本計画』で政府研究開発投資額の長期目標を数字で示すようになったこと」と述べている(尾身、二〇〇三年、三〇―三一頁)。この法律の成立以降、科学技術の研究開発に必要な資金が増加し、二〇〇〇年度では、日本の研究費総額はGDP比三・一八%で、世界トップ水準に達した(1)。

近年では、社会や経済などさまざまな面でボーダレス化が進み、国家間の競争もいっそう激しくなっている中で、国際競争力の強化等の観点から、各国では、「知の創造と継承」というきわめて重要な役割を果たしている大学の教育・研究の水準維持・向上をめざして、積極的に大学改革に取り組んでいる(中央教育審議会、二〇〇二年)。

このように、国家の維持・発展のために、「知」の創造は、ますます重要な政策課題となっている。

そこで、本章では、日本が、世界の中で「知」の創造に貢献していく国家でありつづけるための条件を探るため、これまでの「知」の創造の中心地（学問中心地）の移動の実態を三節に分けてみていきたい。第1節では、ノーベル賞受賞者数の国別推移をみることによって、二〇世紀の世界の学問中心地の移動状況について鳥瞰し、第2節では、これまでの学問中心地研究の成果から学問中心地形成要因について検討し、第3節では、現在の学問中心地米国と日本の大学教員の状況の違いを明らかにする。

1　学問中心地の移動――ノーベル賞受賞者数の国際比較

表6-1、**表6-2**は、年代別・国別にノーベル化学賞と医学・生理学賞を受賞した人数を示したものである。

表6-1に示された通り、二〇世紀終盤、米国から半数強の受賞者を輩出しており、化学分野の学問中心地であったといえよう。日本をみてみると、一九八一年に福井謙一氏がこの分野ではじめて受賞して以後、二〇〇〇年に白川英樹氏、二〇〇一年に野依良治氏、二〇〇二年に田中耕一氏の計四名が化学賞を受賞した。三年連続で日本人がノーベル賞を受賞し、二〇〇一年以降においては、アメリカに次いで日本の占有率が第二位であり（三三・三％）、日本における化学分野の研究水準の高さを示す結果となっている(2)。

また、表6-2には、医学・生理学賞の受賞状況が示されている。二〇世紀中期以降は米国から多くの（ほぼ六割）受賞者を輩出して、医学・生理学分野の学問中心地であったといえよう。日本では、ただ一人、一九八一年に利根川進氏がノーベル医学・生理学賞を受賞しているだけである。今後日本でも重視されているバイオテクノロジーの基

表 6-1　年代別・国別ノーベル化学賞受賞者数の変化

国籍＼年	1901～1920	1921～1940	1941～1960	1961～1980	1981～2000	2001・2002	合計
アメリカ	1 5.6%	2 9.1%	9 37.5%	12 37.5%	20 54.1%	3 50.0%	47 33.8%
ドイツ	8 44.4%	7 31.8%	4 16.7%	4 12.5%	4 10.8%	0 0.0%	27 19.4%
イギリス	2 11.1%	4 18.2%	6 25.0%	9 28.1%	3 8.1%	0 0.0%	24 17.3%
フランス	4 22.2%	2 9.1%	0 0.0%	0 0.0%	1 2.7%	0 0.0%	7 5.0%
スイス	1 5.6%	2 9.1%	0 0.0%	1 3.1%	1 2.7%	1 16.7%	6 4.3%
スウェーデン	1 5.6%	2 9.1%	1 4.2%	0 0.0%	0 0.0%	0 0.0%	4 2.9%
日本	0 0.0%	0 0.0%	0 0.0%	0 0.0%	2 5.4%	2 33.3%	4 2.9%
その他	1 5.6%	3 13.6%	4 16.7%	6 18.8%	6 16.2%	0 0.0%	20 14.4%
合計	18 100.0%	22 100.0%	24 100.0%	32 100.0%	37 100.0%	6 100.0%	139 100.0%

表 6-2　年代別・国別ノーベル医学・生理学賞受賞者数の変化

国籍＼年	1901～1920	1921～1940	1941～1960	1961～1980	1981～2000	2001・2002	合計
アメリカ	0 0.0%	6 25.0%	20 55.6%	30 58.8%	25 58.1%	2 33.3%	83 46.6%
イギリス	1 5.6%	6 25.0%	5 13.9%	7 13.7%	2 4.7%	4 66.7%	25 14.0%
ドイツ	4 22.2%	5 20.8%	0 0.0%	0 0.0%	4 9.3%	0 0.0%	13 7.3%
フランス	3 16.7%	1 4.2%	0 0.0%	4 7.8%	0 0.0%	0 0.0%	8 4.5%
スウェーデン	1 5.6%	0 0.0%	1 2.8%	2 3.9%	4 9.3%	0 0.0%	8 4.5%
スイス	1 5.6%	0 0.0%	3 8.3%	1 2.0%	1 2.3%	0 0.0%	6 3.4%
オーストリア	1 5.6%	1 4.2%	0 0.0%	2 3.9%	0 0.0%	0 0.0%	4 2.2%
日本	0 0.0%	0 0.0%	0 0.0%	0 0.0%	1 2.3%	0 0.0%	1 0.6%
その他	7 38.9%	5 20.8%	7 19.4%	5 9.8%	6 14.0%	0 0.0%	30 16.9%
合計	18 100.0%	24 100.0%	36 100.0%	51 100.0%	43 100.0%	6 100.0%	178 100.0%

礎研究分野は、まだ世界水準には達していないということかもしれない。

なぜ、医学・生理学分野では、化学分野に比べて、米国とこのようにも差を広げられているのであろうか。第3節で米国と日本の大学教員の状況の違いから要因を探ってみたい。

2　学問中心地の研究——先行研究の成果

①J・ベン＝デービッドの研究

従来、「学問中心地」移動の研究に重要な貢献をしたのは、J・ベン＝デービッドである（ベン＝デービッド、一九七四年）。彼が、学問中心地を重点的に問題にするのは、何よりもそれが科学活動の発展に決定的な役割を果たしてきたからだという。

彼によると、科学の中心地はおおまかにいうと次のように移行している。

まず、古代ギリシャが、紀元前四世紀から紀元前二世紀までの二百年間に重要な発展をした。その後、一七世紀に新しい科学が出現し、一七世紀中葉まで、あらゆる科学研究の中心地はイタリアであった。医学の分野では、一七世紀末までイタリアが中心地であったとされるが、それ以外の分野はイギリスとフランスに次第に移っていく。そして、一七世紀後半になると、中心地はイギリスになった。しかし、一八〇〇年頃には、パリが万人の認める科学の中心地となった。さらに四〇年後には、世界の科学者の会合と訓練の場は、ドイツに移った。一九世紀中頃から、ほとんどの分野で科学の中心地となり、さらに世界的な中心地になっていった。一九世紀末には、各国からドイツへの頭脳流入が起きた。例えば、生理学ではルートヴィッヒ、心理学ではヴントのもとに研究者が集まった。こうしてドイツは一九二〇年代まで、その地位を守った。第一次大戦後、科学研究の中心地はアメリカ合衆国に移っていった。とくに新しい研究領域である天文学・細胞学・発生学・物理学のある分野や、医学・企業研究・動物行動学などは顕著である。またイギリスがそれに次ぐ地位を占めているとされている。例えば、生理化学などは中心地はイギリスであった。

こうした研究の結果、科学の中心地の移動について、次のような説明がなされた。

つまり、科学の社会的構造は、先行する中心地のそれを基礎に発展し、その上に新しい中心地の支配的な諸条件が結びついて革新が展開されてきた。これに対して、それ以外の国々で起こったのは、ほとんどの場合、そうした科学の中心地に対する、反応、模倣、抵抗、競争にほかならなかった。

では、いかなる要因が学問中心地を変化させていったのであろう。

一般に、経済的成長が学問の成長を促すといわれることが多いが、J・ベン＝デービッドは、一概にそうとはいえないといっている。すなわち、一九五〇年代までは研究費に費やされる富の量はどの国でも、経済のごく小さな部分を占めるにすぎず、豊かな国であれば、どこの国でも容易に競争し得たのである。

J・ベン＝デービッドによれば、二つの条件によって説明できるとしている（ベン＝デービッド、一九七四年、二二七―二五二頁）。

一つは、国民全体の中に潜んでいる社会的価値と関心の度合いである。すなわち、科学を支持し信頼し、さらには科学研究を実行してみようという動機を起こさせるだけの価値観なり、関心がどの程度存在するかである。少なくとも一八三〇年代までの科学活動の状態は、科学に対する直接の関心によって説明がつく。最初イギリスにあり、次いでフランスに移った科学の中心地は、自らの意志で研究に従事した人々の努力の産物であった。

二つ目の条件は、科学活動の組織性である。多少なりとも研究成果を市場化し、また市場化させようという意欲をかきたてる組織が、どの程度形成されているかである。それは、一九世紀の半ば以降、科学活動の重要な規定要因となった。学問中心地としてのドイツやアメリカ合衆国を論ずる際の、重要な視点である。

②エポニミー研究成果から

エポニミーという学問生産物を用いて、学問別に「学問中心地」の移動の状況を検討してきた結果、**表6-3**に示すように、学問分野ごとに、学問中心地の移動の状況は微妙に変化していることが明らかとなった(大膳・島田、一九八六年、一三一–一二八頁)。

先ほどのJ・ベン゠デービッドによる研究成果に加えて、㋐科学観の変化、㋑他の中心地を変化させていった要因として、㋐科学観の変化、㋑他の学問の発達、㋒科学を取り巻く社会状況の変化、等がエポニミー研究から明らかとされた。

㋐科学観の変化について説明すれば、自然の数学的構造を探るというR・デカルトの思想を受けて、数学の分野において、I・ニュートンが微積分学を発展させているし、R・ボ

表6-3　エポニミー輩出数からみた学問中心地の移動

分野＼時代	17世紀	18世紀前半	18世紀後半	19世紀前半	19世紀後半	20世紀前半
物理学	イギリス (43.9%)	フランス (25.8%)	フランス (43.2%)	イギリス (32.3%)	イギリス (26.5%)	アメリカ (27.8%)
数学	フランス (39.6%)	イギリス (40.7%)	フランス (79.2%)	ドイツ (39.4%)	ドイツ (42.6%)	アメリカ (30.0%)
化学	フランス、ドイツ (各46.2%)	イギリス (40.0%)	フランス (46.2%)	ドイツ (46.2%)	ドイツ (41.0%)	アメリカ (35.8%)
医学	フランス (19.7%)	フランス (27.2%)	ドイツ (26.8%)	ドイツ (28.4%)	ドイツ (34.0%)	アメリカ (40.0%)
工学	フランス (71.4%)	イギリス (53.9%)	イギリス (47.8%)	イギリス (45.3%)	アメリカ (34.4%)	アメリカ (57.4%)
生物学	イギリス (19.1%)	ドイツ (25.0%)	イギリス (22.2%)	イギリス (29.5%)	アメリカ (39.6%)	アメリカ (48.6%)
地球科学	*	フランス (27.8%)	ドイツ (24.4%)	ドイツ (26.2%)	アメリカ (30.8%)	アメリカ (41.1%)
心理学	*	*	*	ドイツ (71.4%)	ドイツ (30.4%)	アメリカ (78.4%)

注)(　)内は学問中心地のエポニミー輩出率。

イルによる「真の科学を勉強する人は、観察し実験をして、実証できない理論を固守してはならない」という見解は、ヨーロッパ全土の化学者に実験的化学研究を盛んにさせた。

(イ)他の学問の発達についてみれば、地球科学や工学が、物理学や化学のような基礎科学の発展に支えられて発展していったことなどがその例である。

(ウ)科学を取り巻く社会状況の変化とは、生物学についてみてみると、一八世紀に航海術が進み、探検船が次々と送り出され、世界の生物層が著しく異なっていることがわかるようになることに伴って、生物の分布や生態系に関する興味が高まっていったことを指している。さらに、化学についてみれば、イギリスにおける産業革命の影響を受けて気体化学が発展している。

以上、科学活動を推進する動因は、学問分野によって、また地域や時代によって異なっており、「経済的成長が学問の成長を促す」という図式が単純に成立するというわけではない。

3　学問中心地の条件は何か——大学教授職国際調査から

最も国際的に認知され、権威を持ったノーベル賞の受賞者数の状況やこれまでの学問中心地に関する諸研究から、米国が現在の学問の中心地であることが確認されたと思われる。

そこで、本節では、学問中心地を支える米国の大学教員を取り巻く教育・研究環境の特徴を、日本のそれと比較することによって明らかにし、今後日本が世界最高水準の「科学技術創造立国」をめざすための施策を探っていきたい。なお、分析に利用する国際データとして、カーネギー教育振興財団が一九九二年に実施した「大学教授職国際調査」によって得られたデータを使用する。対象とする学問分野として、ノーベル賞受賞状況からみて米国の学問中心性が最も明確な、医学・生理学分野を対象とする。さらに、学問中心地を議論している関係から、所属大学を研究大学に絞り込むこととし、その結果、日本では八九名、米国では六九九名を分析の対象とした(3)。

①研究に熱心な日本／大学院教育に専念する米国

最初に、「関心が主として教育と研究でどちらにあるか」との質問に対して、米国では、主として教育とする教員は一四・九%、「どちらかといえば教育」とする教員は二五・二%、「どちらかといえば研究」とする教員は四〇・一%、「主として研究」とする教員は一九・八%であった。日本では、主として教育とする教員は〇%、「どちらかといえば教育」とする教員は七・一%、「どちらかといえば研究」とする教員は五七・一%、「主として研究」とする教員は三五・七%であった。米国は、日本に比べて、教育に関心のある教員の比率が高くなっていた。

つづいて、「どの段階の教育を担当しているか」との質問に対して、米国において、「学部教育のみ」とする教員は三・四%、「学部教育と大学院教育」とする教員は二三・五%、「大学院教育のみ」とする教員は六七・一%、「本年度は授業科目を持たない」とする教員は六・〇%であった。日本においては、「学部教育のみ」とする教員は一三・三%、「学部教育と大学院教育」とする教員は七八・三%、「大学院教育のみ」とする教員は七・二%、「本年度は授業科目を持たない」とする教員は一・二%であった。

米国では、大学院教育のみ担当する教員の比率が約七割で最も多く、日本では学部教育と大学院教育を両方担当する教員が約八割で最も多くなっている。

日本は、研究に熱心ではあるが、大学院教育にのみ専念する教員がほとんどいないという状況である。

②国際化した教育・研究環境

最高学位を取得した国をみると、米国では米国で最高学位を取得した教員が八七・四％で、米国以外に二七カ国で最高学位を取得した教員があり、日本では日本で最高学位を取得した教員が九五・五％と圧倒的多数であり、教員が最高学位を取得した日本以外の国はわずか三カ国を数えるにすぎない。米国の教員の方が、日本の教員よりも最高学位を取得した国が多様である。

どの程度「留学生が入学したか」と質問したところ、米国では八〇・五％が数多くあったと回答しており、日本では五四・九％が数多くあったと回答していた。逆に、どの程度「留学生を送り出したか」と質問したところ、米国では三二・九％が数多くあったと回答しており、日本では五四・三％が数多くあったと回答している。

どの程度「外国人教師が授業を持ったか」と質問したところ、米国では二三・七％が数多くあったと回答しており、日本では三二・三％が数多くあったと回答している。

最後に、どの程度「国際会議やセミナーが開催されたか」と質問したところ、米国では二七・二％が数多くあったと回答しており、日本では四一・六％が数多くあったと回答している。

米国と日本では、研究環境の国際化の進め方が異なっている。米国では、教育・研究を支える優秀な教員と学生を世界市場から集める戦略をとっている。日本では外国人教師による授業を開催したり、国際会議やセミナーを開催したり、学生を海外に送り出したりして、日本人の国際化を進めようと努力しているがまだ不十分といえよう。

③評価にさらされた教育・研究環境

「あなた自身の仕事は定期的に評価されているか」との質問に対して、米国では七八・二%が、日本では三七・一%が定期的に評価されていると回答していた。米国では日本に比べて約二倍の教員が、自身の仕事が定期的に評価されていると認識している。

「どのような活動が定期的に評価されているか」と質問したところ、教育活動は米国で六八・五%、日本では一一・二%が、研究活動は、米国では六六・八%が、日本では三七・一%が、社会的活動は、米国では四八・六%が、日本では六・七%が定期的に評価されていると回答があった。どの活動においても、米国では日本に比べて定期的に評価されていると回答した教員の比率が高くなっている。

さらに、「研究活動が誰から定期的評価されているか」との質問に対して、学科の同僚からは米国では三六・五%、日本では一三・五%、学科長からの評価は、米国では五六・七%、日本では一〇・一%、他学科の教員からは米国では一四・七%、日本では五・六%、上級管理者からは米国では一五・六%、日本では一〇・一%、学生からは米国では五・九%、日本では一・一%、学外者からは米国では三五・三%、日本では七・九%、となっていた。どの評価者からの評価も、米国の方が日本に比べて高くなっている。また、米国では日本に比べて、他の評価者に比べて、とくに、学科長や学外者から評価を受けていると回答した教員の比率が高くなっている（それぞれ、米国では日本に比べて約五倍高くなっている）。

4　提　言

以上の研究成果および科学技術・学術審議会人材委員会や中央教育審議会から最近提出された諸提言を踏まえて、

とくに、日本の大学および大学院に関する改革案を五点提言しておこう。

第一点は、将来の研究活動を支える人材養成機能としての教育機能の強化である。大学教員の教育的視点の強化、カリキュラムの改革、英語による教育の充実、正当な教育活動評価、などを通して、内外の優秀な学生にとって一つのキャリア・パスとして認められるような国際競争力のある人材養成機関となることである。

第二点は、研究機能の強化である。内外の優秀な研究者の確保、優秀な研究者および研究を支援する人・物・金の充実、優秀な研究者が高齢化しても能力を発揮しつづけるための環境整備、などを通して大学における基礎研究機能の充実に努めることが大切である。

第三点は、教育・研究環境の国際化である。日本のこれまでの国際化戦略は、外国人教師による授業を開催したり、国際会議やセミナーを開催したり、学生を海外へ送り出したりして、日本人を国際化する戦略をとってきた。労働人口や一八歳人口の減少が確実となった日本の次なる国際化戦略は、優秀な外国人教員や学生を国際基準で受け入れることではないかと思われる。

第四点は、教育・研究活動のいっそうの改善のための評価の仕組み作りである。大学を取り巻く環境の変化が激しい現在、大学が存続しつづけるためには、その教育・研究活動を自己の使命や外部社会からのニーズに照らしてたえず改善していくことが肝要である。そのために、大学内・外に適切な評価の仕組みを作ることが求められる。

第五点は、大学外部社会からの支援である。

まず、養成された人材の最大の受入れ先であり、研究成果の活かし所である産業界とのパートナーシップの確立が大切である。相互にニーズを発信し、日本発の新分野の創出・発展に尽くしていくことが肝要である。

そして何よりも、日本の科学技術の発展に対する社会全体の理解・支援が求められている。とくに、巨大化した現代の科学の存亡は、ますます国家による経済的支援にかかってきていることも確かである。

注

（1）しかし、日本の研究費総額は増えたにもかかわらず、高等教育への公財政支出の対国内総生産比を一九九九年でみると、ＯＥＣＤ諸国中最低であり、研究予算の配分方法に課題が残されている。

（2）たしかに、ノーベル賞受賞者数から現在の学問中心地を明らかにすることはある程度可能ではあるが、その限界も考慮して研究活動評価に使用する必要がある。例えば、多くの受賞者は、受賞対象となった研究成果を出してから二〇～三〇年後に受賞しているからである（大膳、一九八五年、一四〇―一五二頁）。

（3）「大学教授職国際調査」データから、医学・生理学分野の大学人を選別するために、最高学位を取得した専門分野が健康科学か生物学で、現在所属している学科も健康科学か生物学である教員という条件を用いた。

研究大学とその他の大学の区分は、日本においては、天野分類（天野、一九八四年）に基づいている。米国においては、カーネギー教育振興財団が行った大学分類の中で、研究大学Ｉの大学を対象とした。なお、「大学教授職国際調査」に関しては有本章編（一九九三年）を参照のこと。

引用・参考文献

天野郁夫　一九八四年、「大学分類の方法」慶伊富長編『大学評価の研究』東京大学出版会。
有本章　一九八六年、「学問の中心地とその形成条件―米国の場合」『大阪教育大学紀要　4　教育科学』第三五巻第一号。

有本章編　一九九三年、『大学評価と大学教授職―大学教授職国際調査（一九九二年）の中間報告』広島大学大学教育研究センター。
有本章編　一九九四年、『「学問中心地」の研究―世界と日本にみる学問的生産性とその条件』東信堂。
有本章・江原武一編著　一九九六年、『大学教授職の国際比較』玉川大学出版部。
尾身幸次　二〇〇三年、『科学技術で日本を創る』東洋経済新報社。
科学技術・学術審議会人材委員会　二〇〇三年、『国際競争力向上のための研究人材の養成・確保を目指して―第二次提言』。
中央教育審議会　二〇〇二年、『大学の質の保証に係る新たなシステムの構築について』。
大膳司　一九八五年、「科学者評価基準の有効性と限界」新堀通也編『学問業績の評価』玉川大学出版部。
大膳司・島田博司　一九八六年、「エポニミーからみたプロダクティビティの研究―学問センターの移動」有本章編『アカデミック・プロダクティビティの条件に関する国際比較研究』広島大学大学教育研究センター。
大膳司　一九九六年、「研究業績量の規定要因に関する日米比較―物理学を対象として」『ヒューマンサイエンス』第二号。
大膳司編　一九九六年、『大学人の形成に関する研究―日本の大学人へのアンケート調査』広島大学大学教育研究センター。
ベン＝デービッド、J．一九七四年、『科学の社会学』（潮木守一・天野郁夫訳）至誠堂。

7　学会と学界――学術研究の支援機関としての役割――

山崎博敏

1　学会と学界の概念――高等教育・学術研究システムの支援システム

本章では、学問の研究に携わる研究者たちの社会組織である学会と学界の役割と構造を分析し、グローバル化とＩＴ化が進行する中での課題を考察したい。学会と学界は、学問研究だけでなく大学教育や専門家の研修や研究面での社会貢献の上で重要な役割を果たしているが、従来、それほど学問の研究対象として取り上げられてこなかった。各学会は創設後数十年すると記念誌を発刊し、自己を省察するが、個別学会内の議論に終わりやすい。分野を越えた全体的なパースペクティブからの検討が必要である。

学会と学界は発音は同じだが、少し意味合いが異なっている。英語では、学会は research association と呼ばれ、学界（科学者集団）は scientific community と呼ばれる。この言葉が象徴しているように、学会はフォーマルな組織であるのに対して、学界は研究者のインフォーマルな集団であるといえよう。学会は、研究者がそれぞれの専門分野で研究、開発、教育、知識の普及などの専門的な活動を行うために結成された団体である。したがって学会は、意図的・目的的であり、契約的な公式組織としての性格を持っている。

これに対して、学界（科学者集団）は、scientific community という言葉から明らかなように第一次的な集団の性格を持つ。それはある特定の研究分野に興味を持つ研究者たちの非公式の集団である。それは、共同研究をしたり、日常的な会話や印刷前の原稿を発表したり読んでもらったり、緊密に情報交換を行う。出身校や学派など共通の基盤を持つ成員から成り立っていることも多い。なお、そのような研究者たちの非公式の集団を「見えない大学（invisible college）」と呼ぶこともある。本章では、科学者集団、見えない大学などと呼ばれている非公式の研究者たちの集団を総称して学界と呼ぶことにする。

このように、学会と学界は、ともに研究上の情報交換の場であることに特色がある。これに対して、大学等の研究機関は、研究活動の場であるといえる。学会と学界、大学等の研究機関は、それぞれ独自の役割を有しているものの、表裏一体の関係にあり、相互に依存しながら学問の発展に貢献している。事実、学問の専門分化や研究内容の変化は、学会の専門分化や新しい学会の創設となって現れるとともに、新しい学部学科や講座の新設や改組など大学や研究機関の組織の変化となる。社会のさまざまな変動は社会問題を作り出し、新しい研究課題を研究者に課してくる。

学会や学界は、大学等の研究機関を含めたより広範な学術研究・高等教育システムのサブシステムとして、情報の交換や流通を中心とする学術研究の支援機能を担っているといえる。学界や学会と、大学等の研究機関の関係を、アメリカの教育社会学者B・クラークの「高等教育システム論」によって、説明しておこう。クラークは、高等教育システムは、知識と組織という二つの構成要素から成り立っていると述べている（Clark, 1983）。縦に組織体（高等教育機関など）の軸、横に学問（学会や学界）の軸があり、この二つの軸が交差するところが、ある大学である特定の学問を教育・研究する学部や学科あるいは研究室などである。大学Xと学問Aが交差するところがX大学A学部（または学科、研究室）である。図示すると**図7－1**のようになる。学会や学界は横軸にあり、横軸上のA、B、C、Dなどはそれぞれの学会や学界を表している。それらは地理的な障壁を越えて全国あるいは世界各地の大学でその専門分野を教育・研究する研究者からなる組織や集団である。X大学、Y大学、Z大学などでB学問を教育・研究する人たちが所属する集団や組織がBの学会や学界である。

以下、第2節では学界の概念について考察する。第3節では学会の概念とその事業などを検討し、第4節では、明治以来の学会数の増大とその要因を考察し、第5節では、近年における大規模学会の管理運営の改革を分析し、IT革命の中でグローバル化した社会の中での学会の役割を展望する。

2　学界（科学者集団）

学界（科学者集団）は、個別の機関を越え、全国的・国際的な広がりを持つ特定領域の研究者のインフォーマルな仲間集団である。その機能は大きく三つほどにまとめられよう。

第一に、研究者の情報交換の舞台である。研究成果は、学会での口頭発表や学会誌等によって、ただちに他の専門家に公開され、新しい知識は人類共通のものとなる。。

第二に、科学者集団の中には、動機づけと報賞（reward）のシステムが制度化されている。研

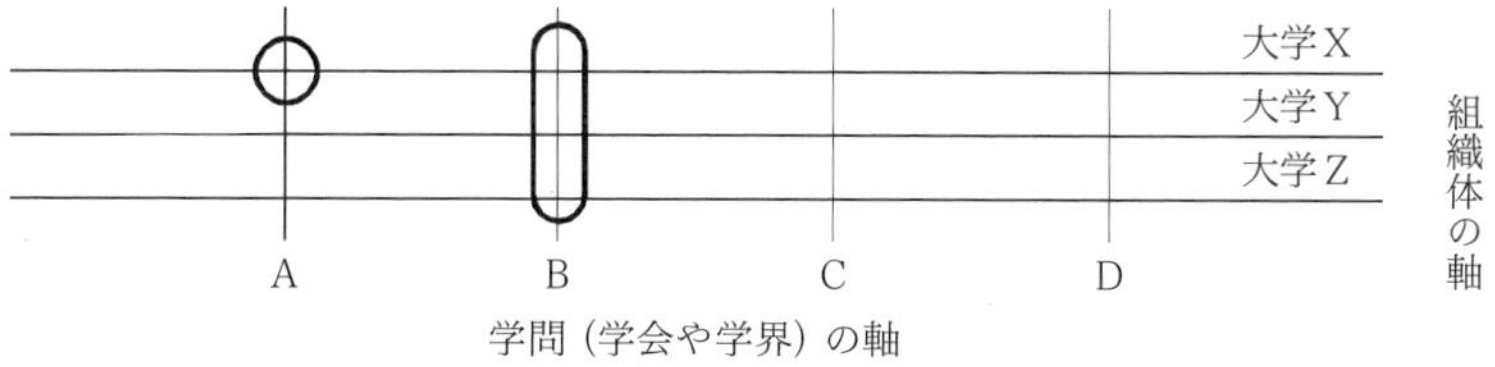

図7-1　学術研究・高等教育システムの概念図

究者たちは、真理を探求し、新しい知識を創造しようとしている。既存の知識の上に新しい何かを付け加えることを目標とする。そのような知的な側面の背後には、社会的な側面がある。専門家集団の中で、優れた研究（者）だと評価されたいという「承認への願望」がある。研究者としての卓越性についての承認への欲求こそ、真理探究のエネルギー源となる。レフェリー付き学会誌に数多く論文が掲載され、さらに後になってそれが他の研究者の論文で引用を受けることは、研究者としての「成功」を意味する。そのような論文を書いた者は、その後の採用や昇任の際に有利になる。学問研究が職業として行われている現代の学界においては、他の専門家からの承認はその後の研究者としての経歴を開いてくれるのである。それは一人の生活者として生活や家計にすら影響する。このような、専門職集団としての学界では、「評判上の地位」が本質的に重要である。自己の学問上の貢献や独創性が専門を同じくする学者たちに認められてはじめて欲求が充足され、評判上の地位が獲得され、経歴上の地位も獲得される。この意味で、学界ないし科学者集団の中には、動機づけが制度化されているといえるのである。

第三に、公式非公式の統制がある。競争と競争に対する統制は目に見えにくいが、決して無政府的に行われるわけではない。集団の中には何らかの非公式の規範や公的なルールが存在している。まず、規範的な統制がある。研究活動とその成果の発表の仕方などについてルールが設定されていたり、何が望ましいかについておおよその価値や職業上の倫理が存在する。例えば、他人の研究成果に沿って論を進めるときには、必ずその出典を引用することなどは、最低限のエチケットである。マートンは、科学者を拘束する規範として、「知識の公有性」、「普遍主義」、「利害の超越」、「系統的懐疑」という四つを挙げた。

さらに、コミュニケートされている知識それ自体も研究者の思考を統制している。正統的とされるパラダイムは、構成員の価値や思考様式、問題の設定の仕方を支配し、何が研究の主流であるかの模範を形成する。学会誌の掲載論文や学会大会のゲストスピーカーの顔ぶれや話の内容は、何が優れた研究であるか、何が正統的な研究であるかを構成員に暗示している。

さて、研究者が増大すると、学会という、より制度化された組織が要請されるようになってくる。組織としてルールを定めて組織運営することも必要である。研究会よりも大規模で公式的な組織である学会が必要になってくる。しかし、学会が創設されても、コミュニティとしての科学者集団はなくならない。国家や地方公共団体が出来ても家族や地域社会が存在すると同じく、密接な同僚集団である科学者集団は依然として存在しつづける。公式組織としての学会は、そのような基礎的集団から成り立っているということもできる。

3　学　会

大学等の教員や研究者が勤務する機関を越えて結集して全国的に作り上げる公式組織にはさまざまなものがある。その中で、学会は、大学等の研究者が作り上げた多様な組織類型の一つにすぎない。そのほかに、教育者としての大学教員たちが作った学会もある。さらに、研究成果を産業などの実務に応用する立場の人が結成した組織もある。知識の利用者や実務家は、学会とは少し異なった「協会」という学術組織を作ることもある。大学や学校の管理運営者たちが作った「協会」もある。これらを総称することばとして、わが国には学協会という言葉がある。学会は、学協会の一つである。

①学協会としての学会

まず、学協会の中の一つとしての学会の性格を検討しよう。学協会は学会よりも広い範囲の参加者が結成した団体である。協会の名称を持つ団体は、研究者だけでなく実務専門家が多数参加したもので、専門技術の進歩・改善と会員への技術の普及などをおもな目的とすることが多い。民間の研究機関や大学の学部学科等を基礎とする同窓会が学協会の一つと数えられることもある。

アメリカの著名な教育行政学者ガスリーは、アメリカの多種多様な教育団体を類型化している。縦軸に、職業志向、学問志向、機関間団体、素人の管理運営者という四つのカテゴリーを設け、さらに横軸に初等中等学校と高等教育機関を区分し、合計八つのタイプを設定している(Guthrie, 1982)。これに従って、わが国の教育関係の学協会の類型を図示したのが**表7-1**である。この中で、学会は、学問志向の団体に該当する。

②学会の事業と機能

各学会の定款や会則等に規定されている学会の事業

表7-1　おもな教育関係の学協会

	初等中等教育	高等教育
学問志向: 研究者の団体	日本教育学会、日本教育社会学会、教育史学会、日本教育行政学会、日本教育経営学会等	
	日本教科教育学会、日本国語教育学会、日本地理教育学会、歴史教育者協議会、日本数学教育学会、日本物理教育学会、日本初等理科教育研究会等	日本高等教育学会
職業志向: 専門家の団体	全国都道府県教育委員会連合会／全国国公立幼稚園長会、全国連合小学校長会、全日本中学校長会、全国高等学校長会、全国特殊学校長会／日本教育会／日本教職員組合、全日本教職員組合、日本高等学校教職員組合／全日本教職員連盟等	大学行政管理学会
機関間の連合体	全日本私立幼稚園連合会、日本私立中学高等学校連合会、日本私立小学校連合会／全国教育研究所連盟／全私学連合等	国立大学協会、公立大学協会、日本私立大学連盟、日本私立大学協会、日本私立大学振興協会、日本私立短期大学協会、全国専修学校各種学校総連合会等／大学基準協会等
消費者や素人の団体	日本 PTA 全国協議会、全国高等学校 PTA 連合会等	

を調べてみると、きわめて多種多様である。事業として掲げられていなくても実際に行っている仕事も加えると、次のように一〇ほどの種類にまとめられる。

情報交換：研究発表会・講演会・討論会・展覧会・見学会の開催、学術雑誌・機関誌・学術論文集・図書等の刊行

評価と顕彰：学術投稿論文の審査、優秀な業績の表彰、研究の助成

資格認定：専門医認定のための教育病院の指定、認定試験の実施

大学教育への貢献：教科書編纂、研究成果の大学教育への還元、大学カリキュラムへの提言

研究者の研修：研究者への学習の場の提供、大学院生の職業的社会化の場

専門実務家の研修：技術指導、講習会

研究調査の実施：当該領域に関する調査研究、学術技術資料の収集

社会への政策提言：関係官庁・団体等からの諮問に対する答申や建議、請願

関連団体との連携と協力：内外の関連学術諸団体との連絡と協力、公益事業の協賛

親睦：会員の親睦

これらをまとめて、学会の機能を四つに整理しておこう。

第一に、学会には研究上の情報交換の機能がある。学会大会や学会が編集発行する雑誌などによって、会員は先端的研究や優れた研究成果を知る。そこで公表された知識は、研究者によって今後の研究活動に生かされる。

第二に、学会は、研究者や教育・研究機関の評価を行う機能がある。学会には報賞体系が制度化され、学会は研究の質の門番となっている。優れた研究成果は同僚による審査により学会誌に論文が掲載され、卓越した研究者は学

会大会でゲスト・スピーカーになる。これらの研究業績の結果として、優れた研究機関から招聘されたり、公募で勝ち残ることができるようになる。学会賞の授与など優秀な業績に対する表彰や研究助成の制度を有する学会や、フェローなどの称号を授与する学会もある。学会はまた、後継者のリクルートや養成に対しても門番となっている。医学の分野では大学の学科の専門教育課程が適切かどうかを判定し（アクレディテーション）、専門医認定のための教育病院の指定や専門医の認定など専門職業上の水準の向上維持にもかかわっているものもある。

学会の第三の大きな特色は、教育や研修の機能にある。学会は事業として教科書を編纂して大学教育の水準向上に貢献する。学会にはさまざまな目的を持った会員が所属している。新しい研究は今後の大学等での教育に生かされる。企業や官庁で実務のために知識を利用しようとする人にとっては、学会大会や学術雑誌は先端的な知識や自己の関心ある領域の学習の場となり、学会が行っている講習会や技術指導はさまざまな職場での実務に役立つ。さらに、大学院生にとっては、研究とはどのようなものか、研究者の世界とはどのようなものかを身をもって体験する職業的社会化の場でもある。学会は大学院教育の実地教育の場であるともいえる。

第四に、学会は、専門家集団として、国家や社会の中で政策提言機能を果たしている。関係官庁・団体等からの諮問に対して答申をしたり、あるいは主体的に、社会的に問題となっている領域に関する研究調査を行いその結果を社会に公表したり、社会に対してあるべき姿を政策提言することもある。

4　学会数の増大

学会数は増加の一途を辿っている。戦前末期と最近の学会の数を比べてみると、半世紀の間に四倍にもなっている。戦前期に刊行された『日本文化団体年鑑』(昭和一八〔一九四三〕年版)に掲載されている学術団体の数は三五九団体であった(昭和一七年一一月現在)。この中には、大学付置研究所や官公私立の研究所、調査研究団体も含まれている。そのうち、学会または研究会と称する学術団体の数は一八六団体あった(人文社会科学系は八七、理工農医学系は九九)。この中には、△△大学法学会などのような同窓会的なものも含まれている。その後半世紀を経て刊行された、一九九五年九月現在の状況を示す日本学術協力財団編『全国学術研究団体総覧』(一九九六年版)では、一五〇三の学協会が記載されている。単純計算して四・二倍になっているのである。

①学会の制度化と学会数の増大

学会数の増加の状況を少し詳しく調べてみよう。日本学術協力財団編『全国学術研究団体総覧』(一九九六年版、以後『総覧』と略記)に掲載された学協会一五〇三団体のうち、人文社会科学では会員数一、〇〇〇人、その他の分野では二、五〇〇人を越える合計三〇〇の比較的大規模な学協会について、創設年を調べた結果が**表7-2**である。全体の一二%は一九一九年以前に創設され、一九%が一九二〇年から一九四四年までに創設されている。合わせて三一%の学会が戦前期に創設されていることになる。理学、工学、農学では戦前期に創設された学会の割合は高く、四〇%から五〇%前後にものぼっている。医学・歯学・薬学系では戦

表7-2　主要な学会の創設年

	1919 以前	1920-44	1945-59	1960-1979	1980-95	計
人文科学	4(9)	7(16)	24(55)	6(14)	3(7)	44(100)
教育・心理・社会学	1(3)	3(10)	11(35)	9(29)	7(23)	31(100)
法律・政治	0(0)	0(0)	5(71)	2(29)	0(0)	7(100)
経済・経営	0(0)	5(36)	4(29)	3(21)	2(14)	14(100)
理学	5(29)	2(12)	6(35)	4(24)	0(0)	17(100)
工学	11(20)	12(22)	20(36)	6(11)	6(11)	55(100)
農学	2(11)	8(42)	8(42)	0(0)	1(5)	19(100)
医学・歯学・薬学	12(11)	20(18)	33(29)	40(35)	8(7)	113(100)
全　体　(%)	35(12)	57(19)	111(37)	70(23)	27(9)	300(100)

前期に創設された学会も多いが、割合をみると一九六〇—七九年に創設された学会が最も多く、三五％を占めている。

これに対して人文社会系では学会の創設は一般に遅い。経済・経営系では一九二〇—四四年に創設された学会が多く三六％を占めているが、人文科学系と法律・政治学系では戦後直後の一九四五—五九年、教育・心理・社会学系ではそれよりも遅れて一九六〇年以後に設立された学会が相対的に多い。

人文社会科学分野についてやや詳しく分析してみよう。『全国学術研究団体総覧』に記載された人文社会科学系の学術団体五八〇のうち、学会間団体や大学等の研究所類、同窓会的な団体、規模の小さい（一〇〇人未満）団体等を除いた五三七団体について、創設年を調べてみると、戦前期からあった学会は四二にすぎない。しかも、おおよそ大学令公布以前の時期に当たる一九一九年（大正八）よりも前に創設された学会は次のようにわずか一三である。すなわち、哲学会（一八八四）、京都哲学会（一九一六）、日本エスペラント学会（一九一九）、密教研究会（一九一八）、日本児童学会（一八九八）、日本図書館協会（一八九二）、史学会（一八八九）、史学研究会（一九〇八）、温古学会（一九〇九）、日本考古学会（一八九五）、日本犯罪学会（一九一三）、国家学会（一八八七）、国際法学会（一八九七）。

これらの学会のすべてが必ずしも現在その分野の最大規模の学会となっているわけではない。むしろ当時も今も、指導的大学の研究室の出身者を中心とする同窓会的な性格を持つもの、専門職業者を中心とするものも多い。

この時期に創設された学会の性格は、当時の日本の高等教育制度の状況を反映している。大学令（一九一八）以前に、日本の大学で本格的に学問研究を遂行し、研究者養成の機能を有する大学の数はきわめて少数であった。そのため、知識や情報の交換、研究者の交流などを行うために学会という人為的な社会組織を意図的に作り上げる必要性は少なかった。たとえそれを作っても、同窓会的な組織となる必然性があった。結論的にいえば、研究大学が増加し複数の大学から研究者が養成されるようになってはじめて、学会という組織の必要性が生まれるのである。本格的な学会の誕生は、大学間の競争的環境の誕生の所産であるといえる。

②学会の組織分化の次元

学会数の急増にはいくつかの要因があるが、大きく学問自体の要因と組織的な要因に分けられる。学会は学問の動きを映す鏡であるとともに、研究者の活動の場である大学制度をはじめとする社会的要因も無視できない。社会の変動は学問自体にも影響を与えるのである。学問の種類や研究の対象や性格、構成員の種類など、さまざまな学会がある。多種多様な名称はそれを反映していることが多く、類似しているが少しずつ異なっているのが実態である。その多種多様さは、大きく知的な側面と組織的な側面(学問と組織)の二つから捉えることができよう。

まず、多数の学会に分かれている最大の理由は、学問自体の知的な側面にある。それぞれの学問は次々に新しい理論や仮説、新しい研究問題や研究対象を作り出しており、常に新しい知識が生みされている。新しいものは古いものに対して挑戦をしているわけであり、学問内部には常に分化の契機がある。専門分化が進み研究テーマも多様になれば、既存学会の内部に異なる知識や異なる価値を追求するさまざまな下位集団が生まれる。専門分化は、研究対象の拡大でもある。人とは異なる研究対象を研究することは、自己のオリジナリティを主張する最も簡単な方法であるからである。そのような研究者たちが、自己の研究が学会の主流から承認されないという相対的剥奪感を強く持つようになれば、フォーマルな学会を新たに創設しようとする動きも現れ得る。

知的な側面で最も基本的な要因は、第一に、学問の専門分化 (specialization) である。哲学や心理学、数学、物理学など、伝統的な学問分野 (discipline) の違いによる学会の分化である。知的な側面の第二番目の要因は、学会は、研究の対象や領域によっても分化することにある。学問分野を越えてあるいはある学問分野の内部に、ある特定テーマを研究する学会も生まれる。消化器や循環器など対象ごとに学会が生まれるのは医学に限らず数多い。第三に、学問が純粋志向か応用志向かの区別による学会の分化がある。知のための知を追求するような学問では、研究者が中心になる。応用的な学問では、企業や官公庁等の実務家も参加するだろう。同じような名称を持っていながら、会員構成が違う複数の学会が存在することがしばしばあるのは、これら価値観の違いである。第四に、イデオロギーの違いによる学会の分化がある。イデオロギーの違いはパラダイムや研究問題の設定の違いとなるだけでなく、人間関係の対立ともなり、異なった学会が生まれることになる。とくに人文社会科学の分野で、戦後直後から一九七〇年代にかけての保革対立の五五年体制の時代には、イデオロギーの対立を背景にした学会の分化が顕著だった。

学会の分化のいまひとつ重要な側面、組織ないし社会的な側面にもいくつかの分化の下位次元がある。その一には、会員構成の地理的範囲がある。会員が全国的範囲（あるいは国際的範囲）に及んでいるか、ある地域内に限定されているか、または個別大学内に限定されその大学の教員や同窓生を主体とするか、などで区別される。第二に、メンバーシップがどの程度普遍的であるかがある。特定の大学出身者だけにメンバーシップを限定している学会も多い。そのような学会は同窓会的色彩が強くなる。第三に、メンバーシップの多様性がある。学問の純粋志向・応用志向とも関連するが、応用志向の学問に関する学会は、研究者だけでなく実務家も多数加入する。

なお、大学の設立と同様、学会の設立にもいくつかのタイプがある。ある既存学会に所属する新しい研究領域の研究者たちが新しい学会を創設する「分化型」と、既存学会とは無関係に設立される「新設型」がある。

また、起源でいえば、研究室や学部・学科の同窓生を中心とする研究会を母体とするもの、科学研究費の共同研究チームが母体になったもの、日本学術会議、日本教育大学協会や各種大学間団体の部会や研究会が母体になったもの、国や団体が実施した講習会や研究会が母体になったものなどがある。さらにまた、ある教育上の実践を目的として結成された民間団体が学会を設立したり、外国の学術団体や政府が設立を援助する場合もある。

③学会数増大の社会的背景

学会数増大の社会的背景として、四つを挙げたい。一つは、学会や研究会は、任意団体として設置されることが多く、学問の自由、結社の自由の原則からも当然なように設置認可はまったく不要であることである。

第二に、研究者を養成する研究大学の数の増加である。先に述べたように戦前期、とくに大学令以前の時期には、わが国で研究者養成の機能をも有する研究大学の数は少数に限られていた。そのため、学会という人為的な社会組織を意図的に作り上げる必要性は少なかった。ところが、学会創設の土壌となる研究大学の数が、自然科学では大正期、人文社会科学では戦後に増加する。大正期に入り、東北や九州に帝国大学が創設され、大学令を受けて昭和初期に官公立や私立の大学が多数生まれたが、創設された学部は、自然科学や医学など理科系の分野が顕著であった。

人文社会分野で全国学会の必要性が生まれるようになったのは、戦後である。戦前末期に設立された旧帝国大学は理工医を中心としていたが、人文社会分野も充実させた総合大学として整備されはじめたのである。一九五三年度に設置された新制大学院の博士課程から研究者が巣立ったのは一九五八年春であった。複数の大学院研究大学の輩出による競争的環境は、高度経済成長とともに生まれはじめたといえよう。その後、一九八〇年代には国立大学付置研究所などを基礎とする独立研究科や独立専攻が設置され、さらに地方国立大学にも博士課程が設置された。一九九〇年代には大学院重点化政策が実施されることにより大学院は再度拡大した。大学院生の増加の結果、院生や若手研究者の研究発表や業績をつくる場を作ることも、新しい学会増加の隠れた要因となったと思われる。

学会の増加の背景として、第三に、学会を取り巻く社会的経済的な環境変化もある。一九七〇年あたりから公害や環境問題が社会的な問題となり、一九八〇年代には国際化、情報化、さらには高齢化などが問題となった。これらの社会経済上の変動から作り出された社会問題は、多くの学問分野に新しい研究テーマを課した。それは新しい学会の創設となって現れた。

第四に、国家の政策も学会の創立に強く影響を与えた。その事例として、教育学の事例を挙げたい。学習指導要領の改訂によって学校で教える新しい教科や科目等が生まれると、新しい学会が生まれた。戦後しばらくして生まれた進路指導や道徳教育などは、すぐ新しい学会の創設となった。一九八〇年代以降では、新たに生まれた生活科、公民科といった新しい教科は、生活科教育学会、日本公民教育学会、日本環境教育学会などの教科関連の新しい学会を生んだ。大学で教員養成に携わる研究者にとっては、教職科目の教育の必要上、学習し研究しなければならない知識となったからである。

5　学会の規模拡大と管理運営

①巨大学会への成長と停滞

明治から最近までわが国の高等教育は成長をつづけてきた。一方では新しい学会が続々と創立され、他方では既存学会も会員数が急増をつづけ、あるものは巨大学会にまで成長した。**表7－3**は一九九五年現在の会員数上位の一〇巨大学会を示している。

ところが、一九九〇年代に入り、高等教育の拡大は一段落し、停滞と縮小の時代に入った。バブル崩壊後の長期的な経済不振は、企業の体力を消耗させている。学会を取り巻く環境は、いま厳しいものがある。事例の一つとして、日本機械学会の創設以来の会員数の推移を図示してみよう。**図7-2**に示すように、戦争を間に挟んで一九三〇年代初頭から一九七〇年代初頭までの約四〇年間、会員数が急増した。しかし、オイルショック後の一九七〇年代半ばから一九八〇年代末まで会員数の減少と停滞がつづいた。一九九〇年代

表7-3　巨大規模の学会(会員数は通常個人会員、1995年)

	創設年	個人会員数
日本医学会	1902	575,000
日本内科学会	1903	71,000
日本歯科医学会	1947	61,000
日本外科学会	1899	38,019
日本機械学会	1897	37,805
電子情報通信学会	1917	36,611
日本建築学会	1886	35,475
土木学会	1914	32,028
日本化学会	1878	29,101
情報処理学会	1960	28,932

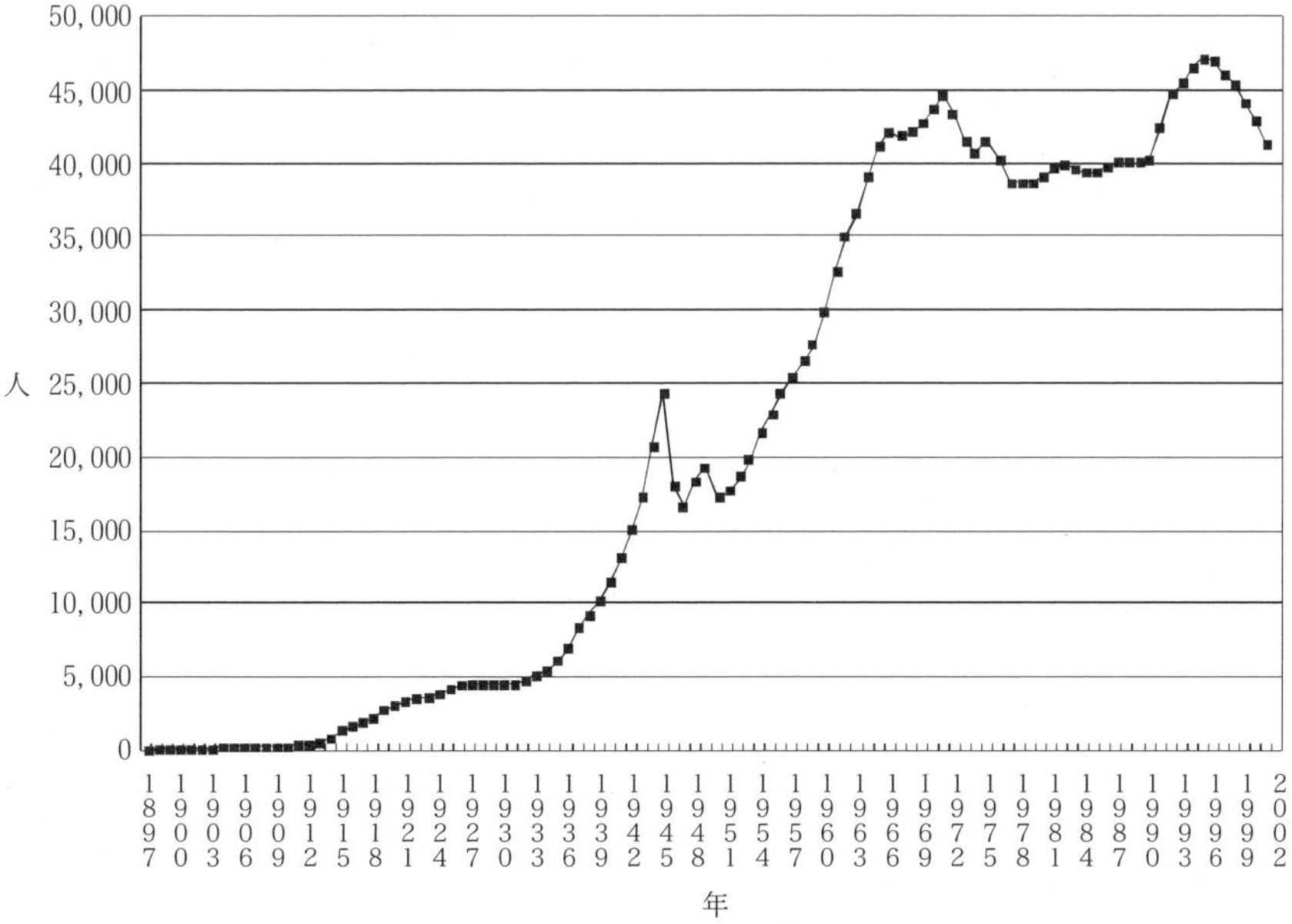

図7-2　日本機械学会の会員数の推移

に入り急激に増加に転じたが、一九九〇年代半ば以降、減少に転じている。このような一九九〇年代半ば以降の会員数の減少は、後にも示すように他の学会でも共通にみられる。

②規模の長短

学会の規模は、大小さまざまであるが、それぞれにメリットとデメリットがある。学会が巨大化すると、大会の運営も困難になる。一つの学会の年次大会への参加者は数万になることも多い。例えば、日本建築学会の二〇〇一年度大会では六一三一件の発表（ポスターセッションを含む）が三日間にわたり六〇近い教室で行われている。会員六人に一人が発表している計算になる。一件当たりの発表時間は八分（質疑応答を含む）と短かくなるのはやむを得ない。講演論文集は一件当たり二頁だが全一〇冊、単純計算して一万二千頁になる。論文集の原稿締切は、なんと学会大会の半年も前である。さらに、組織が巨大化すれば、構成員の多様性が増大するため、個別専門領域での議論を深めることが徐々に難しくなり、全員のニーズを満遍なく満たすことは困難になる。

逆に、小さな学会では緊密な議論が期待できるというメリットがある。研究上の問題関心を共有する少数の者で、密度の濃い深い議論ができる。研究者は、自己の研究を他人に承認してもらいたいという研究者の高次の欲求を満たされ、さらに共同体の一員としての存在感も享受できる。

しかし、デメリットも多い。小規模な学会では、情報の共有は限られる。そのような学会のジャーナルが図書館で購入されるかどうか疑わしい。知名度がないため、潜在的な研究者に学会の存在が広く知られないこともあり得る。さらに、研究者にとっては、多数の小学会に加入する必要があり、年間の会費支出の総額は無視できない。必然的に加入学会の数を絞らざるを得なくなる。これは近年の学会会員数の停滞や減少の遠因になっている。小規模な学会の乱立は、学会にとっても、各研究者にとっても、全体として規模の利益を享受できないというデメリットがある。

③専門分化と統合：学会の組織・運営

学会活動活性化の動きが近年顕著である。その一つの方策として、学会間の連携強化の動きがある。これにはさまざまな形態がある。まず、連絡調整団体を設置して各学会が情報交換を試みることである。教育学の学会の間には、教育学懇談会や教育学研究連絡委員会という組織がある。そのような連絡調整団体のほかに、公的な学術団体となっているものもある。社団法人日本工学会はその代表であろう。古く一八七九年に工部大学校卒業者たちを中心に「工学会」として創立されたが、大正一一（一九二二）年になって、専門分野ごとの学会が多数創立されたことを受けて、個人会員組織から団体会員組織に衣替えし、工学関係諸学会の連絡調整をおもな任務とする学術組織になった。

学会間の連携強化の第二の方法として、類似の学会が合同で連合研究大会を開催する例がある。教育学関係では、日本教育工学会、教育システム情報学会、日本視聴覚・放送教育学会、国立大学教育実践研究関連協議会、電子情報通信学会教育工学研究専門分科会が「教育工学関連学協会連合全国大会」を毎年開催している。

学会間の連携強化の極限の形態は、一つの包括的学会への合併である。例えば、事務局を一つの大学に置き年次大会も共同で開催していた日本視聴覚教育学会と日本放送教育学会は一九九四年に統合して日本視聴覚・放送教育学会となった。

近年の電気・情報系の学会の動きは以上に述べたような事例をいくつも含んでいる。二〇〇一年一月、電子情報通信学会は電気学会との間で会員サービスに関する覚書を締結し、相手方の大会参加や書籍の購入等で会員と同等の資格を持つことにした。さらに電子情報通信学会の「情報・システムソサエティ」は情報処理学会との間で、二〇〇一年三月に、双方が秋に予定している大会を二〇〇二年秋以降は合同で開催するという覚書を締結した。二〇〇二年二月、五学会の会長は、学会が協力して活動するための傘(アンブレラ)学会のような協力機構の在り方を検討することと、希望する学会が相互に利用できる国際的情報発信源の可能性を検討することに合意した(映像情報メディア学会、情報処理学会、照明学会、電気学会、電子情報通信学会、二〇〇二年)。

近年、多くの学会では、会員数の停滞や減少を反映して活性化の取組みがなされている。総合型の大規模学会では、持ち前のスケールメリットを生かしつつ、小規模学会の良さを取り入れるような組織形態を追求する動きが強まっている。学会内部に、専門領域別委員会や部会などという名称で呼ばれる研究領域別の下位単位が設置されている。これにより、下位単位内での緊密なコミュニケーションが可能になり、構成員の凝集性も増大することが期待される。

このような専門領域別編成はアメリカでは古くからみられるようであるが、わが国の学会では比較的新しい組織形態である。早期に専門領域別分科会を発足させた学会として日本化学会がある。同会は一九七四年に部会規定を定め、最初に同年二月に化学教育部会、次いで九月にコロイドおよび界面化学部会を設置した(日本化学会、一九七八年、二九九頁)。現在は五部会があり、この他に萌芽的なトピックを扱う一五の研究会がある。日本機械学会は、一九八七年に部門制を施行した。二〇〇二年現在二〇部門を抱え、その下に多数の分科会が置かれている。電子情報通信学会は部門組織が最も発達した学会である。研究専門分野ごとにそれぞれ特徴ある独自の企画等で活発な学会活動をしたいという機運が高まり、一九八〇年以来、基本問題検討委員会で検討の結果、中間的制度として一九八五年にグループ制が実施された。そして一九九五年四月から、最終段階としてソサエティ制を導入した。現在、四つのソサエティと一つのグループがあり、その下に総計六一の研究専門委員会がある。

これに対して、人文社会系では規模が小さいこともあって、専門領域別組織の事例は限られている。日本体育学会は一三の専門分科会、日本発達心理学会は八つの領域別分科会、認知科学会は四つの専門分科会を持っている。

6　グローバリズムとIT革命――近代型学会への挑戦者にどのように対応するか

一九九〇年代半ば以降、一段と不況が深刻化した日本経済は、学会にもボディブローのように影響を与えている。最大の問題は、会員数の低迷である。これは理系の応用諸科学分野では、深刻な問題となっている。例えば、情報処理学会の場合、一九九一年をピークに減少がつづいている。そのおもな原因は会員の約七割を占める産業界の会員の減少が著しいことにある。学会側はIT産業の不況突入と、そのような一般会員の学会参加のメリットの希薄性を要因として挙げている(村岡、二〇〇二年)。技術者向けの商業専門誌が多数出版され、インターネット上の情報も豊富になっている現在、一般会員が学会から得る情報に対する意義が小さくなっていることは否定できないであろう。

学会活動の中核をなす大学や研究所等のアクティブ会員にとっても、グローバリズムとIT革命の影響が増大している。同じ英文で執筆した論文ならば国内雑誌に投稿するよりも、外国の雑誌に投稿した方が多数の研究者の目にとどまり、インパクトが大きくなる。日本支部を設置する外国の巨大学会も現れている。学会にもイチロー選手や中田英寿選手のように、国際的に活動するような有能な研究者が現れ、国内学会を活動の舞台としなくなる。WEBやメーリングリスト、ニューズグループなどインターネット上での情報交換が発達した今、外国の学会がホストとなっている研究グループに所属する者も数多く現れている。

電気・情報系五学会会長は二〇〇二年二月に集まって学会間の協力について意見交換をし、その後五月に声明を公表した。そこでは学会活動の中核である情報交換と評価機能に対する危機感が次のように述べられている。

「ここ二年ほどの間に情報検索システムとその活用の世界は劇的に変化しました。すなわち，インターネットで世界的ネットワークにつながったサーバーに英語で情報を載せ、世界中からの学術論文や特許の検索にかかるような仕組みが急速に進展しました。そしてこのようなシステム上で引用されるかどうかが研究者としての業績とみなされるようになったのです。ところが，学術研究成果について国際的な発信源を持たない学会にとっては，その活動が世界の研究者技術者の目に触れることがなく，研究はまったく評価されないままになる恐れがあります。こうなると学会は国内だけに通用する懇親会になってしまいかねません。」(映像情報メディア学会、情報処理学会、照明学会、電気学会、電子情報通信学会、二〇〇二年)

これまでの学会は、活字文化、印刷文化、郵便システムに依存していた。情報の伝達は時間がかかり、費用も嵩む。しかし、インターネットを利用することによって、会員間のコミュニケーションは様変わりする。インターネット上で会員相互で情報交換、意見交換ができるようになれば、はるかに密度の濃い情報交換が、会員の自主性と意欲のもとに自由に、かつ随意に交わされることになる(潮木、一九九五年)。

たしかに、インターネットが学会活動を活性化させることは間違いなかろう。しかし、電脳空間に構築される知識のストックとネットワークは、既存学会を超えた力を有するようになり、既存学会の基盤を掘り崩す可能性すらあり得る。

二一世紀に入った今、既存の国内の近代型学会は、研究対象が普遍的なものであればあるだけ、グローバリズムとIT革命という新しい環境に強く直面し、その在り方を再構築せざるを得ない状況にあるといえよう。この点で、教育社会学者潮木のオンライン・ジャーナルの呼びかけ（潮木、一九九七年）は一石を投じたものであるといえよう。

引用・参考文献

潮木守一　一九九五年、「会長就任のご挨拶」(http://wwwsoc.nii.ac.jp/jses2/new01-jp.html)、一〇月。

潮木守一　一九九七年、「オンライン・ジャーナルの可能性と課題」(http://www.musashino-wu.ac.jp/ushiogi/publication/onlinejournal.html)、三月。

映像情報メディア学会、情報処理学会、照明学会、電気学会、電子情報通信学会　二〇〇二年、「学会の大同団結を考える」(http://www.iee.or.jp/honbu/katsudo010.htm)、五月一日。

電子情報通信学会　二〇〇二年、「最近の話題を中心とした電子通信学会の活動の紹介」(http://www.ieice.org/jpn/about/wadai.html)、六月六日現在。

日本化学会編　一九七八年、『日本の化学百年史―化学と化学工業の歩み』東京化学同人。

日本学術協力財団編　一九九六年、『全国学術研究団体総覧』一九九六年度版、大蔵省印刷局。

村岡洋一　二〇〇二年、『学会運営検討委員会報告書』(情報処理学会)(http://www.ipsj.or.jp/manage/vision/vision2002.html)、五月二〇日現在。

山崎博敏　一九九五年、『大学の学問研究の社会学』東洋館出版社。

――――　二〇〇〇年、『人文社会科学を中心とする学問の専門分化と学会の構造と機能に関する社会学的研究』(文部省科学研究費研究成果報告書)。

山崎博敏・岡谷英明　一九九六年、「教育学研究の専門分化―学会の役割に関する調査から」(日本教育学会第五五回大会配付資料)、八月二八日。

Clark, Burton, 1983, *The Higher Education System*, University of California Press（有本章訳『高等教育システム』東信堂、一九九四年）。

Guthrie, James W. 1982, "Professional Organizations", *Encyclopedia of Educational Research*, Fifth edition, Free Press, p.1456.

8 夜間大学院の現在

新堀通也

1 社会人大学院の意味と背景

リカレント教育への要求が高まり、学校体系の中で最も高い段階にある大学院も、この要求に応える必要が広く認識されるようになった。大学が従来のように、学部からストレートに進学してくる若い学生を相手にするだけでなく、広く有職、年配の社会人にもその門戸を開くことが求められるが、そのための制度として社会人特別選抜制、単位等履修生制、昼夜開講制、夜間制、通信制、放送大学の六つがある。「働きつつ学ぶ」社会人を受け入れる大学院は、「社会人のための大学院」「社会人向けの大学院」「リカレント型大学院」など、いろいろな名で呼ばれるが、ここでは「社会人大学院」と名付けることにする。

夜間大学院は社会人大学院の一つだから、その役割や意味を知るには、まず社会人大学院がいかなる要請に応えて出現したかを考察しなくてはならない。社会人大学院が注目され支持されるようになった理由や背景は大きく二つにまとめられる。一つはリカレント教育への要請、もう一つは大学院教育への要請である。この二つがドッキングするとき、社会人大学院が登場する。以下、この二つの要請を概観する。

①リカレント教育への要請

リカレント教育の名称と理念を打ち出したのは、いうまでもなくOECD／CERIである。それはユネスコが提唱した生涯教育の原理を、学校教育制度に適用したものと考えることができる。

今日のように社会の変動、文化の陳腐化が激しい時代、若い頃いかに高度で最新の知識や技術を学習したところで、その後も学習を継続しなければ、たちまち社会から「落ちこぼれ」てしまう。しかも人間には生涯の各時期に固有な学習課題、いわゆる発達課題があるし、学習の意欲、能力、進度などには大きな個人差がある。若い時期に学習を集中し、その後の学習の機会を制限するなら、学習の適時性の点からも、学習の機会均等の点からも、大きな不合理をもたらす。こうした理由によって、生涯の学習を保障する教育システムが個人的にも社会的にも要請されるのである。

組織的な教育の代表である学校が若い世代を主たる対象とする伝統的な教育システムから、臨教審のいう「生涯学習体系」への移行が求められるのであり、学校もこの体系の中に位置付けられねばならない。それはまた学校だけが教育の場ではなく、学校と学校外教育との有機的結合が必要だという主張となり、学校は「開かれた学校」たらねばならないとする。

「開かれた学校」の意味は多岐にわたるが、学校が広く社会や社会人に開かれなくてはならないというのが、その中核の主張である。学校は社会の要請や変化に応え、社会の中に存在、潜在する各種の資源を利用し社会に貢献するとともに、広く一般市民に自らの教育資源を開放し、またあらゆる年齢層を学生生徒として受け入れなくてはならない。それが「開かれた学校」であり、それによって学校は新しい役割を得、新しい刺激を受け取ることになる。

こうして生涯の初期（青少年期）に組織的な教育を完結させるというフロントエンド・モデルから脱却して、生涯、教育を反覆させるというリカレント・モデルが提唱される。前者の〔教育―仕事―退職〕という経歴パターンに代えて、後者では〔教育―仕事―教育―仕事……〕というパターンが想定され、教育と仕事、別の言い方をすれば理論と実践、学習と労働、学校と職場が交互に（生涯全体としても、一日単位でも）交代し、両者を統合するというライフスタイルが実現する。

このリカレント教育はとくに基礎教育につづく教育、いわゆる中等以後教育に制度化される。「働きつつ学ぶ」というこの制度は、学校で学習した知識や技術を、仕事や職場で応用することによって、それをより確実にすると同時に、現実にはそれだけでは解決できない問題が多いことを実感させ、新しい問題意識や学習意欲を抱いた者、再びより高度で適切な教育を受けたいと思う者に、学校の門戸を開くのである。このリカレント教育では、仕事、現場、実践を経験せずに学校に入り、学校を出る者、いわゆる「世間知らず」に比べて、はるかに効果的で真剣な学生が期待されるはずである。学校や教師にとっても、学生や生徒にとっても、年齢、経歴、職業など多様な者からなるリカレント教育は、新鮮な刺激を生み出すであろう。

その上、リカレント・モデルはフロントエンド・モデルにありがちな、リターンマッチ不在から生じる個人的な不満や社会的な浪費を是正する効果がある。フロントエンド・モデルでは人生の初期に十分な学校教育を受けられなかった人は、その後、学習の意欲や能力が発達しても進学の機会を見つけられない。性や階級や地域による教育機会の不平等の是正努力は広く行われてきたが、世代や年齢による教育機会の不平等は長らく是正されなかった。

リカレント教育はこのタテの不平等を解消する努力なのである。

こうしてリカレント教育への要請が個人の側からも社会の側からも、また学校教育の再生のためにも、強くなった。市民講座、学校開放事業なども広義のリカレント教育であり、また夜間制や通信制なども早くから社会人を対象にしてきたが、最近、注目され発達しつつあるのは、伝統的な学校制度の中に社会人を正規の学生生徒として受け入れようとする動きである。

「社会人入学」といわれる制度がそれだが、そこには大学でいえば一八歳人口、高校でいえば一五歳人口という、伝統的な顧客年齢層の急減に対応して、新しい顧客を開拓しようとする大学や高校側の「生き残り」「客集め」戦略も作用している。企業によっては企業内教育の代わりに、従業員を高校や大学に派遣して再教育を受けさせ、その職業的、専門的な資質を高めようとして、リカレント教育制度を利用し支援する場合もある。

②大学院への要請

みてきた通り、社会人大学院への要請を支える第一の条件は、リカレント教育の重要性であるが、一方では社会、とくに産業、職業、科学技術の高度化、専門化、複雑化が、他方では大学の大衆化、高学歴化が進行するにつれて、高度で専門的な教育がますます重要となるというもう一つの条件がある。それによって大学院レベルのリカレント教育への要請が高まるのである。

大学の大衆化が進むにつれて、大学はますます普通教育機関たるの性格、実態、評判を持つようになり、そのエリート性、研究機能を薄め、アカデミックな水準も専門職養成の適格性も低下させる。マス化した大学はレジャーランドと皮肉られ、次第に高等教育機関、専門教育機関としての機能を疑われるようになった。その発給する大卒という学歴は希少価値を失い、世間も実力主義、能力主義の進行とともに、実質を伴わない学歴にそれほど重きを置かなくなった。しかも社会、とくに企業や職業が要求する「実力」の大きな部分を占める専門的知識や技術はますます高度化するので、マス化した学部教育でこれに応えることは難しくなる。

こうした状況に敏感な青年はすでに短大より四年制大学を志向しはじめているが、それがさらに大学院まで延長することは自然である。医学系では早くから大学院レベルの教育が当然視されているが、それにつづいて工学系でも学部だけでは不十分とされ、修士課程修了の学歴が広く求められるようになった。医学系や工学系では実験、実習のため、あるいは学部教育に多数の補助者、末端指導者が必要なため、多くの大学院生が求められるという面もある。大学院を学問研究、学者養成の機関としてのグラデュエート・スクールではなく、むしろ専門職養成の機関としてのプロフェッショナル・スクールと性格付けるこの見方は次第に他の分野にも波及するであろう。

大学院重視の風潮は、こうした現実的な要請から生まれるだけではない。大学が大衆化し、学部だけでは大学の威信も水準も低下するし、大学の生命たる研究も停滞するので、大学はきそって大学院を設置しようとする。センター・オブ・エクセレンスをめざす大学院重点大学、研究大学、大学院大学などと呼ばれる大学がこの流れをリードする。一八歳人口減少に直面して「生き残り」を図る大学は、大学院を設置することによって、その世間的評価や威信、ひいては「集客力」を高める。大学院もない大学、学部は「大学らしくない」「人並みの大学ではない」といった感情から大学院ラッシュが起きる。学内の各学部間でも、こうした大学院設置競争が起きる。学卒の就職難のため、大学院が就職浪人の受け皿となり、就職準備機関としての役割を果たしたり、就職を拒否する学生のモラトリアムの場となったりすることもある。

③社会人大学院の登場

以上のような理由によって大学院への要請が広く、また強く起こるが、それにリカレント教育への要請が加わるとき、社会人大学院がクローズアップされることになる。社会人大学院のメリット、長所は次の二点に要約できる。その一つは、リカレント教育一般に通じることだが、学習や教育における真剣さや新鮮さである。社会人大学院には年齢、職業、学歴など、あらゆる面で多様な社会人が入学する。同じ大学の同じ学部の出身者が職業経験、現場経験もなくストレートに入ってくる一般の大学院は、学部の延長線上にある同系繁殖的な性格、現実や実践から遊離する傾向が大きい。社会人は働きつつ学び、仕事を終えた後に学ぶという困難をおして大学院を志願するのだから、その学習意欲や問題意識が高いし、多様な背景や属性を持っているので、院生相互あるいは教員と院生は新鮮な刺激を与え合う。社会人のこの多様性と真剣性とは、その大学院にとって大きな財産だといってよい。かれらの中には転職して自己実現の道を探ろうとする人もいるし、教授の中には院生より年少の者、「現場」を知らない人もいる。

社会人院生はこのように大学院入学への熱意が高く、「現場」での問題解決の道を大学院に求めていただけに、入学後、期待はずれや不満を抱く可能性も大きい。こうした社会人を相手にするので、教授はかれらから学ぶところも多いし、また真剣にならざるを得ない。「働きつつ学ぶ」院生の負担も大きいが、かれらを相手にする教授の負担も大きい。しかしかれらはすでに在職しているので、一般の大学院のように教授も院生も就職問題に頭を悩まさずに済むため、それだけ「純粋」に教育や学習に打ち込むことができる。こうした雰囲気は社会人大学院の特徴だといってよい。

社会人大学院のもう一つの特徴、メリット、貢献は、それが教育や研究に新しい分野を開拓する可能性である。つまり伝統的な大学にはあまり期待できないカリキュラムや組織が社会人に求められるし、また育ちやすいのである。

職業上の「現場」や社会的な「現実」が抱える問題の解決や解釈に主要な関心を持つ社会人を対象にする大学院は、伝統的でアカデミックなディシプリンではなく、理論と実践を統合し、いくつかのディシプリンを総合する新しい学際的なアプローチを進んで導入しようとする傾向がある。「現場」や「現実」が提起する問題はもちろん複雑であり、単一のディシプリンだけでは解釈し切れないから、学際的な研究や対応を必要とする。しかも単一の伝統的なディシプリンを専攻し伝統的な教育を受けただけでは、現場の問題に対応できないため、その限界を感じた社会人が大学院に入学するのであり、この要求に応えるには社会人大学院自体が学際的になる必要がある。事実、多くの志願者を引き寄せる大学院には、こうした新しい学際的なカリキュラムや組織を持つところが多い。それはまた研究面でも学際的な新分野を開拓するのに適している。

他面、社会人院生はあまりに、「実践的」、即効的な「即戦力」を求める傾向があり、職業的な技術、資格、応用に関心を持つあまり、純理論的、あるいは基礎的、包括的な研究を好まず、かえって学際的アプローチに反発する場合もある。学際的アプローチをこなし得る教授を集め、その組織化を図ること、多様な学部出身者からなる社会人には共通の基礎的知識がないことも、その教育を困難にし、不満を与える。社会人大学院にはこうした矛盾する困難がつきまとっているが、社会人大学院が伝統的な大学院に対する大きな挑戦であることは疑いないであろう。

2　夜間大学院の現状と特徴

前節では社会人大学院がいかなる背景のもとに出現し、いかなる意味や特徴を持つかを眺めた。夜間大学院は社会人大学院の一つであるから、当然それが当てはまるが、なお社会人大学院のうちでその程度に差がある。ここで指摘するのは、夜間大学院は新しさの点にも、大学院全体におけるシェアの小ささの点にも特徴があるが、同時にそのニーズが高く、社会人大学院の純粋型たるの実質を持つという事実である。以下、夜間大学院の特徴を現状に即しつつ、制度的特徴、ニーズの大きさ、社会人大学院の純粋型としての夜間大学院という三つに分けて説明する。

①制度的特徴

夜間大学院の制度的な特徴は次のようにまとめられる。

設置時期の新しさ　夜間大学院が制度として公認されたのは比較的最近である。制度化が遅れたと言い換えてもよい。したがって夜間大学院の歴史は浅く、大学院の中での新参者、後発組である。

学部段階で社会人を受け入れる制度は早くから存在した。夜間部や二部と称される組織がそれである。しかしそれらは主として、いわゆる「苦学生」を対象とし、その中には年配者もいたが、多くは昼アルバイトをしながら、夜学生として勉強するという形をとっていた。アルバイトは本業、本職ではなかったし、かれらの多くは若者であった。

戦後になると夜間部や二部は次第にその性格を変え、昼間の正規の学部への入学に失敗した者の受け皿として機能するようになった。「苦学生」相手というそれまでのイメージは薄れたが、志願者も減少した上、教授には「余分」な仕事、大学には「お荷物」といった感じがつきまとい、次第にこれを廃止したり、昼間学部に再編したりする傾向が強まった。

夜間部や二部の他、通信制の学部、さらには放送大学、単位等履修生制、社会人特別選抜制も制度化されて社会人を受け入れるようになったが、大学院レベルで社会人を主要なクライエントとして制度化されたのが、昼夜開講制、つづいて夜間制の大学院である。もちろん単位等履修生制や社会人特別選抜制は大学院段階でも行われてきたし、新構想の教育大学の大学院のように、現職の社会人を大量に受け入れるところもあるが、いずれも昼間の開講であり、一般の社会人が利用するには大きな限界がある。これに対して文字通り「働きつつ学ぶ」ことを前提とするのが、昼夜開講制と夜間制の大学院である。さらに通信制と放送大学の大学院がこれに加わった。

夜間大学院は昭和二七(一九五二)年、法政大学に人文科学研究科が発足したのを嚆矢《こうし》とするが、正式に夜間大学院が認知されたのは、同六三(八八)年大学審議会の『大学院制度の弾力化について』の答申を受け、平成元(一九八九)年、大学院設置基準、学校教育法施行規則が改正され、社会人受入れのための夜間の修士課程が可能となってからである。以後、平成八(一九九六)年までに設置された夜間大学院は次の通りである。平成元年、筑波大学教育学研究科(カウンセリング専攻)、同経営・政策科学研究科(経営システム科学専攻・企業法学専攻)、平成二年、青山学院大学国際政治経済学研究科(国際ビジネス専攻)、同三年、姫路獨協大学法学研究科(法律学専攻・政治学専攻)、言語教育研究科(言語教育専攻)、同五年、大阪教育大学教育学研究科(保健科学専攻・実践学校教育専攻)、姫路獨協大学経済情報研究科(経済情報専攻)、東洋英和女学院大学社会科学研究科(社会科学専攻)、人間科学研究科(人間科学専攻)、多摩大学経営情報学研究科(経営情報学専攻)、同六年、早稲田大学社会科学研究科(地球社会学専攻・政策科学専攻)、東洋大学文学研究科(教育学専攻)、武庫川女子大学臨床教育学研究科(臨床教育学専攻)、同七年、山梨学院大学社会科学研究科(公共政策専攻)、同八年、東洋大学社会学研究科(福祉社会システム専攻)、以上、一一大学、一六研究科。その後も増加傾向はつづき、平成一四(二〇〇二)年現在、次のような専攻、研究科が新たに生まれている。すなわち、新しく専攻が追加されたものに、東洋大学文学研究科(仏教学専攻・哲学専攻・日本史学専攻)、青山学院大学国際政治経済学研究科(国際政治学専攻・国際経済学専攻・国際コミュニケーション専攻)、大阪教育大学教育学研究科(健康科学専攻)、また、研究科が追加されたものに、筑波大学ビジネス科学研究科（経営システム科学専攻）、法政大学社会科学研究科（政治学専攻・経営学専攻・経済学専攻）があり、さらに新たに夜間大学院を設置した大学として、千葉大学教育学研究科（学校教育臨床専攻）、東京学芸大学教育学研究科（総合教育開発専攻）、横浜国立大学教育学研究科（学校教育臨床専攻）、一橋大学国際企業戦略研究科（経営、金融専攻・法務、公共政策専攻）、立正大学経営学研究科（経営学専攻）、日本福祉大学社会福祉学研究科（福祉マネジメント専攻）、岡山大学教育学研究科（学校教育臨床専攻）、広島大学社会科学研究科（マネジメント専攻）、福岡大学人文科学研究科（教育、臨床心理専攻）、北九州市立大学人間文化研究科（人間文化専攻）の一〇大学がある。なお平成八（一九九六）年以後、夜間制大学院に博士課程の設置が可能となり、筑波、多摩、早稲田、武庫川女子の諸大学の上記大学院にそれが実現した。

ただちに明らかなように、法政大学を例外とすれば、夜間大学院はすべて平成に入ってから設置されており、その制度化は遅く歴史は浅い。

設置主体の差　上記一一大学のうち国立は筑波大と大阪教育大の二大学にすぎず、残り九大学はすべて私立であり、公立はゼロである。社会人大学院のもう一つのタイプである昼夜間開講制を設ける大学は国立六六、公立四、私立四四（大学数全体は平成八年度、国立九八、公立五三、私立四二五校）であるから、昼夜間開講制大学院は国立が、夜間大学院は私立大が主要な担い手となっていることが知られる。

しかも国立で夜間大学院を設ける大学が筑波大という新構想大学、ならびに大阪教育大という単科の教育系大学であることも注目に値する。

設置年度と実施年度の一致　設置年度とはその大学院研究科が設置された年度を指し、実施年度とはその研究科が夜間制あるいは昼夜開講制を実施した年度を指す。両者が一致していれば、その研究科は最初から社会人大学院として計画されたことになるが、設置年度が実施年度より早ければ、その研究科は最初、昼間制の研究科として出発しながら、後になって諸般の事情(例えば社会人が少ないため社会人にも門戸を開くなど)から、昼夜開講制あるいは夜間制を採用したことになる。

こうした点から夜間制と昼夜開講制とを比較してみると、夜間大学院の特徴が知られる。文部省が編集あるいは監修した『全国大学一覧』と『リフレッシュ教育』(ぎょうせい、一九九三年)を用いて調べてみると、各種の不備はあるが、判明した部分から次のような傾向が明らかとなった。すなわち夜間制の場合はすべて最初から夜間制として構想されたのに対し、昼夜開講制の場合、最初から昼夜開講制として構想されたのは約半数にすぎない。

領　域　先に掲げた夜間大学院をその専攻分野から眺めるなら、いわゆる理科系は一つもない。領域の分類は容易ではないが、仮に広く行われるように人文、教育(心理を含む)、社会、理学、工学、農学、医学(薬学、保健を含む)、その他(広領域、複合領域を含む)の八つに分類すると、夜間大学院は人文、教育、社会に限られている。同じ社会人大学院でありながら、昼夜開講制となると八領域すべてが含まれている。社会人大学院全体でみると夜間大学院は領域的に限られていることがわかる。

他方、カリキュラムの点からいうと、有職の社会人のためのリカレント型大学院たるの性格は、伝統的な大学院にみられないユニークなカリキュラムを生み出している。研究者養成をめざし専門分化したディシプリン中心のグラデュエート・スクールから、専門職養成をめざし、実践、臨床、問題解決型、政策科学的な学際性を特徴とするプロフェッショナル・スクールへという目標や性格の変化については、すでに述べた。大学院、とくに修士課程のプロフェッショナル・スクール化は、医学からはじまって工学系に及んできているが、そこではなお専門分野の性格上、ストレートに進学する学生を対象に、昼間の授業、実験、実習などの伝統的な教育形態が採用される。これに対して夜間大学院は現実の問題の解決を求める社会人を相手にするので、専攻はすべての広義の文科系、とくに経営、ビジネス、政策、教育、カウンセリングなどである。

規模の小ささ　平成七（一九九五）年度の文部省統計を資料にして夜間大学院と昼夜開講制大学院を比較してみると、規模の違いがわかる。一研究科当たり平均の入学定員をみると、夜間制では三三名に対し、昼夜開講制では四六名。さらにこれを設置者別にみると前者で国立三八名、私立一二名、後者で国立五三名、公立一二名、私立三三名、いずれも夜間制は昼夜開講制より、また私立は国立より小規模である。また一大学当たり研究科数も、一研究科当たり専攻数も、夜間の方が昼夜開講制より少なく、ともに一である場合が多い。ましてその他の昼間制大学院に比べれば、夜間大学院ははるかに小規模であり、少人数教育が行われている。

組織形態の独立性　さらに制度上の特徴として、夜間大学院には単一の学部や学科に基礎を置かない独立研究科あるいは独立専攻が多いという点が挙げられる。新しいタイプの大学院として連合大学院、連携大学院のほか、独立大学院、独立研究科、独立専攻がある。学際的な教育・研究が重視されるにつれて、とくにプロフェッショナル・スクール型の大学院では、単一の学部や学科に基礎を置き、その延長線上に設置されるいわゆるエントツ型、積上げ方式の大学院ではなく、それから独立した大学院が要請されるようになる。こうした独立研究科や独立専攻では大学院担当を本務とする教授や独立した施設や事務部が必要となる。われわれが行った社会人大学院の研究科長に対するアンケート調査によると、夜間制では一五研究科中、積上げ方式が一〇、独立方式が五に対し、昼夜開講制では九九研究科中、積上げ方式が八一、独立方式は一七で、夜間の方が昼夜開講制の二倍独立研究科が多かった。

地理的条件　有職の社会人を対象に夜間授業を行う夜間大学院が地理的立地条件、交通の便によって大きな影響を受けることは、自然である。既存の夜間大学院は、山梨学院大と姫路獨協大を除けばすべて東京都内および阪神地方に位置し、最寄りの地下鉄や電車の駅昼夜開講制から徒歩数分と交通至便なところにある。昼夜開講制の場合にもみられるが、大学のメインキャンパスが都心部から移転した後、その跡地や施設を利用して夜間大学院を開設する場合（例えば筑波大や大阪教育大）もある。サテライト方式の一種ともいえよう。

夜間大学院がほとんど東京都と阪神地方に集中していることはすでに述べたが、昼夜開講制大学院はその数がはるかに多く、国立大に多いが（ただし旧帝大には少ない）、私立では東北、北陸、四国地方などでは皆無である。これも社会人大学院にとっての立地条件の役割の大きさを示している。

大学院全体におけるシェア　すでに若干は触れておいたが、夜間大学院のもう一つの特徴はあらゆる点で大学院全体における数量的なシェアの小ささである。夜間大学院は歴史が浅く、数が少なく、大学院全体の中でのマイノリティである。それだけユニークであり希少価値があるともいえる。

平成八（一九九六）年度、大学院を持つ大学は三八五、そのうち夜間大学院を持つ大学は一一、研究科は全部で一〇四〇、そのうち夜間制の研究科は一六、前者で二・九％、後者で一・五％にすぎない。大学院入学定員（修士課程）は四万五二七六名、うち夜間大学院は四四三名、シェアは一％に達しない。その後、平成一四（二〇〇二）年度現在、大学院を持つ大学は五〇九、そのうち夜間大学院を持つ大学は二一、研究科は全部で一三二六、そのうち夜間制の研究科は二八、前者で四・一％、後者で二・一％である。

社会人への配慮　働きつつ学ぶ社会人、しかも入学後、総合的、学際的な新しい分野を学習する社会人に広く門戸を開こうとする夜間大学院は、選抜に当たって各種の配慮を行う。国際関係や外国語・外国研究などの専攻は別だが、外国語試験を免除するのはその典型的な例である。さらに学力試験も免除して、面接、小論文、研究計画、調査書などを重視し、かつ勤務先の推せんや派遣申請のある者を優先する場合もまれではない。

もう一つの社会人への配慮は、授業料、入学金、入学検定料などをとくに私立の夜間大学院が低く抑えることにも表われている。学部段階ではこれらの学費が国立に比べて大きいことは広く知られているが、夜間大学院の場合、少数の例外を除くと、私立は国立並みに抑えている。

さらに授業の形態としては社会人の学習や通学の便を図って、夜間の開講（ふつう月曜から金曜までは午後六時―九時の二コマ）、土曜日は昼間の数コマを設けるほか、休日、とくに夏期休暇の開講などの措置がとられる。その他、修了年限の弾力化、修士論文の非必修化、入学時期の年二回制などを採用する例もある。

入学者の多様性　主として社会人を対象とする夜間大学院は当然のことながら、多様な一般成人を受け入れる。すでに述べたように伝統的な大学院はエントツ型であるため、同一大学の同一学部、同一学科からストレートに進学する者が学生の大部分を占める。昼夜開講制の場合も、社会人は少数派にすぎない。これに比べて夜間大学院の志願者は出身の大学や専攻した学部、学科など多様である上、年齢、経歴、職業などもまことにさまざまである。この特徴は選抜の際にも教育や指導にとっても種々の困難をもたらすと同時に、志願者や入学者の現実体験に基づく問題意識、相互刺激の存在と発達という大きなプラス効果を持っている。

②高いニーズ

制度的というか形式的、外面的というか、夜間大学院には上にみてきたような特徴があるが、社会的あるいは個人的なニーズが大きいことは、そのもう一つの大きな特徴である。それは次の二つの事実から推定できる。

入試倍率　志願者が入学定員を上回っていれば、そのニーズの高さが推定できる。いわゆる入学倍率あるいは難易度がそれである。倍率が高い難関はそれだけ、志願者個々人あるいは社会のニーズが大きいといえよう。

筑波大学大学研究センターの紀要『大学研究』九号（一九九二年）に収められた一九九〇年度の統計を用いて、全国修士課程の入学志願者と入学者の比率を算出すると、前者が五万二四四七名、後者が二万九五六二名だから、倍率は一・七七倍である。領域別、設置者別に差はあるものの、ＩＤＥ（民主教育協会）の行った別の調査（『ＩＤＥ・現代の高等教育』九三年七月号）の九二年度の数値、すなわち入試倍率一・七六倍とほとんど同率である。こうした数値を踏まえてわれわれが九六年度に行った全国社会人大学院の全研究科長に対するアンケート調査の結果によると、定員に対する志願者の倍率は次のように算出された。

夜間大学院の場合をみると、倍率の高い順に、①筑波・教育一五・二、②同・経営・政策科学九・二、③東洋・文学七・八、④大阪教育・教育学（健康科学）六・七、⑤武庫川女子・臨床教育学六・五、⑥大阪教育・教育学（実践学校教育）五・八、⑦東洋英和・人間科学五・八、⑧筑波・経営科学四・八、⑨早稲田・社会科学三・四、⑩姫路獨協・法学三・三、⑪法政・人文科学二・九、⑫青山学院・国際政治経済学一・九、⑬姫路獨協・言語教育一・七、⑭多摩・経営情報学一・四、⑮東洋英和・社会科学一・四、⑯姫路獨協・経済情報一・四、⑰山梨学院・公共政策一・三。

同じ夜間大学院であっても、その志願倍率からある程度推測されるニーズや人気度に大きな差があることがわかるが、先に挙げた全修士課程の平均倍率一・九倍を下回る夜間研究科は一七の中、五にすぎず、残り一二研究科はこの平均を上回っており、定員の五倍以上の志願者を集めている研究科が七ある。国立（筑波と大阪教育）がすべてこの中に入っていること、領域では教育系が上位七研究科中五を占めることが注目される。

同じように社会人大学院を標榜しながら昼夜開講制の場合、回答のあった分だけをみると、一八九研究科のうち一・九倍という平均倍率を越えたのは五三にすぎず、五倍を越す志願者があったのは夜間制の場合一七のうち七、すなわち約四割あったのに対し、昼夜開講制では一八九のうち九にすぎない。また夜間の最高倍率が一五・二倍であったのに対し、昼夜開講制の最高は六・八倍（産能・経営情報学）であった。

入学倍率の分析によって、一般に社会人大学院のうち夜間制のニーズが高いこと、また領域では教育系と社会系でその傾向が強いことが知られる。

歩止まり率　ニーズの高さが推測されるもう一つの指標は、いわゆる歩止まり率であろう。それによって志願した大学院への入学の熱意が知られるからである。折角、合格しながら入学を辞退する者が多いなら、その大学院はそれだけ魅力に乏しいと解釈できる。

われわれの調査で歩止まり率を知り得た研究科は夜間で一四、昼夜開講制で八六あったが、前者で歩止まり率一〇〇％（すなわち合格者は全員入学）が五、残りも七研究科が九〇％以上であった。これに対して昼夜開講制では一〇〇％が二八研究科、九〇％以上が三七研究科、つまり歩止まり率一〇〇％は夜間の三六％、昼夜開講制の三二％、歩止まり率九〇％以上とすると、夜間の八六％、昼夜開講制の七四％で、一般に社会人大学院の歩止まり率は高いが、夜間の方が昼夜開講制に比べてやや高い傾向がある。

③社会人大学院の純粋型

社会人大学院のうち最も制度化、組織化されている夜間制と昼夜開講制が、実質的に社会人大学院たるの機能をどの程度果たしているかを推定し得る指標としては次の二つが挙げられる。

社会人占有率　入学者中に社会人がどの程度含まれるかという数値を、本章でしばしば挙げてきた社会人大学院研究科長に対するアンケート調査から眺めてみる。知り得たのは夜間大学院で一三研究科、昼夜開講制で八五研究科であったが、夜間制の場合は社会人占有率一〇〇％（つまり入学者全員が社会人）が五研究科、九〇％以上が（上の五研究科を加えて）八研究科である。最低でも六三％であり社会人が過半数を越える。これに対して昼夜開講制の占有率は一〇〇％が四研究科、九〇％以上で二研究科が加わるが、それにしても八五研究科中、六にすぎない。それ以外で社会人が過半数を越えるのは一六研究科。以上の数値から夜間大学院の方がはるかに社会人をおもな対象としていることがわかる。

これはある意味で当然である。社会人にとって企業派遣などの場合は別だが、昼間、職場で働きながら同じ昼間に大学院に出席することはほとんど不可能に近い。せいぜい家庭の主婦やアルバイト従事者や退職あるいは休業中の人々しか昼間に受講できるにすぎない。法令上あるいは募集要項でも、夜間大学院は「主として社会人」向けとされている。これに対して、『全国大学一覧』によれば、国立大学で昼夜開講制を採用するのは六六大学一四八研究科、そのうち社会人定員を明示せず、単に「若干名」としているのは四分の三に達する。公立では五大学五研究科のうち福井県立・経済・経営研究科が定員一二名のうち社会人枠を六名とする以外はすべて「若干名」としており、私立でも四三大学七〇研究科のうち、社会人定員を明示するのは一〇、残りはすべて「若干名」である。しかも『リフレッシュ教育』によれば明示された社会人定員を充足あるいはそれを上回る社会人入学者があるのは四研究科にすぎない。

社会人が大学院に入りやすいかどうかは、夜間制と昼夜開講制とでかなり異なるであろう。前者は「主として社会人」を対象とするのに対し、後者は「社会人も」受け入れる制度だからである。そこで夜間制ではたとえ若干社会人でない人が志願してもその入試選抜の方式は同一であるのに対し、昼夜開講制では社会人に特別の考慮を払う。昼夜開講制では社会人枠を決めないところ、単に「若干名」とするところが多いので、多数派である非社会人と「互角」に競争しなくてはならない点、社会人には不利である。

社会人大学院として社会人特別選抜制を実施する大学がある。ただしそれは昼間開講の伝統的な形態をとる。平成七(一九九五)年度三七〇研究科がこの制度を採用し、この制度を利用した社会人入学者数は四七〇〇名に近い。とくに社会人入学者が多いのは、国立で筑波、新構想大学(兵庫、上越、鳴門)、私立では早稲田、慶應などである。その他さらに最近では通信制ならびに放送大学の大学院が生まれた。

夜間開講度　社会人大学院の純粋型、典型として夜間大学院を特徴づけるもう一つの指標は、夜間開講度である。昼、働きつつ、夜、学ぶという形態が有職の社会人にとっての大学院に最もふさわしいことはいうまでもない。夜間大学院はその名の通り、この形態を採用しているから、その点でも社会人大学院の典型と考えられる。

これに比べて受講の便に富む夜間開講が昼夜開講制大学院でどの程度、実際に行われているかを、われわれはアンケートで明らかにしようとした。

すでに述べたように昼夜開講制大学院は一一三大学一八九研究科であり、そのうちアンケートに回答したのは九二研究科であった。九二研究科中、実質的に夜間に開講していないところが二〇であった。また夜間受講生がごく少数が三一、多いは四一。昼夜開講制で夜間受講生の夜間受講の程度を尋ねてみると、「夜間のみ受講する者」が一〇%未満の研究科は九、以下一〇%きざみでそれぞれ二、九〇%以上が一であり、夜間のみ受講する学生が半数以上いる研究科は一〇にすぎない。こうした数値から、昼夜開講制を謳いながら、夜間に開講しない大学院、また夜間受講生に社会人でない者が多いことがわかる。

3　夜間大学院の課題

夜間大学院が社会人大学院の典型であり、リカレント型大学院教育に成功しており、そのニーズも高いことをみてきた。また夜間大学院が新しい学際的分野の教育と研究を開拓するという、その意味や役割については第1節で説明した。その数は研究科、学生ともにごく限られているし、その歴史も浅いので、成果や課題はいまだ明確に示すことはできないが、昼夜開講制大学院や社会人大学院生に関する既存の調査研究ならびにわれわれ自身が行った社会人大学院研究科長へのアンケート調査や面接調査、またとくにわれわれ自身が所属する夜間大学院（武庫川女子大学大学院臨床教育学研究科）の教員、修了生、在学生に対する自己評価の一環としての意見調査などを主要な資料として、夜間大学院および夜間に授業を行う大学院（昼夜開講制の一部）が抱える問題点や課題を整理したい。分類は容易でなく、相互に関係するが、またいくつかはすでに触れたが、次の三つに大別することにしよう。

①組織・管理上の課題

設置手続　とくに夜間大学院は前例が乏しく、また固有の教員、事務員、施設などを必要とするため、これを計画、推進するため中心となるグループが求められる。学内の合意と支持を取りつけ、文部省や設置審と折衝するには多くの努力が必要である。

適格教員の確保　夜間に授業を担当するなど教員には負担が大きいので、大学院担当の適格者であるとともに、その主旨に賛同し熱意を持つ教員を探し出すことは容易ではない。そのための優遇策も必要となる。

施設の充足　夜間開講のためには固有の施設、設備などが必要であり、また既存の施設、設備を夜間に開放することも必要となるが、そのための経費、要員、規程などの問題が起きる。小規模な夜間大学院のため独立した事務室や図書室などを充実するのは、大学として大きな負担だが、それを欠くなら教育に支障を来たし、院生の不満を招く。この問題はとくにサテライト方式を採用する大学院に痛切である。

選抜方式　一般に夜間大学院志願者は問題意識、学習意欲は旺盛だが、多様な背景を持つ志願者の中から、公平、客観的に適格者を選抜することはかなり困難である。外国語試験を免除したり、必要な専門分野の基礎知識をすべての志願者に求めなかったりすると、入学後の教育や学習に支障を来たすが、それを強行すると志願者が大幅に減少する。

時間割編成　限られた時間（ふつう夜間二コマ）の中で、二学年（博士課程がある場合は五学年）にわたる院生に必要かつ可能な時間割、カリキュラムを編成することは、きわめて難しい。いきおい土曜や休日を利用しなくてはならない。教員と院生の接触時間が限られることも、指導の制約となる。

②教育・研究上の課題

学際性　夜間大学院は現場の社会人の実践的、臨床的課題解決志向に応えるためにも、学際的アプローチを採用することが多い。しかし既存のディシプリンを総合して教育、研究を組織化することは相当困難である。単なる寄集めに終わることも多く、学際的なカリキュラムや研究チームの構成は容易ではない。そのため教員にも院生にも不満が生じやすい。

学力のバラツキ　夜間大学院の志願者や入学者の背景、学歴、経歴は多様であり、学部時代の専攻した学科、学問分野に差があるし、学部卒業後の年数や職業も区々であるため、基礎学力に大きなバラツキがある。入試に外国語を免除するところも多いので、外国語文献を利用して授業することが敬遠されやすい。こうした学力のバラツキの大きい院生を相手にする教育や研究は困難であり、すべてを満足させる授業も容易ではない。

要求・関心の多様性　学力だけではなく、社会人院生の要求や関心もきわめて多様である。問題意識、学習意欲は高いものの、志願や入学の動機、目標は多様である。職業上の専門性、とくに技能や資格を獲得したいと思う者も多いが、その要求を満足させる教育、カリキュラムは、かれらが現場の経験を踏んでいるだけになかなか、提供できない。またかれらの要求はあまりに即効性のある「実学的」なものになりやすいので、アカデミックな内容が敬遠され大学院すべてに通じる研究水準の維持向上という機能を損なう恐れがある。

生活パターン　社会人が職場と大学院、さらに家庭という三つの生活空間を持つことは、時間的、経済的に大きな負担である。職場と家族の理解や支持を得ること、限られた時間を有効に使うことが、大学院での学習を成功させるのに必要不可欠となる。

③制度上の課題

財政援助　社会人大学院、とくにその純粋型ともいえる夜間大学院の果たす役割、社会的ニーズはきわめて大きく、その教員や院生は多くの困難をおして教育や学習に当たっているし、個々の大学にとっては大きな財政負担になっているから、各種の財政援助を行う必要がある。

修了生への処遇　社会、とくに職場は夜間大学院の修了生に対して、資格その他の点で優遇策を講じる必要がある。それによって夜間大学院への意欲が広まるであろう。

引用・参考文献

・本章の中で直接、利用した文献としては、文部省『全国大学一覧』(毎年)、『リフレッシュ教育』(ぎょうせい、一九九三年)、筑波大学大学研究センター『大学研究』九号(特集「わが国における大学院発展の可能性―グラデュエートスクールとプロフェッショナルスクールの比較の視点を中心として」一九九四年)、『ＩＤＥ・現代の高等教育』三四七号(特集「修士大学院の可能性」一九九三年)、とくに新堀通也「夜間大学院の研究―実態調査に基づく特徴」(武庫川女子大学教育研究所『研究レポート』(一九号、一九九七年)、「自分史」による夜間大学院評価―事例研究」(同上、『研究レポート』二一号、一九九八年)、末吉ちあき「夜間大学院教育の現状と課題―社会人大学院研究科長へのアンケート調査による」(同上、『研究レポート』二一号、一九九八年)。なお本章はこれら『研究レポート』の諸論文を編集した新堀通也『夜間大学院―社会人の自己再構築』(東信堂、一九九九年)を要約したものである。

参考文献を網羅的に整理解説したのは、新堀通也『夜間大学院に関する基礎資料集』(一九九七年、武庫川女子大学教育研究所)であり、これも上掲『夜間大学院』の付録として収録してある。

第Ⅱ部　各国の大学院改革

9 アメリカの大学院
――アメリカの大学院の事例研究――

奥川義尚

はじめに

アメリカの大学院は世界の学術研究の中心地である。このことは、学術研究活動が受賞の大きな理由となる経済学、物理学、化学、医学生理学の各分野におけるノーベル賞受賞者の数からもいえる。一九八九年から九八年までの一〇年間についてみると、経済学の分野では計一七名のうち、アメリカ大学研究者のノーベル賞受賞者の数は一三名、物理学の分野では計二三名のうち一七名、化学賞の分野では計一八名のうち一三名、医学生理学の分野では計二〇名のうち一六名である。受賞者を所属大学別などでみると経済学の分野では、シカゴ大学が五名、スタンフォード大学が二名、ハーバード大学、コロンビア大学、カリフォルニア大学（バークレー校）、プリンストン大学、ニューヨーク市立大学（ブランチ校）、ワシントン大学がそれぞれ一名ずつとなっている。物理学の分野では、スタンフォード大学が五名、プリンストン大学とマサチューセッツ工科大学がそれぞれ三名ずつ、コーネル大学が二名、ハーバード大学、コロンビア大学、カリフォルニア大学（アービン校）、国立の研究機関が一名ずつとなっている。化学の分野では、ライス大学が二名、カリフォルニア大学（サンタバーバラ校）、ノースウエスタン大学、カリフォルニア大学（ロサンゼルス校）、マサチューセッツ工科大学、カリフォルニア大学（アーバイン校）、南カリフォルニア大学、カリフォルニア工科大学、ハーバード大学、イエール大学、コロラド大学（ボルダー校）、その他がそれぞれ一名ずつとなっている。医学生理学の分野では、カリフォルニア大学（サンフランシスコ校）が三名、ワシントン大学が二名、ニューヨーク州立大学（健康科学センター）、カリフォルニア大学（ロサンゼルス校）、テキサス大学（ヒューストン医学センター）、テキサス大学（サウスウエスタン医学センター）、カリフォルニア工科大学、プリンストン大学、その他四つの国立研究機関と病院附属の研究所がそれぞれ一名ずつとなっている(1)。

このような世界の学問中心地となっているアメリカの大学院について、その制度化や特徴、研究と教育の関係、学問中心地の形成条件などを分析し、最後に提言―日本の大学院への示唆などを述べてみたい。

1　大学院の制度化

アメリカでは、植民地時代にオックスフォード大学やパリ大学をモデルとする大学が設立され、創立一六三六年のハーバード大学や一七〇一年創立のイェール大学などが当初の大学であった。一七七六年の独立革命は、高等教育にも大きな影響を与え、イギリス流のエリート教育の伝統から、アメリカ社会の特徴としてよくいわれる機会均等の哲学、平等主義、すなわち「万人のための教育」という考え方が次第に普及するようになった。一九世紀になるとドイツの大学の強い影響のもとに、アメリカの大学は研究を不可欠の機能だとする大学観を受け入れ、学部段階ではリベラル・アーツ教育を行い、大学院では研究者養成を行うという制度を確立していった。とくにアメリカの高等教育にとって重要なのは、一八六二年のモリル法の成立である。この法律に基づいて、連邦政府は農業と工学という実用的な領域の教育を行う国有地付与大学(ランド・グラント・カレッジ)を設立する資金を提供し、その管理運営をそれぞれの州に任せたが、これをきっかけにして州立の大学やカレッジが誕生し、今日の高等教育の大衆化や普及の起源となった。

一九世紀に研究中心の大学観を受け入れていたアメリカでは、学部段階の教育をリベラル・アーツ教育として発展させつつ、その卒業後段階をコースとして設けるところが出はじめた。やがてこのコースを独立のスクールとして専門職者養成と結合させ、メディカル・スクール、ロー・スクール、ビジネス・スクールなどの大学院が整備された。一九世紀中頃には、研究者養成のための大学院教育もはじまり、アメリカでの最初の博士号がイェール大学より授与された。大学院教育を組織的に最初に行ったは、一八七六年に設立されジョンズ・ホプキンズ大学であり、アメリカにも研究と研究者の養成を行う大学の設立が盛んになった。そうした動きを反映して、植民地時代に設立された有力私立カレッジや州立大学の中には、研究の面でもめざましい成果を上げ、学部課程の教養大学のほかに博士課程の大学院や専門大学院を持つ大規模な研究型総合大学に成長したものも少なくはない。また学部だけの大学をカレッジ、大学院を持つ大学をユニバーシティと呼ぶ風潮も一九世紀につくられた。二〇世紀に入ると、アメリカの大学院は大学制度の中心に位置づくようになり、第二次大戦後は博士(Ph.D.)が研究者養成の中核となった。

2　大学院の特徴——学術研究との関係を中心に

アメリカは先進諸国の中でも、大学院レベルの教育・学術研究が最も普及している国の一つである。アメリカの大学院の歴史を簡単に振り返ってみると、ジョンズ・ホプキンズ大学につづいて、コロンビア大学、シカゴ大学、カリフォルニア大学が相次いで大学院を創設した。さらに一九〇〇年までにハーバード大学、ペンシルバニア大学など九校でも大学院を開設するが、一九〇〇年の時点で、これらの大学が全博士号の約九割を授与していた。その後二〇世紀前半のゆるやかな拡大期を経て、大学院が在籍学生数や授与した学位数、研究活動などで飛躍的に拡張したのは、一九六〇年代のことである。一九九三年の時点でみると、三〇〇校を越える大学が科学や工学、芸術、人文科学といった多くの専門分野で、博士（Ph.D.）やその他の関連した研究博士号を授与している。九三年には三万九〇〇〇人が博士課程を修了したが、そのうち博士号を取得したのは約三万人である。このようにしてアメリカの大学院は過去一世紀の間に急速に拡大した。

このような背景を持つアメリカ大学院の特徴について、学術研究との関係を中心に考察してみる。**表9-1**は、全米研究博士プログラム研究委員会が一九九五年に刊行した『アメリカにおける研究博士プログラム—連続性と変容』(2)の再解析の結果得られたデータ、すなわち研究能力からみた「教授陣の質」(3)の指標によりアメリカ大学院の上位二〇校をランキングしたものである。さて表9-1に明らかなように、「教授陣の質」からみるとマサチューセッツ工科大学の優位さがわかる。マサチューセッツ工科大学は総合評価が第一位であるだけではなく、五領域のうち、人文科学系、工学系の二分野において、最上位の位置を占めている。表9-1の右端にある総合評価は、大学院の総合的な研究能力をあらわしているとみなせば、上位校ほどその得点は高いことになるが、第三位のハーバード大学の工学系、第六位のカリフォルニア工科大学の人文科学系、第七位のシカゴ大学の工学系、第一二位のロックフェラー大学の人文科学系、工学系、社会行動科学系のように、特定の学問領域を有していない上位校や、ベイラー医科大学のように生物科学系のみであるにもかかわらず、第一五位にランクされている大学もある。

しかし「教授陣の質」を、学問領域間の相関係数によって確かめてみると、大学単位でみれば、いずれの学問領域についても相互にかなり高い相関関係を示している。教授陣の質に関する学問領域別相関については、相関係数が最も小さいのは人文科学系と工学系だが、〇・六六

表 9-1　「教授陣の質」による学問領域別大学評価（上位 20 校）

順位	大学名	学問領域別標準得点 人文科学系	生物科学系	工学系	数学物理系	社会行動科学系	総合評価
1	マサチューセッツ工科大学	65	67	70	69	67	68
2	カリフォルニア大学(バークレー校)	65	65	68	70	68	67
3	ハーバード大学	63	66	−	67	69	66
4	プリンストン大学	64	67	65	67	65	65
5	スタンフォード大学	59	66	66	64	67	64
6	カリフォルニア工科大学	−	62	67	69	60	64
7	シカゴ大学	58	62	−	65	69	63
8	コーネル大学	60	59	65	65	59	62
9	イェール大学	60	66	55	61	66	62
10	カリフォルニア大学(サン・ディエゴ校)	55	66	61	63	61	61
11	ミシガン大学	57	60	62	57	68	61
12	ロックフェラー大学	−	65	−	57	−	61
13	コロンビア大学	63	63	54	61	63	61
14	カリフォルニア大学(ロサンゼルス校)	57	61	57	61	65	60
15	ベイラー医科大学	−	60	−	−	−	60
16	ペンシルバニア大学	59	62	59	55	62	60
17	ウイスコンシン大学(マジソン校)	51	62	60	59	64	59
18	カリフォルニア大学(サンフランシスコ校)	−	68	61	62	43	58
19	テキサス大学(オースチン校)	54	57	60	62	58	58
20	アルバート・アインシュタイン医科大学	−	58	−	−	−	58

六であるのでかなり高い。つまり教授陣の質を主観評価指標のみで捉えた場合には、特定の学問領域で優位な大学は、他の学問領域での実態よりも高く評価されてしまう可能性を考慮する必要があるが、アメリカの大学院における「教授陣の質」は、ある特定の学問領域において優位であれば、他の学問領域においても優れている傾向がある。言い換えれば、上位にランクされている大学に設置された大学院には、大部分の学問領域において質の高い教授陣が集められているといってよいであろう。

次に学術研究についての特徴を、アメリカ大学院を総合的に評価する観点から研究能力を示す「教授陣の質」の総合評価でみれば、六〇点以上のカテゴリーに属する大学は、マサチューセッツ工科大学、カリフォルニア大学（バークレー校）、ハーバード大学などの一六校である。調査対象校全体をみれば五〇～六〇点未満のカテゴリーには、ウィスコンシン大学（マジソン校）を含めた六三校が、四〇～五〇未満のカテゴリーには、ノートルダム大学を含めた一三一校が、また四〇未満のカテゴリーには、ラトガーズ州立大学（ニューワーク校）を含めた六三校が属する。このように七割ほどの約一九〇校以上の大学は五〇点未満のカテゴリーに含まれる。したがってアメリカの大学は、大学院の学術研究からみると、ピラミッド型のヒエラルキーな序列構造を示している。さらに本章で使用した資料は、継続的に課程修了者を出している博士課程を有する大学のみを調査対象にしているが、考察を広げて博士課程を有するすべての大学を分析の対象にすれば、五〇未満のカテゴリーに属する大学数はさらに多くなるだろう。

3　大学院における研究と教育の関係

表9－2は、アメリカ大学院の教育能力を示す「大学院教育の有効性」(4)に関する主観評価の結果に基づいて、大

学院を序列化した結果を、総合評価の上位校二〇校についてまとめたものである。これをみると、「教授陣の質」による評価と同様に、マサチューセッツ工科大学の圧倒的な強さがわかる。さらに興味深いのは、この表9-2の上位校と「教授陣の質」を指標にした表9-1の上位校が、ほとんど重なり合っていることである。実際に表9-1の上位校二〇校で表9-2に入っていない大学は、ロックフェラー大学一校のみにすぎない。さらに調査対象の二七四校すべてについてみると、個々の大学の順位は若干変動するが、研究能力と教育能力に関する主観評価の結果は非常に似通っている。つまり「教授陣の質」と「大学院教育の有効

表9-2　「大学院教育の有効性」による学問領域別大学評価（上位20校）

順位	大学名	学問領域別標準得点 人文科学系	生物科学系	工学系	数学物理系	社会行動科学系	総合評価
1	マサチューセッツ工科大学	65	65	69	68	68	67
2	カリフォルニア大学(バークレー校)	64	64	67	68	65	65
3	プリンストン大学	65	65	64	65	64	65
4	カリフォルニア工科大学	−	60	67	68	64	64
5	スタンフォード大学	59	65	66	61	67	63
6	ハーバード大学	61	63	−	64	65	63
7	シカゴ大学	58	61	−	64	67	62
8	コーネル大学	61	59	64	65	60	62
9	ミシガン大学	58	59	61	58	67	61
10	イェール大学	61	65	53	60	64	60
11	ウイスコンシン大学(マジソン校)	53	62	59	60	65	60
12	プリンストン神学校	60	−	−	−	−	60
13	カリフォルニア大学(サン・ディエゴ校)	52	63	59	62	60	59
14	カリフォルニア大学(サンフランシスコ校)	−	67	60	63	47	59
15	ヘブライ・ユニオン・カレッジ	59	−	−	−	−	59
16	コロンビア大学	59	60	53	60	59	58
17	ペンシルバニア大学	57	61	58	55	61	58
18	カリフォルニア大学(ロサンゼルス校)	56	58	56	59	61	58
19	ベイラー医科大学	−	58	−	−	−	58
20	イリノイ大学(アーバナ・シャンペイン校)	51	57	63	59	58	58

性」は、異なる側面を評価しているにもかかわらず、少なくとも大学全体についてみる限り、評定者の眼を通してみた大学の序列は、ほとんど変わらないのである。すなわちアメリカの大学院においては、教育と研究の両面で優秀かどうかを常に問われているのである。また「大学院教育の有効性」を学問領域別に細分化し相関係数によって確かめてみると、相互にかなり高い相関関係を示している。大学院教育の有効性に関する学問領域別相関については、相関係数が最も小さいのは人文科学系と生物科学系だが、それでも〇・五四六でかなり高い。このことから、ある学問領域において「大学院教育の有効性」が高く評価されている大学は、他の領域においても、その大学院教育の評価が高い傾向がある。

4　学問中心地の形成条件

ここでは二〇世紀前半から、世界の学問中心地として位置づけられているアメリカ大学院について、一九九三年調査の対象となった、研究生産性の最も高く評価されている二七四大学の研究博士プログラムについての統計的分析結果をもとに、その学問中心地の形成条件を考察してみる。

第一にアメリカの大学院大学が独立した大学院制度として早くから確立されたことである。ヨーロッパの大学、とくに一九世紀に世界の大学のモデルになったドイツでは、大学院に相当する教育課程は確固たる制度を持っていなかった。中等教育段階で普通教育を修了し、大学の学部段階は専門教育に集中するヨーロッパの諸大学では、学部進学後四‐六年の間に学位を取得することができるため、大学院制度を確立する必要はなかった。一方、一九世紀に研究中心の大学観を受け入れていたアメリカでは、学部段階の教育をリベラル・アーツ教育とし、卒業後の専門教育の場として大学院が早くから整備され、このようにして学問的生産性が高い歴史に伝統のある大学、いわゆる伝統校が設立された。ここでは最初の博士学位授与年を指標にして考察してみると、一八七二年にアメリカで最初の学位を授与した伝統校のイェール大学をはじめ表9-2にある上位二〇校のうち、一二校が一八〇〇年後半に博士学位を授与した伝統校である。また「博士号授与年」と学問的生産性の相関については、次のような博士課程を持つ大学郡を四分類することによりみてみよう。①最も伝統のある「一八六〇年〜一九二五年」に博士課程が設立された大学群、②かなり伝統のある「一九二六年〜一九五五年」に博士課程が設立された大学群、③やや伝統のある「一九五六年〜一九七〇年」に博士課程が設立された大学群、④最近の「一九七一年〜一九八七年」に博士課程が設立された大学群に分類し、それらを研究能力からみた「教授陣の質」の標準得点をみると、最も伝統のある大学群の標準得点が五二・一で他の大学群よりも高い。すなわち、早くから大学院制度を確立した大学の学問的生産性が高く、このことが学問中心地形成条件の一つであると考えられる。

第二にアメリカの大学院教育は大規模であり、また高等教育機関が、機能的に類型化されており多種・多様な高等教育機関が存在していることである。博士課程での教育・研究は、おもに研究大学と大学院大学、および専門大学で行われている。カーネギーの大学分類では、研究大学と大学院大学はいずれも、博士（Ph.D.）課程の大学院のほかに専門大学院（プロフェショナル・スクール）や教養カレッジを持つ総合性大学だが、研究大学は博士（Ph.D）学位の授与数と連邦政府の研究補助受給額を指標にすると、大学院大学よりも優位に立つ大学群である。この二つの大学のタイプは、それぞれ同じ基準によって、さらにⅠ、Ⅱのサブタイプに分かれる。また専門大学は単一の専門分野の学位を授与する神学校、医学大学院、法律大学院、経営大学院、音楽院などである。こうした大学分類から予想されるように、学問的生産性は大学のタイプよって著しく異なるが、最上位校のうち、一九校は研究大学Ⅰのタイプの大学であり、ベイラー医科大学のみが専門大学である。またカーネギーの「大学分類」による大学のタイプ別の標準得点を指標別にみてみると、例えば「教授陣の質」の場合、研究大学Ⅰ（五二・九）、研究大学Ⅱ（四四・四）、専門大学（四四・三）、教養カレッジ（四三・〇）、大学院大学Ⅰ（三九・九）、大学院大学Ⅱ（三九・〇）、総合大学Ⅰ（三八・六）の順に低くなっている。このことからアメリカでの研究が、巨大な高等教育システムにおける研究重視の大学院の中に位置づけられ、そのことが学問中心地形成の条件として機能しているといえる。

第三にアメリカの大学院は、早くから大学院における教育と研究の両面での評価がされていたことである。このことが大学院の質を高め、学問中心地形成の役割を果たしたと考えられる。アメリカでの大学評価は、一九世紀から試みられ、さまざまな組織や団体によって、それぞれの観点から大学の質的分類が行われるようになった。評価方法には二つあり、一つは、外部評価機関が査定する外部評価であり、米国教育局（ＵＳＢＥ）の大学分類や、アメリカ医学協会内の医学教育協議会、アメリカ法律家協会、アメリカ教育大学協会などといった専門職協会による大学や専門大学院の評価は、そうした試みとして位置づけられる。本格的な大学評価研究は、一九六六年のアメリカ教育審議会の委託を受けてカーターが試みた『カーター・レポート』である。また一九六七年と一九七七年には『ゴーマン・レポート』が出版され、一九七〇年にはルースおよびアンダーソンが、大学院教育プログラムを評価したレポートを公表している。一九七三年から七五年にかけては、マーグリースおよびブラウが行った専門職教育のランキング研究、さらに一九七七年には、カーターが教育学・法学・ビジネスの三分野の評価結果を公表した。一九八二年には、研究協議会連合理事会の委託を受けて一九八〇年に発足した全米大学院教育質的評価委員会が実施した『アメリカにおける研究・博士プログラム評価』が、一九九五年には『アメリカにおける研究・博士プログラム―連続性と変容』が刊行されている。これらは数量的な評価によってランキングによる格付けが公表される仕組みになっている。二つめは、大学設置後の大学人主体による、大学の教育と研究の向上を目的とした、基準認定による相互評価である。アメリカの大学基準認定は、大きく分けて教育機関基準認定と専門分野別基準認定の二種のタイプがある。教育機関別基準認定では、教育課程、教員組織など、大学の持つさまざまな側面を全体として評価することに重点を置き、専門分野別基準認定では、実務系の教育課程を評価することに主眼が置かれている。大学全体の評価を行う地区基準協会は、全米の地区ごとに六つあり、この基準認定が大学の質を維持する重要な役割を果たしている。学問的生産性を高めるには、研究生産性と教育生産性の両面を常に高める必要があり、常日頃からの他者との比較、すなわち他者評価により達成されるものと考えられるが、アメリカの大学の場合、大学教授職主導の評価システムがアメリカ大学院の学問的生産性の向上を高め、そのことが学問中心地の形成をもたらしたと思われる。

第四にアメリカ大学院の最上位校は、教育・研究活動のためのさまざまな制度的条件を満たしていることである。ここでは「施設設備」「待遇条件」「入試難易度」などの一般的特徴をみてみる。一般的に研究や教育のための「施設設備」が充実しているほど、大学院の学問的生産性が高いと考えられているが、指標として採用したのは、一九九二―九三年度に目録化された書籍総数である。ここでは書籍総数を大学図書館の総合的な充実度とみなせば、全米の大学の中では、ハーバード大学が第一位で一二六〇万五五三七冊である。カリフォルニア工科大学やベイラー医科大学などの一部の単科大学を除き、いずれの上位校も書籍総数は全米の大学の中でもトップクラスである。「図書館の規模（書籍総数）」と学問的生産性の相関については、書籍総数が最も多い大学群の「教授陣の質」の標準得点が五三・三で最も高い。このことからも一部の単科大学を除き、図書館の充実している大学ほど学問的生産性が高いことがわかる。さらに教員の待遇条件の影響をみるために、大学教員の「給与水準」と学問的生産性をみてみると上位二〇校のうち、給与水準が全米平均よりかなり高い大学が九校、全米平均より高い大学が五校あり、計一四校の大学教員の給与水準は全米の大学でも高い。「給与水準」と学問的生産性については、「給与水準」が全米平均よりかなり高い大学、全米平均より高い大学、全米平均とほぼ同じ大学、全米平均よりも低い大学の四つに区分し、学問的生産性を示す指標の標準得点をみると、全米平均よりかなり高い大学での「教授陣の質」の標準得点は六〇・五と最も高く、「給与水準」が高いほど標準得点が高くなっている。日本と比べればアメリカの大学教員の大学間移動率は高く、また優秀な研究者に対する大学間のスカウト合戦も激しいので、条件のよい大学には有能な大学教員が集中するといわれているが、このことは「給与水準」の高い大学には有能な教授陣が集まり学問的生産性も高くなることを示している。次に「入試難易度」をみてみる。「入試難易度」を「最難」、「極難」、「高難」、「難」、「低難」、「非難」、「特別」の七つのカテゴリーに分類した場合、上位二〇校のうち、不明のロックフェラー大学、および「特別」のベイラー医科大学など三校を除き、「最難」校はマサチューセッツ工科大学を含む一〇校が、「極難」校はカリフォルニア大学（バークレー校）を含む四校が、「高難」校はウイスコンシン大学（マジソン校）など二校が該当する。アメリカの大学では、実際の入学者選考で、「学力」以外の条件を基準にしている大学が少なくないので、この指標は必ずしも各大学の学部段階の「質」を正確に捉えていない。しかし入学選抜の比較的ゆるやかな「難」と「低難」の順位を除くと、学部入学の難しい大学ほど、その学問的生産性は高い。したがって一部の教育を主とする一流の教養カレッジを別にすれば、「学力」の高い高校卒業者を学部で受け入れている大規模大学は、大学院の学問的生産性も高いということがいえる(5)。大学院における学問的生産性を高めるには、そのための制度的条件が必要とされるが、最上位校ではさまざまな制度的条件が整備されており、このことが学問中心地形成の条件となっていると考えられる。

第五にアメリカの大学院は、研究活動の成果を大きく左右する研究費が一部の大学院に集中的に配分されていることである。一九八六―九二年の年間平均「研究・開発費総額」と「連邦政府研究・開発補助金総額」をみると、「研究・開発費総額」ではマサチューセッツ工科大学がトップで二億六八〇三万三〇〇〇ドル、次いでウイスコンシン大学（マジソン校）が二億六六七〇万三〇〇〇ドルとなっており、上位二〇校のうち、年間総額二億ドルを越える大学は七校であり、それ以外では、ワシントン大学（シアトル校）を含む三校のみである。「連邦政府研究・開発補助金総額」については、二億一四八一万五〇〇〇ドルの助成金を受けているスタンフォード大学がトップで、次いで二億三五六万ドルのマサチューセッツ工科大学が続く。上位二〇校のうち一〇校が年間一億二千万ドル以上の助成金を受けており、それ以外ではミネソタ大学一校のみである(6)。アメリカの場合、特定の大学に集中的に多額の研究費が配分されていることや、大学における学術教育・研究と産業界や政府研究機関との幅広い人事交流を含む密接な連携や協力関係があることが、学問中心地形成条件となっていると思われる。

またアメリカの大学は、アメリカの文化や社会に適するように歴史的に形成・発展してきた。その特徴の一つとしてアメリカの大学は、ヨーロッパや日本の伝統的な講座制とは違い、昔から教育と研究の両面を重視した学科制が主流である、など大学の効率的な組織運営の在り方があるが、そのことも学問中心地形成の条件としても考えられる(7)。

5　提　言——日本の大学院への示唆

ここでは、世界の学問中心地として位置づけられる、アメリカ大学院を「他山の石」として捉え、日本の大学院への提言をまとめてみたい。

第一に一九世紀からアメリカの高等教育は、学部段階の教育をリベラル・アーツ教育とし、大学院での教育を研究者養成や高度専門職業人養成として位置づけてきた。わが国の大学においても、今日の複雑化した社会においては、専門教育において、幅広い視野に立って学際的に取り組むことのできる力を培うために、教養教育の重要性を踏まえた体系的なカリキュラムを工夫していく必要がある。また大学院には、とくに学術研究の高度化と優れた研究者養成機能および高度専門職業人養成機能がある。研究者養成機関に主眼を置く大学院においては、創造的な研究者の育成をめざし、狭い専門分野に閉じこもらないように教育・指導する必要がある。また高度専門職業人養成に主眼を置く大学院においては、社会的ニーズを反映した教育内容とすることが必要である。

第二にアメリカの高等教育機関は、多様で種別化された大学が制度全体として社会的な要請に対応している。カーネギーの大学分類では、研究大学や大学院大学、教養大学、総合大学や二年制カレッジ、専門大学、などに分けられている。また、これらの高等教育機関は、市場競争原理、多様化と序列化、個別の大学の制度的自律性の重視など、いわゆる、自助努力や競争を重視する「小さな政府」による社会改革から生まれた新保守主義の教育政策のもとに発展してきた。わが国においても二〇〇二年の、中央審議会答申『大学院における高度専門職業人養成について』の中で、日本の大学院における人材養成機能として重要視されていた従来の研究者養成に加え、高度で専門的な職業能力を有する人材の養成が強調され、このような要請に応えていくために、特定の職業などに従事する上で必要となる高度の専門知識の習得や能力の育成に力点を置く専門職大学院制度が提示されたが、日本の高等教育機関も、社会の多様な要請などに適切に応えていく必要がある。そのためには各大学が、それぞれの理念・目標に基づき、総合的な教養教育を重視する大学、専門的な職業能力の育成に力点を置く大学、最先端の研究を志向する大学、また学部中心の大学や大学院中心の大学など、それぞれのめざす方向の中で多様化・個別化を図り、機能させることが重要である。

第三にアメリカの大学院では早くから、外部評価機関が査定する外部評価や大学設置後の基準認定による相互評価など、教育と研究の両面での評価がなされてきた。日本においても二〇〇二年に、中央教育審議会答申『大学の質の保証に係わる新たなシステムの構築について』が公にされた。この答申の中では、国の事前規制である大学の設置認可を弾力化するとともに、大学設置後の状況を第三者が継続的にチェックする体制を整備すること、一定の要件を満たした第三者評価機関について、国が「認証」を行うこと、大学を全体として評価する機関別評価について、各大学は「認証評価機関」による評価を受けるものとすること、などを柱とする設置認可後の大学の質保証装置にかかわるシステム構想が提示された。各大学院が、それぞれの特色を発揮し、国際的な競争力をつけていくためには、第三者による評価システムを早急に確立し、教育内容の充実と研究レベルを向上させるべきである。

第四に大学院においては、どこよりも明確に、また、はるかに強く研究の推進力が発揮されるが、それはさまざまな制度的条件が関連している。アメリカの大学院の場合、「施設設備」の充実している大学院ほど、学問的生産性が高く評価されている。研究に関連した大学改革の動向には、科学技術研究の国際競争で有利な立場にある特定の大学への研究資金の集中化などが特色としてある。日本の大学院においても、教育・研究環境の改善を図るため、優れた教育・研究実績を上げることが期待される大学院や、新しい試み、特色ある試みを行う大学院に対しては、資源の重点的支援を行い、施設設備を改善すべきである。またアメリカの大学院では優秀な学生の集まる大学ほど、学問的生産性も高く評価されている。日本の大学においても、とくに将来研究職を希望し大学院進学を望む優秀な学生には奨学金の額を引き上げ、学部学生が大学院に進学し、安定して勉学に専念できるように、教育・研究の実態にきめ細かく対応することが必要であろう。さらにアメリカの大学では、「給与水準」が高い大学ほど、学問的生産性が高く評価されている。日本の大学の教授職にも、教育・研究能力に見合った報酬の在り方も考えるべきではないかと思われる。また二〇〇二年度より、各学問分野を対象として研究拠点の採択が行われ事業費が分配される「二一世紀ＣＯＥプログラム」が実施された。このプログラムにより大学間の競争的環境がいっそう醸成され、各大学の個性や特色に応じた各学問分野の世界的な拠点の形成だけでなく、各大学が全学的視野に立って教育・研究体制の構築の取組みなど、大学全体の活性化につながることも期待されている。さらに二〇〇三年度より、「特色ある大学教育支援プログラム」が実施されているが、これにより、教育改善の取組みについて、各大学のインセンティブになるとともに、他大学への参考になり、各大学における取組みが活性化することが期待される。第三者評価に基づく競争原理による、これらのプログラムを通して、学問分野別に世界的な教育・研究拠点の形成を重点的に支援し、世界最高水準の大学院づくりを推進すべきである。

第五にアメリカの大学は、大学における学術教育・研究と産業界や政府研究機関との幅広い密接な連携や協力関係により、外部からの研究資金の導入や人事交流を積極的に行ってきた。日本においても国立大学は二〇〇四年度から、各大学に法人格が与えられ、これにより予算、組織、人事制度などで産学官連携を弾力的に展開することが可能となる。予算面においても産学連携促進のための財政確保や税制措置、産学官の研究交流の促進を目的とした構造改革特別地域の導入や人材養成など、今後の展望が示されている。しかし産学官連携を扱う主役は大学関係者と民間企業関係者であるので、大学の知的財産の社会への還元は、これらの関係者の自覚がこれからは最も重要なファクターとなるであろう。

注

（1）ノーベル財団のホームページ（URL:http:/www.nobel.se/prize/index.html）を参照。

（2）一九九三年調査では、二七四大学に設置されている四一の専門分野、計三六三四の研究博士プログラムが評価の対象になっている。なお本資料の詳細に関しては、奥川・江原、一九九六年、一―九頁を、また専門分野別分析結果は、奥川・江原・巳波、一九九七年を参照のこと。

（3）「教授陣の質」の指標は、各専門分野の研究者の中から選定された評定者が、自分の専門分野と同一の研究博士プログラムを大学院に開講している大学を対象にして、そのプログラムの教授陣の質を、個々の教員の研究能力と研究業績を考慮しながら六段階評価した結果の補正平均値である。なお補正平均値は二つの最大値および最小値を除いて算出した平均値である。また、この数値は素点を日本の学力テストの「偏差値」のように、平均五〇、一標準偏差一〇になるように直したもので、約九五％の大学は標準得点が三〇から七〇の間に位置づけられる。

（4）教育能力を示す「大学院教育の有効性」の指標は、評定者が、①教授陣への近づきやすさ（アクセシビリティ）、②カリキュラム、③教育・研究用施設設備、④大学院学生の質、⑤プログラム修了者の業績、⑥プログラムの教育目的や到達目標の明瞭さ、⑦プログラムの卒業要件や時間割の適切さ、⑧プログラム修了者の助言や指導の妥当性、⑨マイノリティ学生の受入れや指導に対する配慮、⑩教育・研究を支援する教職員の質など、を考慮して四段階評価した結果の補正平均値である。

（5）「図書館の規模（書籍総数）」に関しては、Goldberger, 1995, pp.105–114 を参照。「給与水準」は、大学教員の給与の全米平均を基準にして、各大学の大学教員の給与を四つに区分したものである。また「学部入試難易度」は、各大学の入学者の入試得点に基づいて作成した大学分類で、①進学適性検査得点（ＳＡＴあるいはＡＣＴ）、②高校時代の成績、③合格率などが基礎資料として用いられている。「給与水準」と「学部入試難易度」は、The College Divisions of Barron's Educational Series (ed.), *Barron's Profiles of American Colleges: Description of the Colleges*, 19th Edition, Barron's Educational Series, Inc. 1993 より収集。

（6）研究・開発費総額と連邦政府研究・開発費補助金総額に関しては、Goldberger, 1995, pp.105–114 を参照。

（7）学問中心地形成条件に関しては、有本編、一九九四年、二六―四六頁、有本、一九九九年、三―二〇頁、およびクラーク編著、一九九九年、四九一―四九三頁などを参照。

引用・参考文献

有本章　一九九九年、「学問的生産性とＦＤの関係―大学改革の視座」『大学論集』第二九集、広島大学大学教育研究センター。
有本章編　一九九四年、『「学問中心地」の研究―世界と日本にみる学問的生産性とその条件』東信堂。
江原武一　一九九四年ａ、『大学のアメリカ・モデル』玉川大学出版部。
――　一九九四年ｂ、『現代アメリカの大学』玉川大学出版部。
奥川義尚・江原武一　一九九六年、「調査資料―アメリカにおける研究博士プログラム（一九九五年）の概略」『大学評価に関する総合的比較研究』(平成七年度文部省科学研究費(総合Ⓐ)研究代表者・桑原敏明中間報告：資料編)。
奥川義尚・江原武一・巳波義典　一九九七年、『現代アメリカ大学院の専門分野別評価―一九九三年調査を中心にして』京都外国語大学国際言語平和研究所。
クラーク、バートン編著　一九九九年、『大学院教育の研究』(潮木守一監訳)東信堂。
Goldberger, M.L., Maher, B.A. and Flattau, P.E. (eds.) 1955, *Research-Doctorate Programs in The United States. Continuity and Change*, Nataional Academy Press.

10　イギリスの大学院

沖　清豪

はじめに

イギリスでは全国的な統一基準に基づいて大学院制度が発達してきたわけではないため、その全般的な傾向を語ることは容易ではない。そもそも大学院の教育・研究活動に関する研究は、イギリス国内においても必ずしも積極的に実施されてきてはいなかった。

歴史的経緯からみても、オクスブリッジを代表とした寄宿制カレッジを中心とする学部教育中心の組織運営がなされる中で、中央行政レベルにおいても大学院教育に関する方針・政策を積極的に検討してこなかったことが知られており、大学進学率が低い時代から引きつづいている伝統的な大学院教育と研究機能の高さに依存する形でイギリスの高等教育は発展してきたとみることもできる。こうした状況はまた、多くの大学院は小規模で大学院学生が少なく、教員との密接な関係が構築されるという伝統的なチューター制度の中で自らの研究を深めることが求められているという大学院教育の特質を反映しているともいえるであろう。

しかしサッチャー保守党政権下の教育改革、ことに一九八八年教育改革法を契機とする諸改革によって高等教育機関への国家支出が削減される中で、大学院における研究活動はもちろん教育活動も大きな影響を受け、大学の大衆化や研究評価の導入とそれに伴う研究資金分配制度の導入を直接の契機として、各種機関によって大学院制度についての研究が進められ、あるいは政策レベルでも相応の検討がなされることとなった。

さらに大学院の規模が拡大した一九九〇年代中盤には、従来必ずしも意識されてこなかった学位取得の問題や教育機能の問題に焦点が当てられるようになり、改革案が提起されて現在に至っている。とりわけ大学院において伝統的な研究指導中心の指導によって学位取得をめざす研究課程（research course）と講義を中心とした学習活動で学位を取得できる教育課程（taught course）の明確な差別化やクレジット制の積極的な導入によって、大学院像そのものが分裂し、政策も多様化するという状況に立ち至っている。現在学位取得の状況は**表10-1**の通りである。

こうした経緯を経て、一九九八／九九年度におけるイギリス全体の学生数（パートタイム学生を含む）は一六七万五九二四名を数え、そのうち大学院に所属している者は四〇万五七四〇名となっている（HESA, 2000, Table 1）。全学生の中で大学院に所属している学生の割合は二四・二％で、先進諸国の中でも高い数値となっている。このような状況が生じている背景として、個々の高等教育機関において大学院学生数を増加させるように政策的に誘導されている面を無視することはできない。

ちなみに、大学院の学生数をフルタイムとパートタイム、教育課程在籍数と研究課程在籍数で比較するとイギリスにおける大学院は四類型に分けられると考えられる。

第一のグループはオクスフォード大学とケンブリッジ大学であり、大学院学生の八割がフルタイム学生でかつそのほとんどを研究課程在籍者が占めるという きわめて伝統的な大学院制度を維持している。第二のグループはフルタイム学生が過半数を越えているがその多くが教育課程在籍者によって占められている大学のグループであり、オールド・ユニバーシティの多くがここに分類される。第三のグループはパートタイム学生が圧倒的に多く、かつ研究課程在籍者がほぼ二割を下回っている大学のグループであり、いわゆるニュー・ユニバーシティの多くがここに分類されている。なお、第四の類型であるオープン・ユニバーシティではほとんどの大学院学生がパートタイムであり、他の大学とは一線を画している。こうした類型が明確になってきたことが、一九九〇年代の大学院拡大政策の帰結であり、この結果として従来議論の対象になってこなかった課題が改めて政策論争の対象となってきているのである。

表 10-1　イギリス全体での学位取得者（領域別）（1998/99 年度）

	取得者計	博士号	修士号等
医学歯学	2,325	907	1,418
その他の医学関連	2,765	544	2,221
生物学	3,762	1,706	2,056
獣医学	117	72	45
農業その他	943	254	689
物理学	4,042	1,908	2,134
数理科学	842	379	463
コンピュータ科学	3,238	301	2,937
工学	7,378	1,805	5,573
建築	1,549	132	1,417
社会、経済、政治科学	7,867	921	6,946
法学	2,731	125	2,606
経営学	13,338	403	12,935
図書館・情報科学	1,341	38	1,303
語学	2,969	614	2,355
人文学	2,871	592	2,279
創造芸術・デザイン	2,624	114	2,510
教育	3,644	363	3,281
複合学位	2,829	160	2,669
合　計	67,175	11,338	55,837

出典）HESA, 2000, Table 8.

本章では、刊行されている調査報告などに基づいて、イギリスの大学院の概要について、とくに近年課題となっている改革動向に焦点を当てつつ、検討してみたい。

1　事例からみたイギリスの大学院

はじめに、現在イギリスの大学院ではどのような課程が設置され、どのような学位が提供され、どのような環境のもとで指導が実践されているのかについて、バーミンガム大学（University of Birmingham）における大学院課程の概要およびオクスフォード大学の大学院学生組合が作成した大学院学生憲章（Graduate Academic Charter）をみていくことで、一般的な傾向を確認することとしたい。バーミンガム大学はオクスブリッジに次ぐ歴史と規模を有する総合大学であり、イギリスにおける一般的な研究志向の大学院像を備えている。

二〇〇〇／〇一年度において、バーミンガム大学の大学院は二四の研究科（school）から構成され、一部の研究科ではさらに専攻（department）ないし研究機構（centre, institute）を擁しており、それぞれが独自の学位取得課程を編成し、修士号と博士号を取得することが可能となっている。さらにその学位は研究学位（research degree）、訓練を伴う研究学位（research degree with training）、および教育（taught）プログラムに基づく学位の三つに類型化され、そのうちいずれが取得できるかについては、研究科・専攻によって異なっている。

最初の類型である研究学位の場合、修士課程修了者はMPhilないしMLitt（一部の専攻ではMA）を取得し、さらに博士課程終了時にPhDを取得することになる。ただし経営学研究科の場合は教育プログラムで提供している学位の名称に対応して、MSc（Mode II）という名称の学位が取得可能となっている。なお指導コースによって教育学研究科ではEdD、法学研究科ではLLMを取得する場合もある。

研究学位の取得に関する教育課程は研究科・専攻によって多様なものとなっているが、基本的には指導教員(supervisor)との面接を通じて研究課題を設定し、研究方法を確認した上で、各自で研究活動を行っていくことが求められている。

第二の類型である訓練を伴う研究学位はすべてMPhil (B)と称されており、歴史学研究科のほとんどの専攻、人文学研究科のすべての専攻、社会科学研究科内のドイツ研究機構で取得可能となっている。ただしこの課程が設置されている研究科・専攻のうち半数は次の教育プログラムに基づく学位取得が可能となっており、その場合はほぼMAを提供している。

このMPhil (B)はしばしばMResと呼ばれており、修士号取得でとどまることも、博士号取得のための準備期間として位置づけることも可能となっている。またフルタイムないしパートタイムの学生を問わず取得可能な学位である。具体的課程編成をみてみると、例えば人文学研究科の場合では、学位取得に必要な一八〇クレジットのうち、一二〇クレジットを学術論文によって、二〇クレジットは研究訓練のモジュールを受講することで、そして四〇クレジットは適切な研究能力と技能を深めるための授業を通じて取得することになっている。

第三の類型である教育プログラムに基づく課程はすべて修士号を取得するためのものとなっており、一部の研究科を除き、MAやMScなどを取得できるような課程が編成されている。

なお、教育学研究科では、上記の学位以外に大学院段階のサーティフィケートとディプロマの取得課程も設置されている。これらの学部段階以上の課程を修士課程と比較してみると、まず大学院サーティフィケートを取得するためには、フルタイムの場合一学期、パートタイムの場合一年間で、修士段階の学科モジュール（二〇クレジット）を三つ履修することが求められている。大学院ディプロマの取得においては、フルタイムで一年間、パートタイムの場合二年間で学科モジュールを六つ履修することが必要とされている。それに対して修士号（MA）を取得する場合には、大学院ディプロマと同様の期間で同等の学科モジュールを四つないし五つ履修するだけでなく、より専門的な研究技法の修得を目的とした研究モジュール（二〇クレジット）を一つないし二つ履修した上で、六〇クレジット相当の学術論文作成が必要とされており、合計一八〇クレジットの履修が求められている。

さて、こうした履修体系に対して、実際の指導の中で何が大学院学生にとっての課題となっているのであろうか。オクスフォード大学では他の大学と同様に学生自身の自治による学生組合の活動が盛んである。学部学生を対象とした場合、余暇活動などに焦点が当てられる傾向にあるが、大学院学生の場合、その研究活動や将来に関する要求を大学内外に示していくことも必要不可欠となっている。そのため、随時「大学院学生憲章」を公表している（OUSU. 1995）。本憲章には、指導教員との関係に関する論点、研究環境に関する論点、授業補助・研究補助などの職務に関する論点が提起されている。

研究活動における指導教員との関係に関する論点としては、指導教員の決定に関する情報の事前確認、カウンセラーの導入、一定の条件下での指導教員の変更の可能性について提起されており、研究環境に関する論点としては、研究室と机、ＰＣの使用、談話室の利用、複写代の無償化などが提起されている。さらに授業補助・研究補助に当たっての公平性原則などについても提起されている。

以上のような事例が示しているのは、修士号取得の課程が学科モジュールと呼ばれている授業と論文指導によって編成されており、クレジット制を活用して体系的なプログラムが近年急速に発達しているという点と、対照的に博士課程の指導は基本的に指導教員による研究指導のみによって編成されている点であり、こうした博士課程の非組織性は従来からイギリスの大学院教育における重要な特徴と指摘されてきたものである。ではこうした特徴はどのように生じ、それに対してどのような対応が考えられてきたのであろうか。

2 一九八〇年代までの大学院制度とその課題

近年のイギリスにおける大学院が抱える課題に関する調査研究は、一九八〇年代中盤にとりわけ社会科学系の大学院教育が抱えていた課題に対する関心の高まりによって進められることになり、その成果が『ウィンフィールド報告書』としてまとめられた。その後一九九〇年代に入ると、バートン・クラークによって組織された大学院の国際比較研究とそれに基づいたモーリス・コーガンらによるイギリスに関する調査報告書、ＯＥＣＤによる国際比較調査、そして一九九六年に刊行された『ハリス報告書』によって進められたとみられる。本節では、これらの報告書の記述に基づきながら、イギリスにおける大学院、とりわけその教育機能の制度化過程の概要を確認していく。

イギリスの大学院制度の研究者の多くは、他の先進諸国と同様に、研究と教育との対立、すなわち科学研究と一方での高度職業人養成機能の対立と、公的資金の分配をめぐる緊張関係の中で、その制度の特質を位置づけている。それとともにオクスブリッジに代表される学寮制のもとでの徹底した少人数指導が維持されることによって、大学院課程には長期にわたり一般的な関心が向けられないままであったようにみえる。大学院に関する政策とみられるものは、通常科学技術関連の政策として打ち出されてきたものであり、一九八〇年代に至るまで、科学研究に関する政策は継続的に検討されてきたにもかかわらず、大学院教育に特化した政策は限定されたものにとどまってきたのである。

もちろんすでに一九七〇年代には高等教育の教育機能については中央政府レベルでも関心が高まっており、議会内の部会で検討が加えられている。例えば、当時大学への資金分配の機能を有していた大学補助金委員会(University Grants Committee)によって資金分配システムの適切性が検討される中で、職業に就くことになる大学院学生のための職業志向の課程を充実させることが求められている(HC, 1973, para.98)。

しかしながら、全体としての大学院制度、とりわけ教育機能の形態は従来の構造を継承しつづけていた。ほとんどの大学で学部段階の教育が重視され、大学院はあくまでそれに付随するものとみなされてきた結果、学部での教育を担当している教員が学部と同じ教室で大学院学生を対象に教育を担当するといった状態が一般化していたのである。これがイギリスの大学院教育の伝統的形態であるが、ジョン・ホーガンはこうした形態が有する優れた点を認めつつも、大学院学生の増大とともに教育にかかる設備や費用負担の問題が深刻化している点を指摘している。その上で、イギリスの大学院教育が改善すべき五点を指摘している(Hogan, 1994, pp.35-42)。

第一に、既存の大学院教育の学部全体における付随的な構造によって、大学院学生の多くが孤独感を感じさせている結果となっている。第二に、学問領域を超えた研究を促進する必要性の高まりであり、これに対して現在のイギリスの大学院の構造は単一の学問研究に対応した形態にとどまっている。第三に、新しい形態の研究訓練の必要性の高まりであり、とくに学位取得率を高めるためにも、こうした大学院学生の教育システム自体を改善していく必要性を指摘している。第四の大学院教育における最適な教育規模については、一九八二年段階のイギリスの社会科学系の大学院では大学院学生が一六名以下の大学が四四%に達していたことを指摘し、最適な大学院教育を実施するためには、一定以上の数の学生が存在する必要があることを強調している。第五の課題としては、研究基盤の問題、とりわけ一部の有力大学への資金が集中する傾向が指摘されている。

一九八〇年代に入ると、中央政府レベルにおいて高等教育の生産性に対する注目が高まることとなり、大学院における研究と教育水準に対する疑義が示されるようになった。

例えば『ウィンフィールド報告書』と呼ばれているＥＳＲＣ（Economic and Social Research Council）の報告書では、社会科学系の大学院に所属する大学院学生の問題、とくに学位取得ができない学生に関する問題について焦点を絞った調査研究が報告されている（ESRC, 1987）。とりわけ社会科学系の大学院学生が奨学金を受け取れる三年間のうちに博士号の学位を取得している者は四％にすぎないこと、また五年間で学位を取得している者も二四・八％にとどまっていることを指摘し、改善策が必要であること、しかしながらこうした問題が歴史的な背景を有しており、とりわけ一九六〇年代から七〇年代にかけての大学数が増加した状況において十分な議論がなされないまま、新たな大学院が設置されたことも影響していることが指摘されている。とりわけ、社会科学系の大学院学生にとって重大な問題は、かれらがなぜ研究に従事しているのか、その目的が不明確なものになりがちな状況に追い込まれてしまうことに起因しているとされ、労働市場における社会科学系の研究者の重要性についても言及されている。

こうした関心の高まりの中で、高等教育機関側もとりわけ教育課程全般の質や博士課程プログラムの中の教育課程の充実に関心を有するようになり、例えばＣＶＣＰ（Committee of Vice-Chancellors and Principals）は教育課程の充実のために、入学方法・基準、研究課題の選択、研究指導（supervision）、最終試験の方法等を明確に規定する実践綱領（code of practice）の作成・公表が必要であると提言している（CVCP, 1985）。また学位問題に関する報告書の中で、当該学問領域の基本的知識を共有できる講義形式の指導によって、最終的に大学院学生に求められている学術論文の質と視野の改善が図られ、学生にとって新しい研究分野が開かれる可能性を有することを強調しており、さらに大学院学生を学部段階ではあっても一定の帰属集団へと統合し、研究活動にみられる孤独感を多少なりとも克服するのに有益であると主張している(CVCP, 1988, paras.17–19)。

3　一九九〇年代の改革動向

すでに指摘したように、一九八〇年代末からの大学院制度の動向は、高等教育システム全体の改革と密接に関連してきている。具体的には、八〇年代にすでに大学以外の高等教育機関（高等教育と継続教育の双方にみられる）における大学院レベルの学生が増加する傾向がみられ、さらに九〇年代に入りポリテクニクの大学昇格による高等教育機関の一元化が進められることによって、大学院およびそこで行われる教育と研究が分化し、なおかつ学部課程と比しても急速に拡大する傾向がみられたのである。具体的には、一九七九年には英国全体の学生が七八万七〇〇〇人であったのに対し大学院学生は一〇万九〇〇〇人とその一三％にすぎなかったのに対して、一九九四／九五年度には学生一五二万八六〇〇人の中で大学院学生は二一％に相当する三一万五四〇〇人に達している。こうした高等教育全体、わけても大学院レベルの規模拡大によって、高等教育機関における大学院レベルの学生に対する教育と訓練は高等教育改革における一つの重要な課題と位置づけられたのである。

こうした変化にもかかわらず、資金提供や教育の質に関する議論は一九九〇年代前半までは学部課程段階を対象としたものにとどまり、大学院を対象とした調査や議論はほとんど行われてこなかった。さらに学部教育の多様化とパートタイム学生の増加に対応する形で、大学院教育がキャンパス内だけでなく遠隔教育を利用する形態へと広がりはじめ、モジュールを単位とした学習形態が一般化し、何よりクレジット制（単位制）に基づいた学位認定が実施されはじめることとなった。すなわち大学院での学習活動が職業訓練や生涯学習の一部と位置づけられる状況が到来しているという認識が広がりつつあった。

こうした中で大学への公的補助金分配を行うイングランド高等教育財務審議会（HEFCE）はCVCPとSCOP（学寮長常置委員会）とともに、各大学の大学院課程に対する資金提供の適切性やその前提となる大学院教育の質と水準が適切に確保されているか否かについて検証することを目的として、マンチェスター大学の副学長であったマーティン・ハリス（Martin Harris）を委員長とする委員会を設置し、調査結果と勧告を含む『ハリス報告書』を刊行した（HEFCE, CVCE, & SCOP, 1996）。

本報告はまず大学院に対する国家的なニーズを需要と供給の面から検証し、次にその質と水準についての課題を整理し、最後に大学院教育の費用とHEFCEの資金分配や学費に関する勧告を明らかにしている。

まず需要と供給については、大学院課程、とりわけ教育課程における生涯学習化を基本的に容認しつつ、その結果として研究課程と教育課程との区別が曖昧化しかねない点を指摘している。とくに大学院レベルの教育の期間設定や水準設定、あるいは教育課程と研究課程の違いについて、学位の名称など語彙の統一がなされていない結果として混乱が生じているとの認識を示し、とくに修士号については、基本的にMAとMScという二つに限定すべきであると勧告している。これらの学位は高い水準を維持している研究活動としての個人指導を含むものであると考えられており、こうした個人指導の内容が不十分な課程において取得できる学位については、特定の科目の名称がついた修士号とすべきであると勧告している。なお、マンチェスター大学の事例にもあったように学修期間は修士号と同等だが教育水準がそれ以下とみなされるポスト・グラデュエート・ディプロマと修士号とは用語の点からも明確に区別していくことが必要であると勧告している。さらに、年度ごとに電子版ないし印刷版で、大学院教育で提供されているプログラムを明記した出版物を作成するよう勧告し、その内容と資金配分とを連動させることも可能性について言及している。

なお、供給面では学生数の制限（上限設定）についても委員会で検討されたものの、将来的な民間資金の導入などによる規模の拡大を想定し、全国一律な学生定員の制限は行わないとの方針が示されている。

次に質と水準の維持に関する調査によると、各大学においては強力な学部教育は大学院教育にとって必要不可欠なものであり、この基盤を弱体化させてはならないという主張が強いことが明らかにされており、委員会もこうした主張を尊重しつつ、しかしとりわけ教育課程に関する質と水準の向上について改善を図るべきとの勧告を行っている。こうした勧告の背景には、同一機関内における学部教育課程と大学院教育課程の質の格差が存在しているとの認識がある。なお、教育課程の提供する教育の質を評価する独立機関の創設が勧告されている。

さらに、資金配分の点に関しては次のように課題が整理されている。まずＨＥＦＣＥからの資金分配の方式に関する議論としては、高等教育全体に対しても、個々の機関に対しても、ＨＥＦＣＥによる大学院学生に対する教育資金提供は実施されるべきであるとの前提に立ちつつ、施設・教員などから判断される適切な学生数を越えて大学院の規模を拡大するかどうかは個々の大学の裁量に委ねられることとなった。なお、研究課程の学生数を対象とした資金提供はすでに実施されていることに鑑み、大学院の教育課程や学部課程の学生について、適切な学生数の算出を踏まえて資金提供を行うことが勧告されている。この勧告は一九九〇年代前半にみられた助成金獲得のための学部・大学院の規模拡大といった状況を踏まえて、中央政府が誘導してきた高等教育の規模の拡大戦略から質の充実への転換を促進するものとなっている。

以上のような認識に立ちつつ、委員会は喫緊に解決すべき課題として以下の点を挙げている。第一に、大学院に在籍している学生に何が期待され、かれらが何を期待しているかについて、明確に文書化される必要性を提起している。第二に、それと連動して、国内からの学生か留学生かを問わず、大学院研究課程学生の入学、受入れ、指導に関して、大学ごとの実践綱領を設定することを提起している。この綱領は研究課程への進学希望という需要を掘り起こすことにつながるとともに、大学側にとっては綱領に記述した設備と指導体制を維持することがアカウンタビリティの観点から要請されることになる。なおこの綱領に基づいてＨＥＦＣＥからの研究課程学生向けの助成金分配が実施されるべきであるとの認識も示されている。

以上のような『ハリス報告書』の内容はＨＥＦＣＥによって研究評価に基づく研究資金の分配が実施されている状況の中で、市場原理を活用しつつ、大学院の大衆化とともに国際的競争力の維持を図るための戦略が反映されているとみることができる。以上の勧告は強制力のあるものではなかったが、各機関において、この勧告を遵守した形での諸改革が進められてきている。しかし例えば実践綱領についてはすでにＣＶＣＰ自身が一九八〇年代半ばに設定を勧告していたものであり、大学院外部の環境の変化と比して内部の改革は急速に進んできたわけではない。

さて以上のようなＨＥＦＣＥを中心とした『ハリス報告書』の編纂と並行して、大学側からも自発的に大学院教育の改善をめざす連合体の組織化が課題となり、英国大学院教育審議会（UK Council for Graduate Education）が一九九四年に創設された。この審議会は高等教育機関のすべての学問領域における大学院教育の充実を目的として一〇〇を越える高等教育機関の参加によって創設されたもので、大学院教育に関するいくつかの提言を行っている。

『ハリス報告書』と同時期に刊行された報告書（UKCGE, 1996）では研究学位の質と水準に関する検討が行われており、その改善のためにいくつかの勧告がなされている。第一に、拡大している大学院教育の中で、研究課程の改善への関心が低いことを批判し、研究課程の質の評価を含む検証を行うことが必要であると主張している。第二に、質の評価については多様な利害関係者（stakeholder）の意見を尊重し、従来以上にＣＶＣＰなどの関与を深めて組織的な教育評価システムの構築が必要であるとの認識を示している。

さらにＥＵを中心とした諸外国からの大学院課程への留学生が増加している中で、こうした留学生獲得のための国際競争力強化については、機関単位だけでなくイギリス全体の留学生動向調査や他国の同様なプログラムに関する調査の必要性、機関間での留学生市場拡大のための協力体制の確立、学生の満足度を上げるための個々の指導教員の教育技量の向上や人的経済的支援サービスの充実、あるいは徹底した対費用効果の検証、そして何より政府による財政的・行政的支援の必要性を勧告している(Watts, 1999)。

以上のように、一九九〇年代後期における大学院教育への関心の高まりは、公的補助金支出の増加以上に大学院の規模が拡大する中で、一方では教育機関としての質の向上をめざしつつ、他方では研究評価と教育評価を活用した大学院の質と水準の検証とそれによる財政面での効率性の向上が強く求められてきたことが窺える。そこで次節では一九九〇年代の大学院に関する議論の中で、教育水準の向上と学位問題に関する議論と財政問題に関する議論をさらに検証することとしたい。

4　重視されている課題とその改革動向

前節においてみたように、イギリスにおける近年の大学院改革の中心は、教育面での充実、学位制度の改革、そして資金配分の問題である。

①教育面での充実

第1節の大学院学生組合の主張や第3節における九〇年代の改革動向からも明らかなように、大学院学生の研究指導（supervision）が抱える問題点は、イギリスの大学院にとって緊急に解決すべき問題と位置づけられているようである。とくに大学院が小規模であり、あるいは大学院における学位取得の指導、とりわけ大学院教育課程による学位取得制度などに好意的ではない教員が依然としているために、個別指導を熱心に行わない教員が少なからず存在していることが各種の報告書や大学院進学のためのマニュアルによって繰り返し指摘されている（Salmon, 1992など)。ノーブルが実施した学位に関する国際比較研究に対するイギリスの研究者の回答でも、大学院学生の学力問題（論文作成能力の不十分さ）とともに、指導教員（supervisor）の学生に対する無理解さ、大学院自体の小規模さに伴う限界などが指摘されている(Noble, 1994, pp.87–89)。

また、全英大学院審議会（National Postgraduate Committee）はしばしば大学院学生のための指針を公開しており、とくに一九九五年に刊行されたガイドラインでは、従来から指摘されてきた指導教員との関係の問題だけでなく、教育設備と大学院学生が感じる孤独感についても言及している点が注目される(NPC, 1995)。

これらのガイドラインの要求は、前述したオクスフォード大学の大学院学生憲章の内容と重複する部分が多く、こうした要求が全国的なものであり、多くの大学院学生に共有された問題であることが読み取れるのである。

②学位をめぐる議論

イギリスの大学院制度と学位制度が複雑なようにみえるのは、同一名称の学位が実際には教育水準や受けるべき教育期間の異なるものである場合があり、なおかつ学部課程段階の学位取得の方が大学院教育課程の学位取得よりも一見困難のようにみえる場合もあるためである。**表10-2**は現行の学位名称と当該学位取得のために必要となる単位（クレジット）数、フルタイム換算による教育期間、さらに必要とされる研究、教育、実践のサブコンポーネント水準（アメリカ式の水準）を示したものである。

例えば、表の下部に見られる物理学修士、工学修士、数学修士はいずれも学部課程段階の学位を意味している。この学位を取得するためには四年間の在学期間の間に四八〇クレジットを取得しなければならない。その教育水準からすれば、授業全体の二五％以内まで最終学年において五〇〇番台の教育課程の授業を受講しなければならないが、それ以外の授業については二〇〇番台から四〇〇番台までの一般的な学部課程段階のもの

表 10-2　大学院課程取得資格の類型化

課程の類型	クレジット	FTE 換算	要求されるサブコンポーネントの水準
大学院研究課程			
PhD, DPhil（研究）	[540+]	3 年	500 番台教育、500 ～ 700 番台研究
MPhil（研究）	[160-360]	2 年	500 番台教育、500 ～ 600 番台研究
大学院教育課程			
博士号取得			
EdD, Dmus, Dmed, etc.（教育／実践）	720+	4 年以上	500 ～ 700 番台教育、500 ～ 700 番台実践
包括修士：MA MSc, MSocSci, Mres（論文）	180	1 年	500 番台教育、500 番台研究
特定領域修士：MEcon, MPharm, MBA			
（学術志向）	120	9 カ月～ 1 年	500 番台教育、500 番台研究
（職業・専門職志向）	120	9 カ月～ 1 年	500 番台教育、500 番台実践
ポスト・グラデュエート・ディプロマ			
（学術志向）	50-120	9 カ月	500 番台教育
（職業・専門職志向）	50-120	9 カ月	500 番台教育、500 番台実践
NVQ5（全国職業資格 レベル 5）	50-120	9 カ月	500 番台教育、500 番台実践
ポスト・グラデュエート・サーティフィケート			
（学術志向）	50 以下	9 カ月以下	500 番台教育
（職業・専門職志向）	50 以下	9 カ月以下	500 番台教育、500 番台実践
学部課程			
修士（MPhys, MEng., MMath.）（4 年制）	480	4 学年	200 ～ 400 番台、25％までは 500 番台教育
ディプロマ	120	9 カ月	200 ～ 400 番台、25％までは 500 番台教育

出典）HEFCE, CVCP & SCOP, 1996, p.96.

を受講すればよい。それに対して、大学院サーティフィケートと呼ばれる学位は学術志向、職業志向のいずれも九カ月を目処に五〇クレジットを取得すればよい。その教育水準も五〇〇番台の教育課程ないし実践課程の授業を受講すればよいとされている。取得の困難さからみれば、学部課程資格である物理学修士などの方が困難であることになっている(HEFCE, 1996, p. 96)。

なお、こうした混乱を避けるために、現在ＨＥＦＣＥを中心に学位制度の改革が進められている。

③公的資金分配とその課題

大学院問題を検討する上で避けられないのが、大学院教育を対象としたＨＥＦＣＥによる高等教育機関への資金配分をめぐる改革である。ＨＥＦＣＥはその創設以降、高等教育機関に対して教育(teaching)と研究(research)の双方について、それぞれの算出公式（formula）に基づいて、またとくに研究についてはＨＥＦＣＥが実施している研究評価結果に基づいて一括補助金を提供しており、機関側は受け取った補助金を自らの自由裁量に基づいて活用することができる。この公式はそれぞれの機関の規模と活動、およびその研究の質を考慮したものである。

教育に対する算出公式は、学問領域や研究形態、その水準別（学部課程＋大学院教育課程か大学院研究課程か）に作られており、補助金額の算出に当たっては各機関がそれぞれの学生数を財政審議会に報告し、審議会が各大学の補助金を算出する。したがって、学部課程レベルと大学院教育課程レベルの分類は重要となっており、とくに近年学部段階の学生数が政府によって上限が定められているのに対して、先述の通り大学院教育課程の定員については制約がない。このことは結果的に大学院教育課程の学生数の増加とそれに基づく当該学生を基準とした補助金額の増加を招いており、逆に学部課程に対してイギリス全体で資金配分されるべき資金をさらに圧縮してしまう結果となっている。

一方、研究補助金は研究水準に基づく補助金（QR）、従来補助金を十分受け取ってこなかった機関内の萌芽的研究に対する補助金（DevR）、共同研究を対象とした包括的研究助成（GR）の三種類があるが、実際にはQRが補助金総額の九割以上を占めており、研究評価（RAE）に基づく研究資金分配が貫徹されている。

この算出に当たって使用される公式には、研究単位ごとのスタッフ数とともに大学院研究課程の学生数も変数（上級学年は数値が大きくなる）に組み込まれており、研究課程に在籍している大学院生数が、研究資金に直接影響を与える仕組みとなっている。

つまり、現行の補助金配分システムならびに大学院の財務状況の改善は、研究の質の改善と大学院学生数、とりわけ研究課程の学生数の拡大に依存している仕組みとなっている。こうしたシステムが一九九〇年代を通じてのイギリスにおける大学院進学者の拡大に一定程度寄与してきたとみられるのである。

以上のような配分システムが機能している中で、高等教育全体の財政状況はどのような特徴を帯びることとなっているのであろうか。

一九九八／九九年度における高等教育部門の収入の内訳をみると、公的資金と私的資金がほぼ拮抗しており、公的資金は総額で五〇億ポンドを越え、そのうちHEFCEからの助成が三九億五〇〇〇万ポンドを占めている。一方、私的資金は総額四九億一〇〇〇万ポンドとなっている。また、HEFCEからの補助金の内訳をみると、二〇〇〇／〇一年度の場合、教育に対する補助金が三〇億二二〇〇万ポンド、研究に対する補助金が八億六七〇〇万ポンド（うち、共同研究に対する補助金が二〇〇〇万ポンド）となっている。その教育に対する補助金のうち、学部課程のフルタイム学生を対象とした部分が七四％、学部課程のパートタイム学生を対象とした部分が一五％、大学院課程のフルタイム学生を対象とした部分が六％、パートタイム学生を対象とした部分が五％となっている(HEFCE, 2000, pp.24-25)。

こうした配分が行われている結果、例えばルートン大学では一九九九／二〇〇〇年度において、教育に対する補助金を二一八四万ポンド受け取っているのに対して、研究に対する補助金は九万ポンドしか受けていない。これは大学院に対するＨＥＦＣＥの研究評価（RAE）が低いこと、また大学院課程の学生数が少ないことを意味している。この数字は例えばケンブリッジ大学が教育に対する補助金を四九五九万ポンド、研究に対する補助金を六二九五万ポンド受けているのと比較すると、イギリスにおける大学間の補助金の格差が大きいこと、とりわけ一部の研究大学に研究資金が集中していることを示唆している(HEFCE, 2000, pp.21-23)。

二〇〇〇／〇一年度においてＨＥＦＣＥからの補助金を受ける三五六の高等教育機関のうち、研究に対する補助金の金額の上位一二大学の合計は四億六六七三万ポンドで研究に対する補助金総額（八億六六九六万ポンド）の五三・八％と五割を越えており、さらに上位四大学（オクスフォード大学、ロンドン・キングズカレッジ、ケンブリッジ大学、インペリアル・カレッジ）の合計は二億四六〇五万ポンドで全体の二八・四％に達している(HEFCE, 2000, pp.21-23より算出)。こうした研究資金の特定の大学への寡占化傾向は、一九八〇年代以降の大学改革の帰結と位置づけられるもので、結果的に従来のオールド・ユニバーシティとニュー・ユニバーシティという大学間の階層化をとくに財政面から促進している傾向がみられる。個々の高等教育機関、とりわけニュー・ユニバーシティにとって、大学院課程をどのように改善し、そこでの研究活動をどのように活性化して助成に結びつけるかは、大学自体の死活問題となっているのである。

おわりに

イギリスにおける大学院制度の改革動向は、まずイギリス社会全体が生涯学習社会への転換を志向し、教育と職業が密接に関連づけられる中で大学院の教育課程に所属する大学院学生数の増加による拡大が促進され、さらにＨＥＦＣＥによる研究・教育両面の公的資金分配が実施される中で、大学院課程の規模と公的資金とが結びつけられることで政策的に大学院拡大へと誘導されているとみることができる。他方で、無秩序な量的拡大と急速な質的変貌に伴って大学院において行うべき教育指導の在り方そのものが混乱し、改めて大学院における教育指導が政策課題として取り上げられなければならない状況にあるといえるであろう。

こうした教育面での関心の高まりとともに大学院学生像の変容はすでに一九九〇年代前半のコーガンらが参加・実施した国際調査以前からも繰り返し指摘されてきたところであり、とくに研究課程在籍者にみられる大学院学生の孤独感や目的意識の希薄化、あるいは進路に対する配慮などは今後も重要な政策課題となり得るものである(Becher et al., 1994, pp.142-160)。また教育課程在籍者が学位取得後に関連する職業に従事できるかどうかも、学位に見合った就職市場の確保という観点から注目されるところである。

少なくとも今後のイギリスの高等教育改革において、大学院制度およびそこに在籍している学生に対する指導体制の改善方法に関する検証は不可避の課題となっているように思われる。実際二〇〇二年一〇月には全英の財政審議会が大学院研究課程の向上をめざす長期研究の最初の報告書を刊行し、研究課程の優れた実践例を紹介し、学生にとって適切な研究環境の維持、自己責任原則を機能させるために必要となる学生と所属機関の責任の明確化、集団指導体制の採用による学生と指導教員との関係の改善、機関評価の制度化の必要性を強調している(HEFCE et al., 2002)。さらに二〇〇三年初頭には研究評価システムの再検討が提案されるとともに、高等教育に関する白書が刊行され、『デアリング報告書』以来の生涯学習社会への移行を踏まえた高等教育政策の立案がめざされている。こうした現在進行中の改革動向が今後どのように制度に反映されていくのかが注目されるとともに、とくに研究評価制度の改革とそれに伴う公的資金配分方式の改革の動向は今後の日本の改革方向を示唆しているように見受けられる。あるいはＨＥＦＣＥによる調査とそれによる改革案の提示といったトップダウン方式の改革がつづいている中で、個々の高等教育機関側からの対案がどのような形で提起されていくのかも今後注目されるところである。

高等教育の大衆化や国家支出の削減といった状況において、一九八〇年代後半からのイギリスの大学院は、その研究機能も教育機能も、研究・教育評価制度の導入や学生像の変容といった変化の中で翻弄され、数々の改革案が消費されてきた。限られた財源の中で、特定の大学のみで大規模化している研究課程における研究活動の質の維持を図りつつ、大衆化の進んだ教育課程で提供する教育活動の質の維持も図らなければならないという困難な課題に直面しているのである。

引用・参考文献

Becher, T. et al. 1994, *Graduate Education in Britain*, JKP.
———— 1995, *Graduate Education and Staffing*, CVCP.
Burgess, R. ed. 1994, *Postgraduate Education and Training in the Social Science : Progress and Products*, JKP.
CVCP 1985, *Postgraduate Training and Research*, CVCP.
———— 1988, *The British PhD*, CVCP.
CVCP et al. 1997, *Prospects Postgraduate Directory 98/99, vol.1 : Arts & Humanities*, The Higher Education Careers

Services Unit.
HC (The House of Commons) 1973, *Third Report from the Expenditure Committee : Postgraduate Education, vol.1, Report,* HMSO, 1973.
HEFCE 2000, *Annual Report : Adding Value*, HEFCE.
HEFCE et al. 2002, *Improving Standards in Postgraduate Research Degree Programmes*, HEFCE.
HEFCE, CVCE, & SCOP 1996, *Review of Postgraduate Education*, HEFCE.
HESA 2000, *Higher Education Statistics for the United Kingdom 1998/99*, HESA.
Hogan, J. 1994, *Graduate Schools : The Organisation of Graduate Education, Centre for Educational Development, Appraisal and Research*, University of Warwick.
Noble, K. 1994, *Changing Doctoral Degrees: An International Perspective*, SRHE & Open University Press.
NPC 1995, *Guidelines on Accommodation and Facilities for Postgraduate Research*, NPC.
OUSU 1995, *Graduate Academic Charter 1995*, Oxford University Students' Union Graduate Committee.
Salmon, P. 1992, *Achieving a PhD : Ten Students' Experience*, Trentham Books.
UKCGE 1996, *Quality and Standards of Postgraduate Research Degrees*, UK Council for Graduate Education.
University of Birmingham 1999, *Postgraduate Prospectus 2000*.
Watts, N. 1999, *The International Postgraduate : Challenges to British Higher Education*, UKCGE.
Winfield, G. 1987, *The Social Science PhD: The ESRC Enquiry on Submission Rates*, ESRC.

11　ドイツの大学院段階の教育

別府昭郎

はじめに

ドイツでも、日本やアメリカのように、大学院独自の学生や学修課程（コース・オブ・スタディ）、学修期間が構造化された大学院があるのだろうか(1)。独自の学修内容があるのか。どれくらいの期間学べば、どのような学位や資格がとれるのか。その学位や資格は、いかなる社会的有用性を持っているのか。また、現代ドイツにおける改革は、どの方向に向かおうとしているのか。このような疑問が次々に湧いてくる。

最近翻訳出版された『大学院教育の研究』（クラーク編著、二〇〇〇年）においても、ドイツの場合、大学教育について多くが語られてはいるが、大学院の教育については必ずしも明らかではない。これは叙述者や翻訳者の責任ではなく、ドイツの大学システムが、歴史的に、学修の自由ともかかわり、学部コースと大学院コースが必ずしも明確に区分されていず、学修内容も構造化されてこなかった実態に起因するといって間違いない。

こうした実体と研究状況を念頭に置きつつ、本章では、ドイツの大学院の特徴を、学修課程の構造、試験、学位などとの関連においてでき得る限り明確にしつつ、明らかにしてみたい。

1　ドイツの高等教育に関する法制と大学院論議

①高等教育機関法制

ドイツにおける高等教育に関する法律（「大学大綱法」Hochschulrahmengesetz）は、伝統的学術大学（Universität）と工業大学（Technische Hochschule）のほかに、総合制大学、専門大学、神学大学（カトリックの神父養成を目的とする）、教育大学（初等段階の教員養成を目的とする）、音楽・芸術大学、そして行政大学（国立の行政職員養成を目的とする）を高等教育機関と定めている。その中心的存在は、伝統的学術大学と工業大学と考えて間違いない。

現在ドイツには、三一五の高等教育機関があり、総計で一八〇万人の学生が学んでいる。ところで、現在の大学・高等教育機関に関する法律は、連邦（全国）レベルで、「ボン基本法」を根底に置き、「大学大綱法」（一九七六年施行、一九八七年、一九九八年改正）によって大学全体の大枠を決めている。それをもとに、文化高権（教育や文化に関する政策は州で決め得る権利）を持っている州（ラント）レベルでは、州ごとに高等教育について法律を定める。そして、個別大学は、州の法律に基づいて大学の学則（定款）を策定して、大学ごとの詳細を決める構造になっている。つまり、連邦（基本法、大学大綱法）―州（州の高等教育法）―大学の定款というシステムになっている。とりわけ教育内容や人事に関する最終的な決定権を持っているのは、大学の自治ともかかわり、個別の大学である。

さて、一九九七年の「大学大綱法」の改正（九八年発効）は、これまでの改正とは質的に大きく異なるものであった（別府、一九九九年参照)。研究や教育、とりわけ学修課程にかかわる事項を列挙すれば、(1)標準的な在学期間・学修期間を確定すること、(2)最低でも四年間と定められている学修課程に中間試験を導入すること、(3)学修成績や試験成績を蓄積したり、読み替えたりするために、単位制度を導入すること、(4)国際的に認知されているバチェラーやマスター学位の授与を可能にすること、(5)教授の任命条件としては、教授資格(venia legendi)を持っているか、それと同等の学術的業績があればよいことなどである。

これらの事項は、一見して明らかなように、教育・学修の強化と構造化、学位の多様化と学修内容の明確化、後継者養成の多様化などというように、伝統的学術大学に対する挑戦という契機を内包していた。

こうした改正を受けて、連邦レベルの常設文部大臣会議(KMK: Ständige Konferenz der Kultusminister der Länder in der Bundesrepublik Deutschland)は、一九九九年三月五日、これまでのディプローム・マギステル・国家試験という資格システムのほかに、新しいシステムとしてバチェラーコース(Bachelor-/Bakkalaureusstudiengang)とマスターコース(Master-/Magisrerstudiengang)を導入することを決定した(2)。通常の学修期間は、バチェラーコースが最低三年、最長四年、マスターコースは最低一年、最長二年とするものである。さらに、バチェラーはそれ自体独立のコースとして職業資格を与えることができるようにすること、ディプロームは国際比較でいえば四年間のバチェラーに匹敵すること、さらに大学の近代化と単位制度(Credit Points)を提言している。

そして、この提言の方向で、いくつかの大学では、バチェラーやマスターのコースを設置し、ヨーロッパ諸国の大学で共通に通用する単位制度を現実に導入する大学が増えている事実は見逃せない。

この改革は、一言でいえば、ドイツ大学の学修領域の拡大化・多様化・国際化をめざしたものにほかならない。この改革を受け入れるか否かは、前述のように、各大学の判断と意思決定に委ねられている。ここでもコース・オブ・スタディを明確にすること、教育・学修の強化、学位制度の多様化、国際化、こういった波がドイツの大学に押し寄せていることが看取できよう。

②大学院をめぐる最近の論議

最近、ドイツでも、コース・オブ・スタディの明確化、教育・学修機能の強化、学位制度の多様化、大学の国際化に対応して、他の国の大学院（Graduate School）の在り方に関心が高まっている。その一つの事例を簡単に紹介しよう。エルフルト大学の再建（一九九四年）に当たってなされた議論の中に次のようなものがあった（Gellert, 1995）。「大学院は多様な在り方が可能であるが、最も重要なメルクマールは、アングロ・サクソンの大学院では、学部段階でリベラル・エデュケイションがあること、共同体的な生活様式があって、とくにアメリカでは団体的アイデンティティが他の大学や学部との競争に役立っていること、ドクター学位取得のためのカリキュラムが確立していること」、またドイツの大学では、職業教育と学術的訓練という二重の課題を担っていること、などが挙げられている。

このようなドイツの大学院の状況を認識した上で、論者（ゲレルト）は以下の提言を行っている。これは、ドイツの大学院の現状と改革の方向性を考える上で重要な素材となるので、筆者なりに要約して掲げておこう。それは、学修内容の多様化に努めること、大学院独自の学生を持つこと、現実の職業実践を視野に入れて職業教育の意義を中心に据えること、フンボルトの「研究と教育の統一」という理念が大学院レベルで根づくように再構築すること、学部とか研究所の壁を超えて、機能的で中心的共同作業ができるアイデアを実現することなどである。

このように、ドイツでも大学院の課程を、カリキュラムや在学期間を構造化し、職業志向という目的を明確にし、競争に耐え得るように体質改善していこうという意志が明白に打ち出されている。こうした提言や動向は、現実の動きの中で、どのように実現されつつあるのであろうか。この問題を次に考えてみよう。

2　学修課程の明確化および学位の多様化

以上のことを念頭に置いて、ドイツ大学院における学修課程や学位制度の事態の解明に努めたいと思うが、まずドイツ大学における学修課程の全体的構造の話から入ろう。

①学修課程の構造

ドイツの大学・大学院における学修課程の構造は、全体像を把握するために非常に図式化した表現をすれば、基礎学修（Grundstudium）→中間試験（Zwischenprüng）→バチェラー→専門学修（Hauptstudium）→マギステル試験（あるいはディプローム試験）→マギステル・アルティウム（あるいはディプローム）→ドクトル試験→ドクトル→大学教授資格試験→大学教授資格取得者（これは大学に残ってアカデミック・プロフェッションに就こうと考えている人間が取得する）から成り立っている。

しかし、アメリカや日本とは異なり、これまでのドイツ大学ではアンダーグラデュエート・コースとグラデュエート・コースとの明確な区別はないと理解した方が実態に近い（パイサート／フラムハイン、一九九七年、一四六頁）。さらに、少なくとも、大学教授資格試験（ハビリタツィオン）はおくとしても、基礎学修、専門学修、マギステル・アルティウム（あるいはディプローム）、ドクトルまでの課程は、試験で区切られてはいるが、そしてマギステルやディプロームといった学位を取得して社会に出ていく者もいるが、一連の連続した学修課程と考えてよい。

基礎学修は一ないし四ゼメスターの間学ばなければならない。この場合、ドイツでは基礎学修課程とはいっても、上述したように、ジェネラル・エデュケイションの課程はないので、一般教育科目を学修するのではなく、ただちに、歴史学、物理学、天文学、ギリシャ哲学というような専門領域の学修をはじめる。この事実は留意しておく必要がある。

基礎学修が修了すると、中間試験を受ける。中間試験は、一定の時間特定の場所に拘束して書かせる課題作文(Klausur)か口述試験(mündliche Prüfung)である。それに合格すると学生は専門学修の課程に進むことができる。専門学修は五から八ゼメスターの期間の学修が求められている。専門課程で要求された学修を終えると、ディプロームもしくはマギステル試験を受ける。合格すると、ディプロームもしくはマギステル学位の保持者となる。

②ディプローム(Diplomgrad)

すでに、一九七六年の「大学大綱法」で、職業資格を付与する修了証が得られる大学が行う試験により、大学は、専門学科名を付したディプローム学位(Diplomgrad)を授与すること、大学でにおける学修の修了となる国家試験または教会が行う試験に基づいても、ディプロームを授与することができることを定めていた。

最近はどうなっているのかを、「常設文部大臣会議」(KMK)および学長会議(HRK: Hochschulrektorenkonferenz)が決定した「ディプローム試験のための一般規定」に基づいて、問題を考えてみよう(3)。

ディプロームとは、現代では、大学における専門学修の終了後に授与される「学位」(Grad)であると同時に「職業資格」(berufliche Qualifikation)と考えてよい。すなわち、ディプロームは、ほとんどすべての専門学修課程における修了者に与えられる学位にほかならない。化学、物理学、社会学、教育学、国民経済学などの分野でディプローム学位が授与されるが、教員、法律家、医者など国家試験が実施される分野にはない。

試験のシステムはどうなっているのであろうか。ディプローム学位の試験の仕組みは、予備試験と本試験から成り立っている。予備試験に合格していないと、本試験を受けられない。本試験は、ディプローム論文と専門試験から成り立っている。ディプローム論文は、大学における学術的教育の第一段階がひとまず修了したことを示すものである。したがって、最初の学位と位置づけられる。専門試験の範囲は、課題作文とその他の筆記試験、口述試験から構成される。

関心をそそられるのは、ディプローム試験では何が試されるのかという点である。試される内容は、志願者が個々の専門分野を関連づけて全体的に理解しているか、能力や資格を身につけているか、学術的方法や知識を応用できるか、職業実践に入っていくために必要な基礎的専門知識を獲得しているかなどである。要するに、基礎的なことを理解しているか、応用する能力があるかが試されるのである。

どれくらいの期間大学で学修すればこの試験が受けられるのか。この問題は、職業に対応して多様であるので、学修課程ごとに決められていて、一様ではない。例えば、国民経済学のディプロームは八ゼメスターであり、情報学は九ゼメスターである。しかし、ディプローム学位をとるための学修期間は、現実には、長くなっており、一二から一六ゼメスターとなっている。

専門学修の課程は何をメルクマールにして修了するのか。マギステル学位やディプローム学位の取得、あるいは教員や医師、法律家などの専門職業にあっては、国家（といっても連邦ではなく、州）試験で修了することになっている。伝統のある学術大学では、マギステルとドクトルの二つの学位しかなかったが、現在では学術大学もディプロームを授与している。ディプロームの起源は、工科大学（ＴＵ）の修了者に与えられた資格に端を発する。例えば、プロイセンでは、一八九九年一〇月の国王の布告によって、工科大学は「ディプローム・インゲニゥーア」と「ドクトル・インゲニゥーア」の称号を授与する権利を認められた。また、ドイツでは、一八九八年から一九一九年までに、九つの商科大学が創設され、「ディプローム・カォフマン」なる称号を授与した。これは明らかに、工科大学の模倣であった（潮木、一九七三年、三四一頁、さらに早島、一九八七年、一九九五年、一九九九年など参照）。

現在では、学術大学や工科大学のほか、高等専門学校（Fachhochschule）でも、ディプローム学位を授与できるようになっている。すなわち、一九八七年の「大学大綱法」の大きな改正点の一つは、高等専門学校または他の大学の高等専門学校課程においても、試験に基づき、「高等専門学校」（〝ＦＨ〟）と付記したディプローム（例えば、「情報学ディプローム」Diplom-Informatiker FH というように）を授与できるとした点にある。

こうした処置には歴史的背景があることを忘れてはならない。伝統的学術大学と高等専門学校とは、法的には同じく「高等教育機関」として位置づけられている。しかし、高等専門学校にＦＨと付けさせるのは、新しく「高等教育機関」として認められた高等専門学校とは違うのだという伝統的学術大学側の意識を反映したものといえよう。一例を挙げれば、将来は事態は変わっていくと考えられるが、現在のところ、伝統的学術大学の教授の大部分はハビリタツィオンの資格を持ち、Ｃ４教授（かつての正教授）に任命され得るが、高等専門学校の教授はハビリタツィオンの資格を持たず、Ｃ４教授に任命される可能性は薄いという実状がある。

マギステルやディプロームの学修課程においては、五～八ゼメスターが適当な学修期間として推奨されている。しかし、学問の自由が「ボン基本法」で規定されている上に、多くの文科系の諸分野では学修期間が定められていないこともあって、学生が事実上長く在学する傾向が顕著であり、結果的に他の国の学生たちよりも年齢が高くなっている。実は、その在学期間の長さがドイツでは大きな問題となっている。

称号の国と呼称されるドイツでは、大学の授与する学位は、社会生活において、非常に重要な意味を持つ。したがって、ディプローム試験の合格者は、例えば、国民経済学ディプローム（男性であれば Diplom-Volkswirt、女性であれば Diplom-Volkswirtin、略して Dipl.-Volksw.）、情報学ディプローム（男性であれば Diplom-Informatiker、女性であれば Diplom-Informatikerin、略して Dipl.-Inf.）と称することができる。現に名刺などに刷り込んでいる人が多い。

ディプローム学位に象徴されるように、とくに職業資格を付与することを意識した改正が、九〇年代の終わりに、断行された背景には、従来の大学が学術後継者の養成を主眼としていたのに対し、大学の機能は学術後継者の養成だけに尽きるものではなく、より上級の職業資格の付与をも重要な大学の役割と考えられるようになったことがある。こういう法改正が行われたのは、ドイツでは、歴史的に、大学の本来の機能は、大学の後継者養成と考えられてきたことと無縁ではない（現にパンのための学問、Brotwissenschaft という言葉さえある）。これは、大学がギルドとして作られてきたことの名残であると断言してよい。実際には、大学は、法律界、官界、教会、医学界、学校など実践的職業に人材を供給してきたにもかかわらず、現実社会のための人材養成は、副次的な機能と目されてきた経緯があるから、このような改正が行われたのである。

③マギステル・アルティウム（Magister Artium, M.A.）試験

マギステルは中世大学の教養学部の終了者の与えられた学位に起源を持つ。歴史的にみれば、一八世紀に一時廃止されたが、二〇世紀に復活したものである。

マギステル学位については、一九八七年の「大学大綱法」でも、「州法により、大学が、職業資格を付与する学修の修了証としてマギステル学位（Magistergrad）を授与する旨規定することができる」と定められていた。「学長会議」お

よび「常設文部大臣会議」が一九九五年に定めた「マギステル試験規則のための一般規定」によれば、マギステル学位を取得するためには、試験期間も含んで、九ゼメスター（学期）学修していることが求められている。この中には、四ゼメスターの基礎学修、中間試験の合格、そしてマギステルのための五ゼメスターの専門学修課程を含んでいる。

ここでも一つの具体的事例として、バイエルンのミュンヘン大学のマギステル・アルティウム（Magister Artium, M. A.）の試験規定（一九八六年施行、一九九八年改正）に依拠しつつ、マギステル試験について述べよう(4)。他の大学も、いくつかの小さな相違はあっても、基本的には同じであると考えてよい。

ミュンヘン大学でも、マギステル学位を取得するためには、試験期間も含んで、九ゼメスター（学期）学修していなければならない。この中には、四ゼメスターの基礎学修の課程、中間試験に合格すること、そしてマギステルのための五ゼメスターの専門学修課程が含まれている。マギステル試験は、大きくいえば、論文、課題作文、口述試験という三つの審査から成り立っている。

マギステル学位を取得しようとする者は、まずマギステル論文を書き、提出しなければならない。論文（Hausarbeit）は、次のような五段階の評価を受ける。一番良い評価は、「非常に良い」（評点：一・五〇、内容：卓越した論文、以下同様）、「良い」（一・五〇―二・五〇、内容：平均的要求水準を著しく上回っている論文）、「満足すべき」（二・五〇―三・五〇、平均的要求水準を満たしている論文）、「十分」（三・五〇―四・三三、不備があるけれども、要求水準を満たしている論文）、「不十分」（著しい欠陥があるために要求水準を満たしていない）。もちろん、最後の評点は不合格である。

マギステル試験は、論文のほかに、一つの主専攻分野と二つの副専攻分野で行われる。マギステル試験で要求される課題作文（Klausur）は、ある特定のテーマについて筆記解答する試験と考えてよい。その題目は、試験官が、主専攻から二つのテーマを選び、試験期日の遅くとも一四日前に黒板で告知される。テーマは、マギステル論文のテーマとは関係のないように設定されなければならない。課題作文の時間は四時間と限られている。口述試験は、主専攻について六〇分、二つの副専攻はそれぞれ約三〇分行われる。

志願者の何が試されるのかといえば、志願者は、基礎的学問知識を身につけており、その専門領域で、科学的視点に則って、独力で仕事ができる力量があるか否かが試験されるのである。

マギステル学位を授与できる学問領域は、ミュンヘン大学では、国民経済、歴史・芸術、科学理論・統計学、心理学・教育学、古代学・文化科学、言語学・文学（Ⅰ、Ⅱ）、社会科学の各学部である。

マギステル試験の最終的な成績評価と評点は、優秀（一・〇〇）、非常に良い（一・〇〇―一・五〇）、良い（一・五〇―二・五〇）、満足すべき（二・五〇―三・五〇）、十分（三・五〇―四・二〇）の五段階でなされる。指導教授が論文を書くことを認めれば、上記の五段階はすべて合格である。

④博士学位（Dr.phil.）試験

ドクトル学位は、大学の歴史とともに古い。ミュンヘン大学の博士学位に関する現行の試験規定は、一九八〇年三月に試行され、一九九八年二月に改正されたものである(5)。

ドクトル学位試験は、論文試験と口述試験とからなっている。この論文博士のほかに、名誉博士（Dr.phil.h.c.）がある。

ドクトル試験は、自作の博士論文（Dissertation）と一つの主専攻と二つの副専攻についての口述試験（ドクトル試験のばあい Rigorosum と呼ばれる）から成り立っている。受験条件は、ディプローム試験、マギステル試験あるいは国家試験によって、大学における学修を終了していることである。論文と主専攻は、いうまでもなく、学位を取得する学問領域でなければならない。

ドクトル学位試験の全体成績評価は、伝統的にラテン語で行われている。「最優秀」(summa cum laude, 評点〇・六)、「優」(magna cum laude, 〇・六—一・五〇)、「良」(cum laude, 一・五〇—二・五〇)、「可」(rite, 二・五〇—三・一五)という基準で行われる。この五段階はマギステル試験と同じく合格である。

⑤ハビリタツィオン（大学教授資格試験）

ドイツの大学は、すでに言及したように、ギルド的遺制として、後継者養成の機能を中心的に担っていた。後継者とは、いうまでもなく、大学教授にほかならない。

大学教授資格試験までを、大学院課程とみなしてよいか否か議論の分かれるところである。大学教師職に就くまでの過程の解明も大学院との関連において無視できない事項であるし、また、ドイツでは大学の正規の教師になるには、伝統的に教授資格(venia legendi)が不可欠であるので、本章でも触れておくことにしたい。

大学教授に至るプロセスを、マギステル学位を取得してから後について簡単にみておこう。(1)ドクトル学位を取得する。(2)ドクトル学位を取得すると、たいていの場合、「講義受任者」になる。俸給付きで、入門講義担当の助手(任期六年)である。この間に、大学教授資格試験のための論文を書く。(3)大学教授資格試験を受けて「大学教授資格」を取得する(現在では、ジュニア・プロフェッサー制を導入して必ずしもハビリタツィオンを受けなくてもよいように法改正がなされた)。(4)私講師やその他のポストに就く。(5)どこかの大学で教授(かつての員外教授C3、かつての正教授であるC4)を公募していれば、それに応募する。こういうプロセスを辿る。

ミュンヘン大学のハビリタツィオン規定に依拠しつつ叙述すれば、以下の通りである(6)。これよれば、志願者が教授したいと考えている学問領域について、学術的能力や教授学的能力がついているか否かを試験するのである。試験の構成は、ハビリタツィオン論文の作成、三〇分の学術講演と六〇—九〇分の質疑応答（コロキヴュウムと呼ばれる）、四五分間の試験講義というように三要素からなっている。前二者は学術的論文の作成能力と発表・応答能力を試す試験であり、後者は大学の教師として、学生の前でわかりやすく提示する能力をみるものである。合格者は、「ハビリタツィオンに合格した哲学博士(Dr.phil.habil.)」と称することができる。

このようなやり方は、歴史的にみれば、一八世紀の後半以来ドイツの大学に定着し、一八一六年のベルリン大学の学則においてはじめて文字で書かれた規則となり、脈々と受け継がれてきた。しかし、一九九八年施行された大学大綱法では、必ずしも、ハビリタツィオン試験に合格し、教授資格を持っていなくても、それと同等の学術的業績を上げておれば、大学教授に任命され得るべく改正がなされたが、とくに学術的大学の教授たちからは、学問の水準や大学教授の地位を低くする改正であるとの反対も出ている。

⑥マギステルやドクトル論文作成のための教授方法

マギステル論文や博士論文あるいはハビリタツィオン論文を書き上げようとしている上級の学生たちのためには、上級ゼミナール（Oberseminar）やコロキヴュウム（Kolloquium）と呼ばれる授業形態がとられている。それは、基本的に学部のゼミナールを高度化したものである。当然のことながら、報告や議論の内容も、学術的要求水準が高くなる。参加者は論文の中間発表を行い、それを素材にして議論することによって、方法論上の刺激を受けたり、研究の見通しを立てたり、新しい知見を得たりする。

たいていの場合、教授の強い指導のもとに、助手やすでに博士号、マギステル学位を取得している者などが参加して、非常に活発な学問的討論が行われる。参加者はこれに対応しなければならない。このように鍛錬を受けながら、学術的作業を独力でなし得るように力量形成をしていく。まさに、この作業は孤独と自由の中で行わなければならないと考えられてきた。

この段階で、教授は、マギステル候補者や博士候補者に指導をするとともに、かれらの力量についての心証を形成していくのである。したがって、教授の指導という個人的色彩が強いことは多言を要すまい。これは従来のやり方である。しかし、大学院の課程が構造化され、カリキュラムが明確になってくれば、こうした教授の個人指導という色彩も変わらざるを得なくなってくるであろう。

⑦大学試験と国家試験

以上から、ドイツの大学および大学院では、大学の試験と国家（州、ラント）試験という試験の二重構造があることがわかる。大学や大学院での学修を修了するということは、大学の試験か国家試験のいずれかに合格するということを意味するといっても過言ではない。ディプローム、マギステル・アルティウム、ドクトル、ハビリタツィオンなどの試験は、大学が合格の基準や合格者を決める決定権を持っている（大学試験）。それに対して、弁護士や判事・検事法律、医学・歯学・獣医学、薬学、教職など専門職の試験は、大学教授は臨席するけれども、基本的に国家（ラント、州）が決定権を持っている試験である（国家試験）。神学者の採用試験は、教会は管掌している。このような試験の主管者を明確に認識しておくことも、ドイツの大学（院）教育を理解する上で重要な要素にほかならない。

⑧学位取得者数、卒業者数

ミュンヘン大学の例　では、どれくらいの人たちが、ディプローム、マギステル・アルティウム、博士学位や教授資格を取得しているのであろうか。「大学大綱法」改正直前の一九九六／九七年の夏・冬学期におけるミュンヘン大学の実例でみてみよう(7)。

(1)大学卒業者のうち、①ディプロームを取得した者（自然科学四八〇、経済・社会科学六六五、神学四二）合計一一八六名、②マギステル・アルティウムを取得した者九三八名、③神学の学修課程修了一七名、総計二一四一名。

(2)国家試験合格者のうち、①法律六四一名、②医学・歯学・獣医学八七九名、③薬学・食品化学一二三名、④教職（ギムナジウム三六七名、実科学校九〇名、基礎・基幹学校一六五名、特殊学校一四一名）合計七六三名。

(3)聖職者採用試験一七名。

(4)ドクトル学位取得者数（自然科学二五六名、精神科学一七九名、法・経済・社会科学一三三名、医学・獣医学七〇九名）合計一二七七名

教授資格取得者数は、一九九六年九六名、九七年九五名となっている。

ドイツ全体　ドイツ全体の数値を示したのが、**表11-1**である。九三年以降、一一州全体の統計がとれるようになったので、九三年以降を示そう。

上記の学位や資格が授与された領域には、言語学・文化科学・スポーツ、法学・経済学・社会科学、数学・自然科学、情報科学、医学、農学・林学・栄養学、芸術・芸術学の七つの分野があるが、いうまでもなく、教職とディプローム（ＦＨ）には、医学の分野は含ま

表11-1　ドイツにおける学位試験・国家試験合格者数

学位＼年	1993	1994	1995	1996	1997	1998
ディプローム(大学)	104.4	102.0	105.7	110.5	109.4	103.1
ディプローム(FH)	63.1	71.4	75.1	75.3	75.6	71.3
教育職試験	16.2	23.7	29.7	28.1	27.9	28.3
ドクトル試験	21.0	22.4	22.4	22.8	24.2	24.9
ハビリタツィオン	1,419	1,479	1,532	1,609	1,740	1,915

注）ハビリタツィオンは実数、その他は単位1,000人

出典）Bundesministerium für Bildung und Forschung, Grund- und Strukturdaten 1999/2000, S.212, 236.

れていない。

3　まとめ

まとめとして、ドイツの大学院の現代的特徴として、四つのことをとくに指摘しておきたい。

(1)　最初に提示しておいた「ドイツにも、コース・オブ・スタディや試験によって構造化された大学院があるのか、ないのか」という疑問に答えておこう。

日本のこれまでの研究においても「大学院段階」という言い方はされても、明確に「大学院」という表現は慎重に避けられてきた。したがって、ドイツの大学では従来構造化された大学院コースを見出すのは困難であったといって間違いではない。しかし、これまで論じてきたように、現在コース・オブ・スタディを明確にし、大学院のコースを構造化していこうという方向性は明白である。アメリカ型の大学院の学修コースを形成する努力がなされつつあるといってよい。バチェラーやディプロームとマギステル（マスター）・ドクトル（ドクター）という学位を授与する課程を試験で区切り、さらにその学修内容と期間を明確に規定していく方向は明示されている。

非常にわかりやすく図式化した言い方をすれば、ドイツには、前述のように、リベラル・アーツ教育に相当する課程（教養課程）がないことを考慮すると、基礎学修と専門学修を学部における専門教育、それから上を大学院教育といっても大きな間違いを犯したことにはなるまい。そして、ドイツ独自のハビリタツィオンと呼ばれる大学教授資格試験まで大学院段階の教育に含めてよいか否か議論の余地はあるが、大学教師として採用される以前のコースと考えれば、入れてもよいと思う。

(2)　上記の特徴と内容的には密接に関連しているが、これまではマギステルやドクトルの学位を取得する学修は、どちらかといえば、指導教授の個人指導の色彩が強かったのである。ドクトル・ファターという言葉があるくらいである。しかし、コース・オブ・スタディや期間を定めることは、個人的諸関係を客観的学修に転換していくことを意味する。この方向に、ドイツの大学院は進みつつあることは疑いない。

(3)　国際化のうねり、もっといえば、アメリカ化の大きな波がドイツの大学にも押し寄せている。コース・オブ・スタディを明確化して、大学院段階を位置づけようとしていることに象徴されるように、国際化の方向に大きく舵を切っていることは、ドイツ大学の大きな特徴といえよう。一九世紀の後半が、アメリカのジョンズ・ホプキンズ大学がドイツをモデルとして創設されたように、世界の大学のドイツ化の時代であったとすれば、二〇世紀の後半は、世界の大学のアメリカ化の時代と特徴づけてもよい。

(4)　職業資格・学位の授与をめざした実践志向という特徴が、前面に出てきている。この事実は、ドイツの大学が歴史的に担ってきた後継者養成という機能を保持しつつ、実践的・応用的職業に就くために、ディプロームのみならず、国際的水準で通用するバチェラーやマスター、ドクトル学位を授与していく方向を明確にしていることに表れている。

注

(1)　日本の場合、構造化やコース・オブ・スタディの内実や教育の質も問題であるが、ここでは形態のみを問うことにする。

(2)　Strukturvorgaben für die Einführung von Bachelor-/Bakkalaureusstudiengang und Master-/Magisrerstudiengang. Beschluss der 285. KMK von 05. 03. 1999.

(3) Kultusministerkonferenz, Hochschulrektorenkonferenz: Allgemeine Bestimmungen für Diplomprufungsordnungen-Fachhochschulen–1994)

(4) Ordnung für den Erwerb desakademischen Grades eines Magister Artium (M.A.) an der Ludwig-Maximilians-Univetstät München (Magisterprüfungordnung) von 25. Juni 1986 in der Fassung der 7. Änderungssatung vom 20. Februar 1998.

(5) Promotionsordnung der Ludwig-Maximilians-Univetstät Munchen für den Grad des Dr.phil. vom 18. März 1980 in der Fassung der 8. Änderungssatung vom 13. Februar 1998.

(6) Habilitationsordnung für die Philosophischen Fakultät 09–14 der Ludwig-Maximilians-Univetstät München

(7) Ludwig-Maximilians-Univetstät München, *Jahresbericht des Rektoratskollegium,* vom 1. Oktober 1995 bis 30. September 1997. Anlage2, 3.

引用・参考文献

潮木守一 一九七三年、『近代大学の形成と変容』東京大学出版会。

クラーク、バートン編著 二〇〇〇年、『大学院教育の研究』(潮木守一監訳)東信堂

パイサート、H.／フラムハイン、G. 一九九七年、『ドイツの高等教育システム』(小松親次郎・長島啓記他訳)玉川大学出版部。

早島瑛 一九八七年、「ドイツの商科大学」大学史研究会『大学史研究』第五号。

―― 一九九五年、「ディプローム・カォフマン資格の制度と機能」望田幸男編『近代ドイツ＝「資格社会」の制度と機能』名古屋大学出版会。

―― 一九九九年、「商科大学学生構成分析―ライプチヒ 一八九八―一九二〇」関西学院大学商学研究会『商学研究』第四七巻第一号。

別府昭郎 一九九九年、「ポスト大衆化時代におけるドイツの大学改革」『ポスト大衆化段階の大学組織改革の国際比較研究』広島

大学大学教育研究センター。
Gellert, Caudius, 1995 "Die Graduate School. Aufgaben, Arebeitsweise und Organization", in: Klaus Dieter Wolff (Hrsg.), *Qualitätskonzepte einer Universität.*

12 韓国の大学院

馬越 徹

はじめに

日本統治から解放された一九四五年にほとんどゼロからスタートした韓国高等教育は、その後目覚しい発展を遂げて今日に至っている。二〇〇二年度の高校進学率はほぼ一〇〇%、そして大学進学率(現役のみ)は七四・二%を記録し、浪人生を含めれば同年齢人口の四人のうち三人以上が高等教育機関(大学・専門大学等)に在籍している。このような超高学歴社会は、大学院在学者数にも現れている。二〇〇二年度の大学院生数は二六万二八六七名を数え、その絶対数において日本の大学院生数(二二万三五一二人)を大きく上回っている。ちなみに韓国の総人口は、日本の約三分の一である。

たまたま筆者は一九七〇年代初頭に韓国の大学院に在籍した経験を有しているが、その頃の韓国の大学院は閑古鳥が鳴いていた。一九七〇年度の大学院生数は、六六四〇人にすぎなかった。韓国の大学院生数は、過去三二年間に実に約四〇倍増を記録したことになる。このような大学院の急成長をもたらした原因はどこにあるのであろうか。以下、韓国の大学院の制度的仕組みとその特色を探ってみよう。

1　大学院の制度化

①大学院制度の歴史

韓国の大学院は、米軍政期（一九四五～四八年）および第一共和国（一九四八～六〇年）時代を通じて、アメリカの大学院制度の影響を受けて形成され、その原型は一九四九年に制定された教育法（法律第八六号）に規定されている。大学院制度が軌道に乗りはじめた一九七〇年代の教育法（一九七四年）およびその施行令（一九七五年）から、大学院に関する規定を抜き出すと次の通りである。

第一〇九条　大学は初級大学、大学（単科）、大学校（総合）の三種類とする。
大学校には三個以上の単科大学と大学院を置く。
単科大学にも大学院を置くことができる。

第一一二条　大学院の修業年限は二年以上とする。大学院に入学できる者は、大学（初級大学を除く）、師範大学を卒業した者またはそれと同等以上の学力があると認定された者とする。

同法施行令第一一八条（大学院の課程）　大学院には碩士（筆者注：日本の修士に相当）と博士の学位を授与するための課程を置く。

同法施行令第一二一条（大学院の学位論文提出）①大学院に一年以上修学し、専攻科目二四単位以上を修得した者は碩士学位論文を、三年以上修学し専攻科目六〇単位以上を修得し、二種類の外国語試験と博士学位試験に合格した者は、博士学位論文を提出することができる。
②前項の外国語試験と博士学位予備試験は、大学院委員会が実施する。
③大学院においては、毎学期一二単位を越えて単位を取得することはできない。

以上から明らかなように、韓国の大学院制度は、一定のコースワーク（単位取得）を修了してはじめて学位論文（碩士論文、博士論文）を書く資格が生じる、さらには博士論文の場合は執筆に先立って「博士学位試験」と「二種類の外国語試験」に合格しなければならない等の条件が課されている。つまり韓国はアメリカ・モデルの課程制大学院制度を導入したのである。また、教育法に「大学には三個以上の単科大学と大学院を置く」（第一〇九条）と規定されているように、大学院は単科大学（日本の「学部」に相当）とともに大学に直結する位置づけになっている。韓国の大学院（一般大学院）は、設置形態としては全学的なものであり、したがって学位（碩士、博士）は、総長と大学院長の両名の名前で授与される。このような大学院制度の基本的性格は現在も継承されているが、近年における社会の高度化・多様化に対応して、大学院制度は一九八〇年代以後、大幅な改編が加えられてきた。

先にみた教育法は、一九九七年末を期して、「教育基本法」、「初・中等教育法」、「高等教育法」に三分割されたが、高等教育法に規定された最新の大学院関係規定は次にみられるように、大きな変化を遂げている。

第二九条（大学院）①大学（産業大学・教育大学および放送通信大学を含む）に大学院を置くことができる。

②大学院に学位課程以外に、必要に応じて学位を授与しない研究課程を置くことができる。
③大学に置く大学院の種類、学位課程、研究課程およびその運用に関し必要な事項は大統領令（高等教育法施行令）で定める。

第三〇条（大学院大学）　特定分野の専門人材を養成するために必要な場合には、第二九条第一項①の規定にかかわらず大学院だけを置く大学（以下「大学院大学」と呼称する）を設置することができる。

第三一条（授業年限）　①略
②大学院の授業年限は次の各号の通り。
1　碩士学位課程および博士学位課程：各二年以上
2　碩士学位課程と博士学位課程が統合された課程：四年以上
③学則が定める単位を超過して取得した者に対しては、第一項①および第二項②の規定にかかわらず、大統領令が定めるところにより、第一項および第二項の規定による授業年限を短縮することができる。

高等教育法施行令第二一条（大学院の種類）　①高等教育法第二九条第三項の規定による大学院の種類は、その中心となる教育目的により次の各号のように区分する。
1　一般大学院：学問の基礎理論と高度の学術研究を主たる教育目的とする大学院
2　専門大学院：専門職業分野の人材養成に必要な実践的理論と研究開発を主たる教育目的とする大学院
3　特殊大学院：職業および一般成人のために継続教育を主たる教育目的とする大学院
②大学（大学院大学を除外する）には、一般大学院・専門大学院または特殊大学院を置くことができ、産業大学および教育大学には専門大学院または特殊大学院を置くことができ、放送通信大学には特殊大学院を置くこと

ができ、大学院大学には専門大学院と特殊大学院のうち一つに限って置くことができる。

高等教育法施行令第二二条（大学院の学位課程）　高等教育法第二九条第三項の規定により大学院に置く学位課程は、次の各号の区分による。

1　一般大学院：碩士学位課程および博士学位課程
2　専門大学院：碩士学位課程、ただし学則の定めにより博士学位課程を置くことができる。
3　特殊大学院：碩士学位課程

以上の関係法令から明らかなように、韓国の現行大学院制度は一九七〇年代のそれに比べて、かなり多様化が進んでいる。第一に、大学院はその教育目的に応じて三種類（一般大学院、専門大学院、特殊大学院）に類別化された。旧来の大学院はいわゆる学術的大学院としての一般大学院に吸収され、新たに専門大学院と特殊大学院の制度が設けられた。第二に、七〇年代半ばまでは碩士課程と博士課程がそれぞれ分離していたが、今日では従来の分離型のほかに、両者を統合した一貫型（四年以上）、さらには学位の授与を目的としない研究課程の設置が認められた。第三には、碩士課程に特化した専門大学院および特殊大学院とともに、学士課程（学部）を持たない大学院大学を新たに制度化したことも最近の新しい傾向である。第四に、大学院の修業年限は碩士課程の場合は二年以上、博士課程の場合は四年以上と法律で規定されているが、各課程において必要とされる単位数は学則で定められることになった。なお、かつては年間履修単位の上限（一二単位）が定められていたが、新しい制度のもとではむしろ単位を超過して取得した者には、修業年限の短縮を可能にする弾力化措置が取り入れられた。

②大学院と学位制度との関係

韓国の大学院がアメリカ・モデルの課程制大学院として制度化されてきたことは上述の通りであるが、一九七四年までは一種の「抜け道」が用意されていた。すなわち、博士課程修了者または大学院委員会においてこれと同等以上の学力があると認定された者に対して、博士請求論文の審査と口頭試問および二種類の外国語試験の合格を経て、博士学位を授与していたのである。この時点までは韓国の博士学位制度は、日本と同様に、課程博士と論文博士が事実上併存していた。当時の韓国では、医学分野を除けば、博士学位を取得したい者のほとんどはアメリカの大学に留学して取得するのが一般的であり、ごく例外的に人文・社会系のわずかの研究者（すでに教授職にある者）が国内で論文博士を取得していたのである。すなわち形の上では課程制大学院が制度化されてはいたものの、実質的には機能していなかった。こうした状況に対して、当時の文教部教育政策審議会報告書（一九七四年）は、韓国の大学院を「理念不在、研究不在、教育不在、学生不在」と酷評し、その改革を強く訴えていた。

そこで韓国政府（文教部）は、一九七五年を期して旧規定を撤廃し、先に示した法令（教育法施行令第一二一条）にみられるように、博士学位は大学院の博士課程履修者のみに授与される「課程博士」制度に全面的に切り替えた。すなわち博士学位を取得できるのは、「……大学院に三年以上修学し専攻科目六〇単位以上を取得した者で、二種類の外国語試験と博士学位試験に合格した者」に限定したのである。韓国はいわゆる論文博士を撤廃することにより、名実ともに課程制大学院制度を整え、その後学位の量産体制に入っていったのである。（馬越、二〇〇二年、五七―六一頁）当時、博士学位を持っていなかった大学教授たちは比較的短期間に博士学位を取得できるアメリカの大学院に競って留学した。日本に来て論文博士の取得を試みた人たちもいたが、結局は年数がかかりすぎることがわかりアメリカ留学に切り替えた人たちも少なくなかった。

2　大学院の特徴

①量的拡大の構造

本章の冒頭でも記した通り、一九七〇年当時の大学院生数は六六四〇人にすぎず、大学院の制度そのものは整備されていたが、実質が伴っていなかった。ところが一九七五年を境に大学院生は増加に転じ、その後一〇年間（一九七五〜八五年）に一九七〇年当時の約一〇倍（六万八一七八人）に増加したのである。さらにこの増加傾向は九〇年代に入って加速し、九〇年代の一〇年間（一九九〇〜九九年）に二・三倍増（八万七一六三人→二〇万四七七三人）を記録し二〇万台の大台に乗った。最新のデータによれば、大学院生数は二六万人台に達している。

このような量的拡大の実態はどのようなものであろうか。設置者別にみると約七割の大学院生は私立大学の大学院に、課程別にみると実に八六％の大学院生は碩士課程に在籍している。このように韓国の大学院の量的拡大を支えたのは、私立大学の大学院であり、かつ碩士課程の大学院であったといえる。

とくに注目されるのは開講別内訳である。二〇〇二年度についてみると、碩士課程の場合、昼間五二・二％、夜間四七・八％となっているが、これは一般大学院（八万二八一〇人）と専門・特殊大学院（一四万四一三二人）を併せた内訳である。専門・特殊大学院に限ってみると、四分の三は、夜間課程に通っているのであり、かれらのほとんどが現職社会人である。（表12-1）

このことと関連して、一般大学院および専門・特殊大学院の性格について、若干の説明を加えておく必要がある。先にみたように高等教育法施行令（第二一条）によれば、一般大学院（碩士・博士課程）は高度の学術研究を目的とし、研究者・大学教員などの養成を目的とする大学院である。一方、専門大学院および特殊大学院は高等教育法（一九九七年）が法制化される以前には、両者の区分が必ずしも明確ではなかった。ところが高等教育法の施行により、専門大学院はかなり特化された高度専門職分野の人材養成を目的とし、特殊大学院は現職者および一般成人のための継続教育機関として性格づけがなされることになった。したがって両者とも碩士課程を主とするが、前者の場合は設置基準のハードルが後者より高く、一定の条件をクリアすれば博士課程の設置も可能となっている。しかしそれを可能にするには、①大学院専用の建物、②大学院専任教授の確保（学生定員一〇〇名当たり、人文社会系八名、理工系一〇名、医学系二五名）、③博士課程の新設を行う場合には、教授の二分の一以上がＳＣＩへの論文掲載実績（人文社会系の場合、全国レベルの国内学術誌に毎年一篇以上の論文発表）を持つ場合に限る、等の厳しい条件がつけられている。

②専門分野の特性

次に大学院の専門分野の特色を、碩士・博士の授与状況からみてみよう。碩士学位の場合、一般大学院の碩士と専門・特殊大学院の碩士を合計した数値であるが、**表12-2**にみられるように、自然系（三六・二％）、社会系（二一・八％）、師範系（二〇・二％）の順に高い割合となっている。自然系碩士の大半は一般大学院修了者によって占められているが、社会系および師範系の碩士は、専門大学院および特殊大学院の

表 12-1　大学院生数の設置者別・課程別内訳（2002 年現在）

単位：人、（　　）内％

<table>
<tr><th rowspan="2">総　計</th><th colspan="2" rowspan="2">設置者別</th><th colspan="4">課程別・開講形態別</th></tr>
<tr><th colspan="2">課　程</th><th colspan="2">開講形態</th></tr>
<tr><td rowspan="3">262, 867</td><td rowspan="2">国公立</td><td rowspan="2">80, 585
(30. 7)</td><td rowspan="2">碩士課程</td><td rowspan="2">226, 942
(86. 3)</td><td>昼　間</td><td>118, 550
(52. 2)</td></tr>
<tr><td>夜　間</td><td>108, 392
(47. 8)</td></tr>
<tr><td>私　立</td><td>182, 282
(69. 3)</td><td>博士課程</td><td>35, 925
(13. 7)</td><td>昼　間</td><td>35, 925
(100. 0)</td></tr>
</table>

出典）韓国教育人的資源部『教育統計年報』2002 年度版から作成。

修了者によって半数以上が占められている。社会系の碩士は、専門大学院・特殊大学院としての経営大学院(四六校)、産業大学院(四〇校)、行政大学院(三七校)、経営政策大学院(一六校)の修了者がほとんどである。師範系の碩士の場合は、特殊大学院としての教育大学院(一一六校)の修了者が大半を占めている。このように碩士学位の七八・二%はこれら三分野(自然・社会・師範系)によって占められており、人文系(八・八%)、医薬系(七・五%)、芸能・体育系(五・五%)の比率は一〇%を割っている。

一方、博士学位は現状ではほとんどが一般大学院で授与されたものであるが、自然系(四四・五%)、医薬系(二六・三%)が最も多く、両者で全博士学位授与数の七〇・八%を占めている。これらに次いで多いのは、社会系(一四・二%)であり、人文系(八・五%)、師範系(四・二%)、芸能・体育系(二・三%)がそれにつづいている。先にみたように、韓国では課程制大学院が軌道に乗り学位の量産体制が整ったため、現在では年間約六〇〇〇人の博士学位が輩出されているのである。

ちなみに二〇〇一年現在の博士学位の年間授与数を日韓比較すると、自然系・医薬系の場合は日本が韓国の約三・三倍となっているが、人文系・社会系の授与数は韓国の方が多くなっている。日本の人文・社会系では課程制大学院が十分に機能していないことが、このことからも明らかである。なお、碩士(修士)課程についてみると、在籍者は韓国の方がその絶対数においてはるかに多い

表 12-2　専攻分野別学位取得者数(2001 年度)

(　　)内%

専攻分野	碩士学位取得者	博士学位取得者
人　文　系	4, 695(8. 8)	533(8. 5)
社　会　系	11, 582(21. 8)	883(14. 2)
自　然　系 (理・工・農・水産海洋等)	19, 238(36. 2)	2, 769(44. 5)
医　薬　系	3, 957(7. 5)	1, 634(26. 3)
芸能・体育系	2, 914(5. 5)	143(2. 3)
師　範　系	10, 723(20. 2)	259(4. 2)
合　計	53, 109(100. 0)	6, 221(100. 0)

出典)教育部・韓国教育開発院『教育統計年報』2001 年版より作成。

にもかかわらず、碩士（修士）学位年間授与数では日本の方がやや勝っているのは、韓国の碩士課程が現職者を対象にした特殊大学院（夜間）として設置されているケースが多いため、休学ないし長期履修者がかなりいるためと考えられる。

③大学院修了者と労働市場の関係

韓国の大学院がこのように量的に拡大した原因はどこに見出せるのであろうか。一般的によく指摘されるのは親の教育熱の高さである。韓国統計庁の「韓国の社会指標調査」（一九九一年）によれば、親（父母）の子どもに対する学歴期待は、「大学院以上」とする者が男子に対しては二四・四％、女子に対しては一四・四％となっている。同時期（一九九四年）の日本の親の子どもに対する「大学院」進学期待（男子三・七％、女子一・八％）(1)に比較すると、韓国の親の期待度が桁外れに高いことが明らかである。したがって、これだけ大学院が量的に拡大しているにもかかわらず、大学院志願者に対する入学者の比率は現状では五割程度なのである。

このように大学院進学希望が高いのは学部卒に比べ、労働市場への参入に際して有利に働くと考えるのが一般的である。ところが河合の研究によれば、韓国企業の新規採用方針は、大学院修了と学部卒は同等に扱っており、前者に対して特別に優遇措置を講じているわけではない。人文・社会系大学院修了者の場合などは、不利に働くケースもなくはないようであり、日本の事情と大差ない。それにもかかわらず大学院進学希望が高い理由として河合は、①大学卒が一般化してしまった韓国で高度の社会的活動を行うには、学卒より一段高い「〇〇大学院修了、〇〇学碩士・博士」の肩書きがものをいう（一種のブランド効果）、②大学院在籍中に教授陣および同級生との「人脈」を作ることができる、③いわゆる儒教社会特有の高学歴信仰、を挙げている（河合、一九九九年）。

ただ現職社会人の場合、特殊大学院（碩士課程）に入学して学位を取得すれば、職場における人事考課（昇給・昇進）において一定の効果がある。例えば、専門・特殊大学院のうち数の上で最も多い教育大学院（すべて夜間：一一六校）の場合、修了して碩士学位を取得すれば、一定号俸の昇給が保障されており、将来の昇進人事における加算点が取得できる仕組みになっている。したがって現職教師に人気があり、韓国の四年制大学の半数が教育大学院を有し、経営的にも安定しているといわれている。一般公務員の場合も行政大学院を修了すれば一定の優遇措置が講じられているし、一般企業も有名大学の経営大学院で碩士（ＭＢＡ）を取得すれば、それなりの処遇をするところが増えている。

ただし、一般大学院の博士課程の場合は、近年における一八歳人口の急減によりアカデミック・マーケット（教授職・研究職）が縮小しているので、博士学位を取得しても就職は楽観できない。それにもかかわらず課程博士は量産されつづけており、加えて年間一〇〇〇人以上の韓国人がアメリカで博士号を取得して帰国するので(2)、労働市場との関係でいえば韓国の博士課程は完全に供給過剰になっている。ところが博士課程在籍者は依然として増加傾向にある。

3　大学院における教育と研究の関係

高等教育法第二八条は、大学の目的を「大学は人格を陶冶し、国家と人類社会の発展に必要な学術の深奥な理論と応用方法を教授・研究し、国家と人類社会に貢献することと目的とする」と規定している。国家と人類社会に貢献するという目的を達成するために、大学は教育と研究を二大目的としているのである。ここでいう大学には「大学院」が含まれており、大学院にはとくに研究機能が期待されていることはいうまでもない。

韓国の大学院は、これまでみてきたように一九八〇年代以後、爆発的ともいえる量的拡大を遂げてきたが、その担い手になったのは「学問の基礎理論と高度の学術研究」を目的とする一般大学院ではなく、職業人の資質向上を目的とする特殊大学院（碩士課程：夜間）であった。特殊大学院の教授陣は学部（学士課程）の教授が兼任している場合がほとんどであるため授業負担が過重となり、研究はもちろん大学院教育にも十分に取り組めておらず、結果として大学院教育の質的低下を招いているといわれている。

そこで政府は一九九七年の金融危機を契機に、競争力のある国際水準の大学院育成に乗り出した。金大中政権発足（一九九八年）と同時に「頭脳韓国二一世紀事業」（通称ＢＫ‐21）を計画し、当初はソウル大学を世界に通用する大学院中心の研究大学に育成すべく、五年間（一九九九〜二〇〇三年）に一兆四〇〇〇億ウォン（約一四〇〇億円）の予算を集中的に投入する予定であった。ところがこの計画には財源不足に苦しむ全国の大学から猛反対が起こり、結局政府は原案を修正して、全国の大学を対象とする七カ年計画（予算総額は当初予算と同額であるので、年間二〇〇〇億ウォン＝約二〇〇億円）のＢＫ‐21事業をスタートさせたのである。

そこで全国の大学（主として大学院）から、四分野（①科学技術、②人文社会科学、③地方大学育成、④特定研究分野育成）に関して研究プロジェクトを公募し、プロジェクトの中心となる研究拠点（ＣＯＥ：同一プロジェクトに他大学の研究者を加えることができる）を選定した。その結果、六九のプロジェクト（研究拠点）が選定されたが、事業の主要目的が「世界水準の大学院育成」に置かれたため、もともと競争力のある二〇前後の有力大学に研究拠点は集中することになった。初年度予算の四五％に当たる約九〇〇億ウォンはソウル大学に配分される結果となった。

このＢＫ‐21の特色の第一は、特定分野を「世界水準」にすることに重点が置かれているため、とくに科学技術分野では、分野ごとにベンチマーキング大学（その分野における世界の最優良大学）と研究協力関係（著名教授の招聘、大学院生の派遣、共同研究の推進等）を結ぶことになっている。ちなみに指定されたベンチマーキング大学九八校中九二校はアメリカの大学であった。第二の特色は、研究費の集中配分の条件として大学院改革事項が組み込まれていた点である。すなわち大学院中心の研究大学への移行措置として、①学部学生定員の削減、②大学院の門戸開放（他大学出身者の五〇％以上受入れ）、③教授の研究業績評価制の実施と昇進・昇給へのリンク、④大学院入試制度の改善、などが条件として課されていた。第三の特色は、この事業が若手研究者の養成に置かれていた点である。総経費の七〇％程度を大学院生およびポスドク・フェローに対する研究奨励金、研究助手（RA）雇用、海外研修・留学に充てることが条件となっていた。

ただ、このような大学院の研究機能強化に重点を置いた事業に対しては、①特定大学（大学院）優遇、②理工系（とくに応用分野）優先、③人文社会科学系軽視、④基礎科学研究軽視、等の批判が全国の大学関係者からなされている。さらに近年における大学内ベンチャー企業の育成・支援は、大学の企業化に拍車をかけており、優秀な教授および大学院生ほど、利潤に結びつく研究に忙殺され、大学院本来の教育と研究が軽視されかねない危険性があることが指摘されている（馬越、二〇〇一年、八―九頁）。

筆者は二〇〇〇～二〇〇一年にかけて、S大学の客員教授として一年間、社会科学系研究拠点の一つに参加したが、研究の実質的担当者が大学院生であることに驚いた。かれらは本来の大学院コースワークや博士論文の執筆に集中できないほどBK-21事業に忙殺されていた。また有名大学の教授ほど社会的活動に忙しく、BK-21事業はいうに及ばず、大学院生の碩士・博士論文指導もままならないという印象を強く持った(3)。

4　大学院改革の課題と方向

以上のことから明らかなように、韓国の大学院改革の課題は、何といっても量から質への転換にある。上述のBK-21以外に、政府が力を入れている大学院改革のポイントについて、簡単に触れておこう。

第一は、大学院類型別（一般大学院、専門大学院、特殊大学院）目的に沿った大学院教育の展開（「特性化」戦略）である。高等教育法に明示されている通り、学問研究を主目的とする一般大学院、高度職業人の養成を目的とする専門大学院、社会人の生涯学習（現職教育）を目的とする特殊大学院、これら三類型の大学院の目的に沿って既存のプログラム・カリキュラムを点検し、大学院教育の専門化・高度化を進めていく必要があるとされている。

第二は、ややもすればこれまで曖昧であった専門大学院と特殊大学院の差別化を図り、とくに前者の育成に力を入れる方針を明確にしている。韓国における専門大学院の歴史は、一九五〇年代末にアメリカのプロフェッショナル・スクール（碩士レベル）をモデルに、ソウル大学に行政大学院（昼夜間：一九五九年）と保健大学院（昼間：一九五九年）、高麗大学に経営大学院（夜間：一九六三年）を設立したのを嚆矢とするが、一九八〇年代までそれほど大きな変化はみられなかった。ところが九〇年代に大学院の新設が急増し、とりわけ有職者の大学院志向が顕著になるにつれ、いわゆる特殊大学院が全国津々浦々に設立されるようになった。

とくに、高等教育法により専門大学院と特殊大学院との差別化が明確にされた後、世界レベルで競争できる高度専門職（医師、法曹人、CEO、建築等）の養成を目的とする専門大学院の設置が奨励されるようになった。設置認可に当たっては、準則主義をとってはいるものの、質保証のために、上述したような特殊大学院より高い基準を設定している。現在のところ、二〇〇五年度から医学・歯学専門大学院（いわゆるメディカル・スクール）の新入生募集がはじまることになっている。さらには金大中政権時代に提案されながら、法曹界の反対で実現に至らなかった法学専門大学院（いわゆるロー・スクール）についても、最近では法曹界と学会にかなりの歩み寄りがみられるようになったといわれているので、その実現もそれほど遠い先のことではないであろう。また現在のところ特殊大学院として運営されている多数の教育大学院のうち、一定の条件を備えている優れた機関に対しては専門大学院への転換を可能にし、教職および教育管理者の高度化を目的に、アメリカ式のEd.D.（教育学博士）を授与できる博士課程設置を認める方向での検討が進んでいる。

第三は、大学院入学定員管理の緩和（自律化）である。教育部は二〇〇一年度より、それまでの厳格な学科別の定員管理を緩和し、総定員の枠内で大学（大学院）が自由に学科の新・増設を行うことを認めた。こうした措置により、知識基盤社会を先導するe‐ビジネス、IT、新素材、デザイン、サイバー貿易、国際通信、生命工学等の分野の学科新設を奨励した。ただし、一般大学院の博士課程を新設する場合は、専任教授七名を確保すること等の条件をつけた。

最後に第四として、授業年限、学位授与、単位認定等、学事管理面での弾力的運用を大学院に対して保障すると同時に、他方において大学院評価事業を通じて大学院教育の卓越性（エクセレンス）を確保する方策が検討されている。

以上のような政府の大学院改革の方針に対して、大学側が迅速に対応できているとは必ずしもいえない。とくに国立大学は、金大中政権時に打ち出された「国立大学発展計画案」に対して積極的な反応を示さなかった（馬越、二〇〇一年、一〇一―一一頁）。ただBK‐21事業等を通じて、近年大学院間の競争は熾烈になりつつあり、大学院の高度化を目的とする研究拠点作りが加速しつつあることは間違いない。

5　提　言――日本の大学院への示唆

これまでみてきた韓国の大学院の発展と改革動向から、われわれはどのような示唆を読み取ることができるであろうか。大学院生の絶対数が日本のそれを上回っている点、日本に先駆けてＣＯＥプログラムを立ち上げた点等、韓国の大学院はわれわれに強烈なインパクトを与えてくれる。しかしながら、すでにみたように、そうした韓国の優れたイニシアチブも、仔細に検討すれば多くの問題があることもまた事実である。したがって他国の経験を学ぶに際しては慎重でなければならないが、少なくとも次の点は日本の大学院改革を考える際、参考になるのではないかと思われる。

その第一は、韓国ではかなり早い時期（一九七〇年代中盤）に、いわゆる論文博士を撤廃し課程制大学院を確立したことにより、大学教授資格としての博士学位をすべての専門分野において実質化すると同時に、国内における学位（碩士・博士）の量産体制を作り出すことに成功した点である。

第二は、アメリカの大学院制度、なかんずく専門大学院（プロフェッショナル・スクール）を早い時期（一九五〇年代末）に導入した経験があったため、高度経済成長を謳歌した一九八〇年代後半から、政府は現職社会人を対象とする各種の専門大学院・特殊大学院の設立を奨励した。また官民それぞれの立場から、大学院修了者に対して一定の優遇措置を講じたため、このことが韓国における大学院の量的拡大の引き金になったといえる。

第三は、大学院改革におけるスピードと実行力である。言葉を換えていえば、①改革方針（原理）の明快さ、②改革主導勢力のリーダーシップの存在、を挙げることができる。とくに②に関連して、大学教育協議会にみられるような国・公・私立大学の連携(4)、さらには行政府・立法府（議員）・改革主導教授の協力関係は、韓国の大学院改革に対して大きな役割を果たしてきたということができる。

注

（1）日本女子社会教育会『家庭教育に関する国際比較調査報告書』一九九四年。この調査によれば、韓国の親の「大学院」進学期待は、男子の場合四五・二％、女子の場合三三・四％となっており、韓国統計庁のデータより二倍程度高い比率となっている（河合、一九九九年、二八頁）。

（2）韓国学術振興財団が行っている海外学位取得者（博士のみ）調査によれば、いわゆる文民政権が誕生した一九九〇年代以後、海外学位取得者の帰国ラッシュが起こり、九〇年代中盤以後、年間登録者数が一〇〇〇人を越えている。ちなみに最新の調査によれば、一九九七年は二一九九人、一九九八年は一七六五人、一九九九年は一二一五人となっている（ただし、この数値はその年度に登録した人数であるので、当該年以前に帰国した者も含まれている可能性がある）。

（3）韓国のCOE（BK-21）で印象に残ったことは、一年ごとに研究成果に対する評価が定量的になされ、評価結果が悪い場合は次年度の予算が打ち切られ、研究拠点は廃止される。現に廃止された研究拠点もある。このような短期間（一年）の評価方法に対しては、大学人から批判がなされている。

（4）大学教育協議会（KCUE）は、四年制国・公・私立大学の連合体として、一九八二年に創設された特殊法人であり、大学（大学院）政策に関する研究に基づいて、政府に対し政策建議を行っている。とくに注目されるのは、大学（大学院）教育の質保障のための大学評価事業に力を入れており、大学評価認定制の実施機関となっている。

引用・参考文献（韓国語文献は日本語表記に直して記した）

馬越徹　二〇〇一年、「先を行く韓国の高等教育改革」『カレッジマネジメント』一〇七号。
――　二〇〇二年、「大学改革の日韓比較―一般教育、課程制大学院、適格認定制を中心に」『教育学年報9―大学改革』世織書房。
河合紀子　一九九九年、「韓国における高学歴化現象と要因に関する研究―大学院進学機会市場と労働市場の関係を中心として」（ソウル大学大学院社会学科碩士論文の日本語版）。
韓国教育部　一九九八年、『教育五〇年史：一九四八―一九九八』。
――――　二〇〇〇年、「高級頭脳人的資源開発のための全国大学院碩・博士課程運営基本統計」。
韓国大学教育協議会　一九八八年、『わが国の大学院学位制度改善に関する研究』。
韓国文教部（教育政策審議会）　一九七四年、『韓国高等教育の実態』。
鄭宇鉉　一九九二年、『わが国の大学院学位制度』（教育新書一七六）培英社。
朴仁鵬　二〇〇〇年、「教育資格証取得と教育大学院進学のための師範系大学院進学ガイド」東南企画。
Ministry of Education & Human Resource Development (Republic of Korea), *Education in Korea : 2001～2002.*

13 中国の大学院

南部広孝

はじめに

二〇〇四年一月一一日の『中国青年報』紙で、二〇〇四年の碩士課程（わが国の修士課程に相当）募集計画数約三三・七万人に対して、受験応募者が九四万人に達し、過去最高を記録したことが報じられた。受験応募者の数はここ数年つづけて増加している。また、受験応募者のうち二〇〇四年に学士課程に当たる本科課程を卒業する者は四七・四万人で、これは四年前（二〇〇〇年）の本科課程入学者一一六万人の四〇・九％を占めている(1)。もちろんかれらの全員が碩士課程に進学するわけではなく、ほぼ募集計画通りの人数だけしか入学できないのだが、この数字は、中国の多くの本科課程卒業者にとって碩士課程への進学が卒業後とり得る選択肢の一つとなっていることを示している。

中国では、二〇〇二年時点で碩士課程と博士課程併せて五〇・一〇万人が在籍している（『中国教育報』二〇〇三年五月一三日)。つまり大学院生数からみれば、すでにわが国の大学院教育よりかなり大きな規模になっている。しかも、後述するように本格的な量的拡大が一九七〇年代末からようやくはじまったことを考えると、中国の大学院教育はわが国を大きく上回る速度で拡大しているといってよい。

本章では、このような急速な量的拡大がみられると同時に、さまざまな取組みによって質の向上をめざしている中国の大学院教育の特徴を検討したい。

ところで中国語で、わが国における組織としての「大学院」に相当する言葉は何だろうか。本科課程修了後さらに進学する段階という意味では、前述の碩士課程や博士課程が制度化されている。しかしそれらを総称する語は「研究生教育」であって、あくまでも一教育段階を指しているにすぎない。中国語でいう「研究生」とは、碩士課程と博士課程で学ぶ学生の総称である。「研究生教育」を管理する組織である「研究生院」は、語感として類似しているようにも思われるが、後述するようにこの組織は「研究生教育」を行うすべての機関に設置されているわけではなく、日本の「大学院」に相当するとはいい難い。つまり、大学院教育を行う組織の形態がわが国と中国とでは異なっているのである。

以上を踏まえて本章では、「研究生教育」と呼ばれる中国の大学院教育に焦点を当て、そこにかかわる大学教員と学生とが行う諸活動を対象にすることにする。なお本章においては、中国語の「研究生教育」の訳語として「大学院教育」、同じく「研究生」の訳語として「大学院生」を用いる。

1　中国における大学院教育の制度化

まず中国における大学院教育の制度化について、関連法規を中心に歴史的変遷をまとめておくことにしよう。制度化の過程は次の三つの時期に分けることができる。

まず第一期は、一九〇二年から一九四九年までの時期である。この時期は、わが国をはじめとする他国に範をとりつつ大学院教育と学位制度の導入が図られた時期であった。

中国における大学院教育は、法規上は一九〇二年の「欽定学堂章程」の中に「大学院」段階が規定されたのがはじまりである。しかし「欽定学堂章程」はほとんど実施されないままに終わり、一九〇四年に改めて「奏定学堂章程」が制定された。この中の「大学堂章程」で「通儒院」を設けることが規定された。この「通儒院」では、修業年限は五年以内とされ、卒業の条件は学術的あるいは応用的に新しい成果を出すことだった。

このように法的には清末期にすでに規定がみられ、中華民国となった一九一二年の「大学令」でも「学術の蘊奥を研究する」ことを目的とした「大学院」の設置が謳われたものの、実際に大学院教育がスタートしたのは、北京大学に「研究所」が設けられた一九一八年だとされる（李、一九九七年、一四四頁）。この後清華大学や廈門大学、中山大学などにも大学院教育を行う組織が設けられた。一九三五年には、「学位授与法」、「学位分級細則」、「碩士学位考試細則」など学位に関する一連の法規が公布された。しかし、一九三五年から一九四九年までの間に碩士学位を得た者は二〇〇名余りで、博士学位を得た者はいなかった（劉・侯、一九八八年）。

第二期は、中華人民共和国成立から文化大革命（以下、文革と略）終結までである。この時期には、新しい社会主義国家にふさわしい大学院教育および学位制度の在り方が模索された。一九五一年に公布された政務院の「関於改革学制的決定」では、高等教育機関は「研究部」を設け、中国科学院やその他の研究機構と協力して大学教員と研究者を養成するとされた。そしてこの規定を具体化して制定された「高等学校培養研究生暫行辦法（草案）」（一九五三年、以下

「暫行辦法」と略）により、旧ソ連の専門家を招聘している高等教育機関と条件のかなり整った高等教育機関は大学院生養成の任務を担うことになった。大学院生が到達すべき目標は、二年ないし三年の学習を経て、自らの専門のうち一、二科目を教え得るとともに一定の科学研究能力を有することであった。入学の対象として、高等教育機関の一般の卒業生のほか、高等教育機関の助教（日本の助手に相当）がとくに挙げられている。一九六三年に公布された「高等学校培養研究生工作暫行条例（草案）」では、募集対象が進歩的な思想を持ち、業務が優れていて健康な三五歳以下の者とのみ規定されている点、また卒業するために論文を執筆することが必須条件となっている点が「暫行辦法」と異なっている。この二つの法規から、この時期の前半には教育能力の養成が重視されていたのに対して、後には研究能力が強調されるようになったことがわかる。

一方この時期、学位制度の導入は何度か検討され、一九五五年には中国科学院で養成した大学院生に対する副博士学位の授与が規定されたこともあったが(2)、全面的な実施には至らなかった。

なお、一九六六年から一九七六年までの文革期には大学院教育は中断された。

第三期は、文革終結後今日までの時期である。この時期には、大学院教育が急速に拡大するとともに、学位制度をはじめとして関連の条件整備が進められている。

文革終結直後といってよい一九七七年一〇月、「関於高等学校招収研究生的意見」が公布され、その中で、高等教育機関、とくに重点大学で人的条件が整っていて科学研究の基礎がしっかりしている機関は積極的に大学院生を募集することが求められた。学制は三年で、卒業後は科学研究に従事するか高等教育機関の教員になることが明記されている。これを受けて一九七八年には一万人を越える大学院生が入学した。また一九八一年に「中華人民共和国学位条例」（以下、「学位条例」と略）が施行され学位制度が導入されたことにより、大学院教育は大きく碩士課程と博士課程とに分けられた。さらに一九八四年以降、「大学院生クラス」が開設されている。この「大学院生クラス」は学位取得を目的とせず、おもに碩士学位取得のためのコースワークを学習するだけで修了となり、学位論文の作成は課されない。

このように、中国における大学院の制度化過程はほぼ一〇〇年の歴史を有している。このうち一九四九年の中華人民共和国成立以降今日まで、つまり第二期および第三期における大学院生の在学者数、入学者数、卒業者数を示したのが**図13－1**である。第二期には在学者が多い時でも六〇〇〇人余りにすぎず、量的拡大がほとんどみられなかったのに対して、一九七七年以降の第三期には、一九八〇年代後半に一時的な減少がみられるものの、基本的には拡大傾向を示している。そして一九九〇年代末以降は非常に急速に拡大していることが確認できる。

2　現在の大学院教育――組織、教員、大学院生

それではつづいて、大学院教育を行う組織、大学院教育にかかわる教員と大学院生について整理しよう。

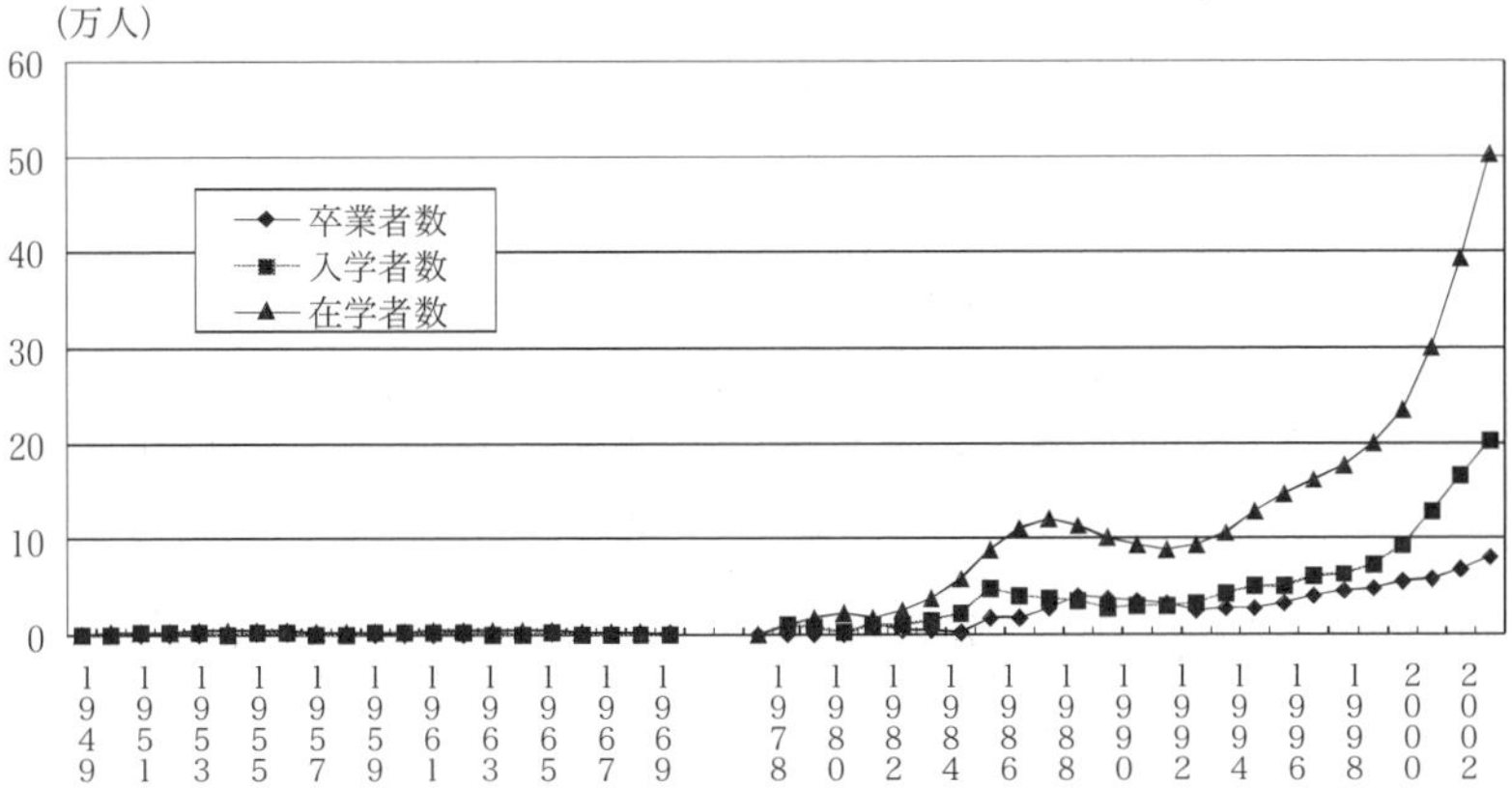

図 13－1　大学院生数の変遷(1949 ～ 2002 年)

出典)『中国教育成就 1949-1983』;『中国教育成就 1980-1985』;『中国教育成就 1985-1990』;『中国教育事業統計年鑑』1992 ～ 2001 年の各版;『中国教育報』2003 年 5 月 13 日より作成。

①大学院教育を行う組織

一九九八年に公布された「中華人民共和国高等教育法」（以下、「高等教育法」と略）によれば、大学院教育は高等教育機関と国務院教育行政部門の承認を受けた科学研究機関(3)で実施されることになっている。一般には専攻レベルを単位として学位授与権が与えられている。一九八一年に「学位条例」が施行された時、国務院学位委員会によって博士学位および碩士学位の授与権を有する組織が選ばれた。この時、碩士学位の授与権は三五八機関の三一六六組織に与えられ、博士学位の授与権は一五一機関の八一七組織に与えられた（劉・侯、一九八八年）。その後数度にわたって審査が進められ、二〇〇〇年時点で、碩士学位授与権は六五五機関の八三六〇組織、博士学位授与権は三三三機関の二一五七組織に与えられている。

一九八〇年代半ばには、これらの機関のうち、学問分野が揃っていて学位授与権を有する組織が多く、人的・物的条件の整っている高等教育機関で、大学院教育の管理組織として「研究生院」が試験的に設置された。設置理由としては、質の高い人材を多く養成するのに有利であること、資源を集中させて重点的に博士、碩士の養成拠点を作るのに有利であること、大学院教育の指導・管理を強め、経験を重ねて中国独自の大学院教育制度を完備するのに有利であることなどが挙げられた。モデルケースに選ばれたのは三三の高等教育機関である。これら三三の「研究生院」は、一九九五年の「研究生院設置暫行規定」の公布を受けて正式な設置が認められ、いずれも一九九六年に正式に設置されている(4)（表13－1）。同規定によれば、「研究生院」には、校長もしくは副校長が兼任で院長となり、副院長が一人ないし三人置かれる。そして、大学院教育改革の組織、大学院教育に関する長期および単年度の新入生募集計画の策定、指導教師の選出、大学院教育および学位授与の質についての検査や評価、大学院教育に関する経費の統一的な管理などが「研究生院」のおもな職務となっている（陸・范、一九九五年）。

以上から、大学院教育を行っている機関は、「研究生院」を有する高等教育機関と、それを持たない高等教育機関や科学研究機関とに分けられる。すでに述べたように、「研究生院」を有する高等教育機関は学位授与権を有する組織を多く抱えている機関であるため、学位授与数では全体の授与数のかなりの部分を占めることになる(5)。それを一九九七年のデータで確認すると次のようになる（国務院学位辦公室、一九九九年）。同年には三万八〇二四の碩士学位が授与されているが、このうち四〇・八％は当時「研究生院」を有していた三三の機関で授与された。機関別でみると、最も多くの碩士学位を授与したのは清華大学（一〇九八）で、北京大学（九二二）、南開大学（七六八）、復旦大学（七四〇）がつづいている。また、同年授与された六六七五の博士学位のうち、四九・二％に当たる三二八二が同じく「研究生院」を有する機関で授与されている。博士学位の機関別授与数では、北京大学が二六二と最も多く、つづいて清華大学（二四三）、南京大学（一八七）、中国協和医科大学（一八二）、西安交通大学（一八一）などとなっている。

表 13-1　1996 年に「研究生院」の正式設置が認可された高等教育機関一覧

	高等教育機関名　（　）内は所在省・直轄市
1984 年に国務院の認可を受けて試行をはじめた機関	北京大学（北京）、中国人民大学（北京）、清華大学（北京）、北京航空航天大学（北京）、北京理工大学（北京）、北京科技大学（北京）、北京師範大学（北京）、北京農業大学（北京）、北京医科大学（北京）、南開大学（天津）、天津大学（天津）、吉林大学（吉林）、哈爾濱工業大学（黒龍江）、復旦大学（上海）、上海交通大学（上海）、上海医科大学（上海）、南京大学（江蘇）、浙江大学（浙江）、武漢大学（湖北）、華中理工大学（湖北）、国防科技大学（湖南）、西安交通大学（陝西）
1986 年に国務院の認可を受けて試行をはじめた機関	中国協和医科大学（北京）、大連理工大学（遼寧）、東北大学（遼寧）、華東師範大学（上海）、同済大学（上海）、東南大学（江蘇）、廈門大学（福建）、中国地質大学（湖北）、中山大学（広東）、西北工業大学（陝西）

注 1）上記 32 校の他、中国科技大学では 1978 年に「研究生院」が成立している。
注 2）機関名は、「研究生院」が正式に設置された 1996 年時点のものである。
出典）陸・范 1995。

②大学院教育にかかわる教員

大学院教育に中心的にかかわる大学教員は、大きく博士課程指導教師と碩士課程指導教師とに分けられる。博士課程指導教師とは、文字通り、博士課程の学生を指導する資格を持つ大学教員のことである(6)。一般には「当該学問分野・専攻において学問的造詣が深く、教学または研究活動において成果が顕著な教授、研究員または相応の職称を有する者」で、「博士学位を授与する権限を有する学問分野・専攻における学術面での指導者」であって、その研究成果が「国内の当該学問領域でトップレベルにあるとともに一定の国際的水準に達している」とされる(秦、一九九四年)。その資格認定は、当初は国務院学位委員会学科評議組の審査と国務院学位委員会の認可を経なければならないとされていたが、近年の改革により、一部の高等教育機関では自ら認定できるようになっている。碩士課程指導教師も、碩士課程の学生を指導する資格を持つ大学教員のことを指し、十分な教学・研究活動の経験とともに当該専攻における一定の研究業績を有することが求められている。

博士課程指導教師や碩士課程指導教師は、いったん選ばれるとその後ずっとこうした職務を担当するというわけではなく、その職を解かれることもある。一例として山東農業大学では、一定年齢に達した教員とともに、研究費の少ない者や何年もつづけて大学院生を受け入れていない者に対してその新入生募集資格が停止される措置がとられている。同大学では、三年つづけて審査の結果新入生募集資格がないとみなされると、大学院生指導教師の資格を失うことになる。この方法により、指導教師の中に競争メカニズムを作り出し、大学院生養成の質を高めることが目的であるという(『中国教育報』一九九九年一月二一日)。

二〇〇二年時点で、大学院教育にかかわる教員は一一万五四六二人(うち高等教育機関所属は一〇万二九七〇人、以下同じ)いる。内訳は、博士課程指導教師が九三九五人(同七〇六五人)、碩士課程指導教師が八万九七六五人(同八万一七一一人）で、博士課程と碩士課程の大学院生をともに指導する教師が一万六三〇二人（同一万四一九四人）となっている。

③大学院生

大学院生も、大きく碩士課程の大学院生と博士課程の大学院生とに分けられる。「高等教育法」によれば、碩士課程は、当該学問分野の基礎理論や専門知識を身につけさせて当該専攻での実務や科学研究に従事できる能力を持たせることが目標とされており、修業年限は二年ないし三年である。博士課程は、当該学問分野で碩士課程より広範な基礎理論や専門知識を身につけさせて当該学問分野での科学研究や実務に独立して従事できる能力を持たせることが目標であり、修業年限は三年ないし四年である。

碩士課程を受験できるのは、大学本科課程卒業者、大学専科課程を卒業して卒業後二年以上経ち大学本科課程卒業者と同等の学力を持つ者、それからすでに碩士学位あるいは大学院レベルの学歴を有する在職者で、いずれも四〇歳以下の者である。例えば、二〇〇一年の碩士課程受験応募者四六万人のうち、二番目の大学専科課程の学歴しか有していない者は一三・六％いた（『中国教育報』二〇〇一年一月一一日）。また、この四六万人のうち、当年の本科課程卒業者は二〇万人であった。つまり、碩士課程受験者の約半数はすでに就業経験を有していることになる。このように就業経験者の比率が高いことは、中国の大学院教育の特徴の一つである。一方博士課程では、碩士学位取得者あるいはそれと同等の学力を有する四五歳以下の者が募集対象となっている。

碩士課程の受験者は、全国統一入試および各募集組織が行う二次試験（原語は「複試」）で合格した後、入学が認められる。入学試験では、政治理論、外国語と二つの専門科目（二〇〇二年までは三科目）が課され、このうち政治理論、外国語専攻以外の英語、ロシア語、日本語と一部の専門科目は国の教育行政部門が統一的に出題し、他の科目は募集組織が自ら出題することになっている。二次試験では、専門知識や研究能力について、筆記試験や面接などの方法で審査される。これに対して博士課程の入学試験は、募集組織がそれぞれ実施することになっており、試験科目も各募集組織が決定する。例えば二〇〇四年、北京大学の高等教育学専攻（中国高等教育、国際高等教育および比較高等教育）では⑴英語、ドイツ語から一科目、⑵教育学と教育史、⑶比較高等教育の三科目が課されたのに対し、廈門大学の高等教育学専攻（高等教育理論等）では⑴英語、ロシア語、日本語から一科目、⑵高等教育学、⑶高等教育管理、比較高等教育、高等教育カリキュラム・教学論から一科目の三科目が課されている。

こうした試験を経て入学した大学院生は、コースワークと論文執筆を行う。大学院生が学ぶカリキュラムは大きく、マルクス主義理論科目、外国語科目、基礎理論科目と専門科目に分けられる。基礎理論科目や専門科目でとるべき授業は各専攻ごとに決められ、また専攻ごとに必読文献も定められている。外国語科目は、碩士課程では一種類、博士課程では二種類が要求される。これらの科目すべてに合格した者が論文の口頭試問に参加することができる。碩士学位の論文口頭試問委員会（原語は「論文答辯委員会」）は三人ないし五人で構成され、一般にはその中に当該組織以外の大学教員を含むことになっている。博士学位の論文口頭試問委員会は五人ないし七人で構成され、そのうち二人ないし三人は当該組織以外の大学教員である。碩士課程、博士課程ともに、論文口頭試問委員会構成員の三分の二以上が賛成すれば、学位が授与される。

大学院生の状況を実際のデータで確認しよう。やや古いデータになるが、一九九七年に碩士学位を取得した者の平均年齢は二八歳、学位取得までの学習期間は平均二・七年であった。同年、博士学位を取得した者の平均年齢は三三歳で、学位取得までの学習期間は三・三年となっている。また大学院課程修了後の就職についてみると、一九九七年の碩士学位取得者では、三〇％余りが高等教育機関、約一五％が科学研究機関に就職しており、工場や企業等に就職した者もほぼ一五％である。工場や企業等に就職する者の比率は、一九九一年には一〇・九％であり、やや上昇傾向にある。また同年、博士学位取得者では、高等教育機関に就職した者がほぼ六割、科学研究機関就職者が一八％で、工場や企業等に就職したのは三・三％にすぎない（国務院学位辦公室、一九九九年）。このほか、これ以外の組織で就職する者や留学する者、さらに上級の段階で学習や研究をつづける者などがいる。

大学院生の量的な推移は先にみた通りである。二〇〇二年時点での在学者数五〇・一〇万人のうち、碩士課程の大学院生は三九・二三万人、博士課程の大学院生は一〇・八七万人となっている（『中国教育報』二〇〇三年五月一三日）。

3　近年の改革動向

前述のように、中国の大学院教育は最近約二〇年の間に大きく量的拡大してきているが、その間同時にさまざまな改革が行われてきた。大学院教育の改革については、日本でも例えば一九九八年の大学審議会答申『二一世紀の大学像と今後の改革方策について―競争的環境の中で個性が輝く大学』の中でいくつかの改革方策が提言されている。本節では、この答申で提言されている方策を意識しつつ、中国で近年進められている改革のおもな動向を取り上げることにする。

第一は、養成する人材の多様化をめざす方策である。一九八〇年代前半には、大学院課程卒業者の八〇～九〇％は高等教育機関や科学研究機関に就職していたが、産業界やその他の実務部門において大学院課程卒業者の需要が高まり、従来の方式による大学院生の養成では対応できない状況が生じてきた。そのため主として、次の二つの方策がとられた。一つはすでに述べたように、学位の取得を目的としないコースの設置である。この「大学院生クラス」は、社会経済発展の中で生じた大学院生に対する需要に対応することをめざして、必要とされる専攻で必要な数が設けられた(北京大学高等教育科学研究所、一九九五年)。

もう一つは専門職学位(原語は「専業学位」)の導入である。一九八〇年代半ばから、一部の工学系高等教育機関が「工程碩士」の試験的養成をはじめたり、医薬系の機関が「臨床医学博士」の養成をはじめたりした(北京大学高等教育科学研究所、一九九五年)。一九九〇年に開催された国務院学位委員会では、上記二つの学位以外に、「工商管理碩士」(ＭＢＡ)などの専門職学位を試験的に導入することが決定された。中でも「工商管理碩士」(ＭＢＡ)を養成する組織と学生はいち早く増加し、二〇〇一年には六二の高等教育機関において一万二一七三人が募集採用されるまでになっている(『中国教育報』二〇〇一年一一月二七日)。また「法律碩士」は、一九九五年の国務院学位委員会において中国人民大学や北京大学など八つの高等教育機関で試験的に導入することが決められ、一九九六年から学生募集が行われている。このように専門職学位の種類は徐々に増やされ、二〇〇〇年時点ではこれら四つ以外に、「建築学碩士」、「教育碩士」、「公共衛生碩士」、「口腔医学博士および碩士」、「公共管理碩士」、「農業推広碩士」、「獣医博士および碩士」が設置・試行されるに至っている(『中国教育報』二〇〇一年一一月一〇日)。

さらに、大学院教育修了と同等の学力を有する者に対して、コースワークを課すことなく碩士学位や博士学位を授与する制度が整備されている。この制度は「学位条例」の中にすでに萌芽がみられたが、一九八六年に暫定的な規定が作られて試験的導入が行われ、それを踏まえて、一九九八年に正式な規定「関於具有研究生畢業同等学力人員碩士、博士学位的規定」が公布された。この制度では、例えば碩士学位の授与は次のように行われる。申請資格を持つのは、学士学位を有し、学士学位取得後三年以上働いていて、申請する専攻あるいは関連の分野で成果を挙げている者である。提出された資料によって学位申請を行う資格があるかどうかが審査される。それに通過すると四年以内に学位授与権を持つ組織が実施する各科目の試験と全国統一の試験に合格しなければならず、これらの試験に合格した後、一年以内に論文を提出することが求められる。そして、すべてのプロセスを通過した者に対して碩士学位が授与される。博士学位に関しても、基本的なプロセスは同じである。

第二に、大学院教育の質的向上をめざす措置の導入が挙げられる。ここでは、組織評価のシステムと「中間審査」を取り上げる。

大学院教育や授与された学位に対する評価活動は一九八〇年代半ばからはじめられたが、大規模で影響力の大きい評価活動が展開されるようになったのは、一九九四年七月に「高等学校与科研院所学位与研究生教育評価所」という組織が設置されてからである。この組織の主要な任務は、高等教育機関および科学研究機関にある学位授与権を有する組織の評価と、その組織で行われている大学院教育の質的評価を行うことであり、これまでに次のような評価活動を行っている(『中国教育報』一九九九年一月二一日)。一九九五年には、国家教育委員会(当時)の委託を受けて三三カ所の「研究生院」の評価を行い、また全国の数学、化学、力学、電気工学、コンピュータ科学と技術の五つの分野で博士学位授与権を有する組織に対して評価を実施した。後者の評価では、一五の組織が合格できず、国務院学位委員会から「イエローカード」が出されている(『中国教育報』一九九六年七月九日)。また一九九七年にも、早い時期に学位授与権を与えられた組織が基本的条件を満たしているかについて大規模な評価が実施されている。この時の評価では、いくつかの組織で、経済・社会・科学技術の発展に適応できていない、教育内容が古くて教育方法が簡単すぎる、養成した大学院生が現代の科学技術の発展より遅れているなどの問題があることが指摘された。そして合格しなかった組織に対しては、新入生募集の一時停止や学位授与の一時停止、学位授与権の抹消などの措置がとられている。こうした一連の評価の結果は、新聞などによって広く公表されている。

また一九八〇年代半ば以降、碩士課程の大学院生の養成過程において、「中間審査」が試行されている。これは、一九八六年に国家教育委員会（当時）が公布した「関於改進和加強研究生工作的通知」の中で提案された制度であり、碩士課程の前半でコースワークを修了した大学院生に対して審査を行い、優秀な者は博士課程に繰り上げ、逆に成績が良くなく明らかに研究能力の欠けている者は学習を終えて就職させるというものである。古いデータだが、北京師範大学では、一九八六年から一九九一年までに入学した碩士課程大学院生一九一〇名のうち、繰り上げて博士課程に進んだ者が二二名、その時点で学習を終えた者が三二名いた（北京師範大学校長辦公室、一九九四年、一二一頁）。

この他、一九九九年からはじまった優秀博士学位論文の表彰制度も、質的向上を促すことを目的としている。

第三に、教育・研究拠点としての機関整備に関連した動きが挙げられるだろう。現在中国では「二一一プロジェクト」（原語は「二一一工程」）が進められている。このプロジェクトは、二一世紀に向けて一〇〇前後の高等教育機関と一群の専門分野を選んで重点的に整備・拡充を進め、専門性の高い人材の養成と社会経済や科学技術の発展のための拠点として、教育・研究面で国内のトップレベルにするとともに、そのうちの一部の機関や専門分野を世界のトップレベルに近づけようとするものである。一九九三年に国家教育委員会（当時）から出された「関於重点建設一批高等学校和重点学科点的若干意見」の中では、質の高い教員集団を擁することや教育・研究水準が高いことなどが選抜条件とされている。このプロジェクトで対象とされるのが大学院教育だけでなく、高等教育機関で行われている教育・研究をはじめとするすべての活動であるのはもちろんだが、大学院教育は重要な対象領域の一つになっており、選抜条件の中には具体的に「碩士学位・博士学位の授与権を有する組織や重点専門分野を一定数有し、高いレベルの専門的な人材を多く養成し、その質が高いこと」も挙げられている（何、一九九八年、三五三一頁）。また二〇〇〇年の時点で、このプロジェクトに参加しているほぼ一〇〇の高等教育機関には、全国の高等教育機関に在学している碩士課程大学院生と博士課程大学院生のそれぞれ六九％、八四％が在学していた（『中国教育報』二〇〇〇年一二月七日）。つまりこのプロジェクトを通じて、中国の大学院教育はさらなる量的拡大や質的向上がめざされている。

おわりに

ほぼ一〇〇年前から導入されてきた中国の大学院教育は、紆余曲折を経た後、一九七〇年代末以降急速に量的拡大してきた。それとともに質的向上を図ったり、養成する人材の多様化を進めたりとさまざまな改革が行われている。その中には、第3節で示したように、わが国の大学審議会答申で出された提言を先取りしていると思われるような方策も含まれている。もちろん、こうした改革の実施に当たっては基準や方法の確立、経費の保障など解決しなければならない困難な課題があるだろうし、国情の違いから直接には参考にならないかもしれないが、中国で進められているこうした改革は、わが国の大学院教育を考える際の手がかりを与えてくれると思われる。

中国は文革終結後、「四つの現代化」政策を進めてきた。科学技術はその柱の一つであり、教育はこの政策を進める基本であるとされた。そして一九九五年以降、「科学と教育で国を興す」（原語は「科教興国」）戦略がとられている。これは簡単にいえば、科学技術と教育を重視していち早く経済、社会の発展を行うという考え方である。この戦略を実現するためには人材、とくに科学技術に携わる人材の養成が必要であり、したがって大学院教育の量的拡大や質的向上がいっそう求められる。一九九九年に発表された「面向二一世紀教育振興行動計画」においても、大学院生数を大学生数が増加する以上の速度で増やすことが明記され、また高等教育機関に対して、新しい知識や技術の創造、技術開発を進めることを求めている。現在の大学院教育の規模ははじめに述べたようにすでにわが国を上回るものとなっているが、潜在的な入学者数の増加可能性や大学院教育拡大に対する需要を考慮すれば、長期的にはわが国よりも相当大きな規模となることは間違いない。

一九九七年にはSCI（科学引用索引）収録論文数で中国が第九位になり、はじめて一〇位以内に入ったことが報じられた（『大学生』一九九九年第五期、四五頁）。これは、直接大学院教育と関連するわけではないものの、中国の科学研究の水準が確実に上昇していることを窺わせる。大学院教育の規模が今後さらに拡大するであろうことを考えあわせると、中国が将来的に学問中心地の一部を担うようになることは十分に予想される。今後の行方に注目していく必要があるだろう。

注

（1）五年を越える修業年限を課している専攻もあり、また中途退学する学生もいるため、これは近似的な数字である。

（2）副博士学位については、一九五七年に高等教育部から正式な名称ではないとの通知が出され（何、一九九八年、七四二頁）、実際には授与されなかった。

（3）こうした科学研究機関には、中国科学院所属の研究所や中国社会科学院、中央行政部門所管の研究所（財政部財政科学研究所、鉄道部科学研究院、国家地震局地質研究所など）、地方政府所管の研究所（上海社会科学院、広東省心血管病研究所など）が含まれる。なお、中国人民解放軍所管の高等教育機関や科学研究機関でも大学院教育が行われている。本章における大学院教育一般についての記述ではこれらすべての機関を含めているが、「高等教育機関」の語を用いている時には、とくに機関名を記している場合を除いて、中国人民解放軍所管の高等教育機関は考察の対象からはずしている。

（4）二〇〇〇年には二二の高等教育機関で、また二〇〇二年には二つの高等教育機関で、新たに「研究生院」の試験的設置が認可されている（教育部教育管理信息中心、二〇〇二年、五九七頁）。

（5）　機関ごとに学位授与数を比較した場合には、「研究生院」を持たない高等教育機関で「研究生院」を有する機関よりも多くの学位を授与している機関が存在している。

（6）　博士課程指導教師の経歴に関しては、北京大学の博士課程指導教師を対象にした南部（一九九九年）の分析がある。

引用・参考文献

南部広孝　一九九九年、「中国における大学教員の養成過程―北京大学博士課程指導教師の学歴を手がかりとして」『比較教育学研究』第二五号。
南部広孝編　二〇〇二年、『文革後中国における大学院教育』（高等教育研究叢書六九）広島大学高等教育研究開発センター。
長谷川豊・南部広孝・吉村澄代　一九九八年・一九九九年、「『中華人民共和国高等教育法』訳と解説」『季刊 教育法』第一一八号・第一一九号。
北京大学高等教育科学研究所　一九九五年、『中国の高等教育改革』（大塚豊訳）（高等教育研究叢書三三）広島大学大学教育研究センター。
北京師範大学校長辦公室編　一九九四年、『北京師範大学年鑑（一九九二）』北京師範大学出版社。
国務院学位辦公室編　一九九九年、『一九九七年学位与研究生教育統計資料』中国档案出版社。
何東昌主編　一九九八年、『中華人民共和国重要教育文献（一九四九年～一九九七年）』（全三巻）海南出版社。
教育部教育管理信息中心編　二〇〇二年、『全国研究生教育概覧』四川人民出版社。
李盛兵　一九九七年、『研究生教育模式嬗変』教育科学出版社。
劉暉・侯春山主編　一九八八年、『中国研究生教育和学位制度』教育科学出版社。
陸叔雲・范文曜主編　一九九五年、『中国普通高等学校研究生院』北京理工大学出版社。
秦恵民主編　一九九四年、『学位与研究生教育大辞典』北京理工大学出版社。

なお中国には、一九八四年創刊の『学位与研究生教育』という雑誌があり、学位制度や大学院教育に関する論文や関連情報が掲載されている。この雑誌は、本文中でしばしば引用した『中国教育報』紙とともに、中国の大学院教育を理解する際には欠かせない文献であると思われるので、ここにとくに記しておく。

14 日本の大学院改革の将来

江原武一

1 大学院改革の進展

①大学院の制度的特徴

大学院は初等教育（小学校）、中等教育（中学校・高等学校）の次に接続する最終的な学校教育を提供する高等教育機関の一つである。高等教育機関には大学院のほか、大学、短期大学、高等専門学校の第四・五学年を含めるのが一般的だが、近年ではそれに加えて、高校卒を入学資格にする専修学校を含めるようになった。高等教育の大衆化に伴い、それぞれの学校種の中にユニークな特色ある学校や教育課程が数多く生まれ、制度的多様化が進んでいる。

二〇〇三年に改正された「学校教育法」によると、大学院は、「学術の理論及び応用を教授研究し、その深奥をきわめ、又は高度の専門性が求められる職業を担うための深い学識及び卓越した能力を培い、文化の進展に寄与することを目的とする」（第六五条）高等教育機関である。大学院は教育法制上大学に置かれるが、この改正により、日本の大学院には従来の大学院に加えて、新たに専門職大学院が導入された。それに伴い、高度専門職業人養成に特化した教育を行う大学院修士課程として一九九九年に創設された「専門大学院」は専門職大学院へ移行した。

どちらも学術の理論および応用を教授・研究することに変わりはないが、従来の大学院はその深奥をきわめて研究者を養成するとともに、高度専門職業人も養成するのに対して、専門職大学院はもっぱら高度専門職業人養成に特化した実践的な教育を行うことにより、文化の進展に寄与することを目的としている。入学資格は大学を卒業した者またはこれと同等以上の学力があると認められた者である。また従来の大学院の場合、大学は大学院の課程を修了した者に対して修士または博士の学位を授与し、専門職大学院の課程を修了した者には専門職学位を授与する。

大学院の課程は大きく修士課程、博士課程、専門職学位課程の三つに分かれる。そのうち修士課程は広い視野に立って精深な学識を授け、専攻分野における研究能力またはこれに加えて高度の専門性が求められる職業を担うための卓越した能力を培うことを目的としており、標準修業年限は二年である。大学院に二年以上在学して三〇単位以上を修得し、かつ必要な研究指導を受けた上、修士論文の審査および試験に合格した者に修士の学位が授与される。ただし優れた業績を上げた者については、大学院に一年以上在籍すれば足りる。また当該修士課程の目的に応じ適当と認められる時は、特定の課題についての研究の成果をもって修士論文の審査に代えることができる。

博士課程は専攻分野について、研究者として自立して研究活動を行い、またはその他の高度に専門的な業務に従事するに必要な高度の研究能力およびその基礎となる豊かな学識を養うことを目的としており、標準修業年限は五年である。五年一貫の課程の他、前期二年と後期三年に区分し、前期二年の課程を修士課程として取り扱う大学院もある。また教育・研究上必要がある場合には、後期のみの博士課程を置くことができる。なお医学・歯学・獣医学等を履修する博士課程は四年制であり、修士課程は置かれていない。

大学院に五年以上（医・歯・獣医学等は四年以上）在学して三〇単位以上を修得し、かつ必要な研究指導を受けた上、博士論文の審査および試験に合格した者に博士の学位が授与される。ただし優れた業績を上げた者については、大学院に三年以上在籍すれば足りる。なお博士の学位にはこの課程博士の他に、大学院の行う博士論文の審査に合格し、かつ博士課程修了者と同等以上の学力があると確認された者に授与される論文博士がある。

専門職学位課程は高度の専門性が求められる職業を担うための深い学識および卓越した能力を培うことを目的としており、標準修業年限は二年、または専攻分野の特性によりとくに必要があると認められる場合には一年以上二年未満である。ただし法曹養成のための教育を行うことを目的とする法科大学院の課程の標準修業年限は三年である。専門職大学院に二年（二年以外の標準修業年限を定めている場合には当該標準修業年限）以上在学して三〇単位以上の修得その他の教育課程の履修（法科大学院は九三単位以上の修得）により課程を修了した者に、高度専門職業能力を修得したことを証明する学位として専門職学位が授与される。

大学院の現況をごく簡単にみると（二〇〇二年）、六六九校の大学のうち、大学院を置く大学は四九四校で、全体の七四％を占める。大学院学生数は二二万四〇〇〇人、そのうち修士課程学生数は一五万五〇〇〇人、博士課程学生数は六万八〇〇〇人である。女性の比率は修士課程二七％、博士課程二七％であり、企業等を退職した者や主婦等を含む社会人の大学院学生数は三万九〇〇〇人を数え、大学院学生の一五％を占める。なお大学生総数は二七八万六〇〇〇人であり、大学院学生はその八％を占めている。

修士課程の専攻分野別構成比では（二〇〇三年）、工学（四〇％）が最も高く、次いで社会科学（一四％）、理学（九％）の順になっている。過去五年間では、人文科学、工学、農学の比率が低下した。また博士課程の専攻分野別構成比では、医・歯学（二八％）が最も高く、次いで工学（一九％）、人文科学（一〇％）の順になっている。過去五年間の間に社会科学の比率は一〇％に上昇したが、理学、工学、農学、医・歯学の比率は低下した。

②転換期の大学院改革

現行の日本の大学院制度は第二次世界大戦後、アメリカの大学院をモデルにして設置されたが、実際にはその役割を十分に果たしてこなかった（大﨑、二〇〇〇年、七三―七六頁）。しかし八〇年代後半以降、とくに九〇年代に入ってから、大学院の拡大と充実を図るために、さまざまな改革が行政主導で実施されてきた。

この大学院改革の目的は、制度全体の方向としては、国際的な経済競争力を強化するために「科学技術の研究と開発の推進」を図るとともに、先端的な科学技術の研究と開発を推進したり支援する「先端的な研究人材や高度な専門職業人の養成」を果たすために、既存の制度を再編成することである。

また現在の大学院改革では、教育法制上の制度改革だけでなく、個別の大学院における改革も強く求められており、各大学はその大学の理念や改革の基礎になる手持ちの条件を踏まえて、自らにふさわしい大学院改革を独自に進めたり、複数の大学が連携して新たな大学院を構築することをめざしている。

ところで、このような大学院改革は日本やアメリカ、イギリス、ドイツなどの先進諸国だけでなく、韓国や中国をはじめとする発展途上諸国も巻き込んで世界同時進行の形で実施されている。グローバルな観点からみると、各国の高等教育を取り巻く社会経済的状況は、一九七〇年代の二度にわたるオイル・ショックや九〇年前後の社会体制の再編成などを契機に大きく様変わりした。それに伴って、どの国でも高等教育の在り方が改めて問われ、抜本的な大学改革が進められており、大学院改革も例外ではない。

この近年の大学改革の顕著な特徴は、どの国の政府も基本的に、市場競争の原理と自助努力を強調する新保守主義の考え方に基づいた「小さな政府」による大学政策を策定し、その推進を図っていることである。ただし各国の社会経済的条件や大学制度の歴史的文化的背景、高等教育の普及度などは非常に異なるため、改革の具体的な内容はもとより、その実施手続きや実施過程で生じた解決課題にも、国によって大きな違いがみられる。

例えばバブル経済の崩壊後長期的に経済が低迷している日本では、欧米諸国と異なり九〇年代後半から、大学院における教育と研究を拡充して経済的生産性を向上させることが強く求められるようになった。とくに不況のため自前の企業内教育や研究開発が負担になった産業界は、大学院教育を充実してすぐ役に立つ優秀な企業人材を養成したり、大学における研究では基礎的な研究よりも、製品化しやすい応用的な研究を推進することを声高に要求している。

また大学院を持つ多くの大学にとって、社会人学生や留学生を大学院に受け入れて学生数を確保するのは、大学経営上重要な戦略の一つである。日本ではすでに同世代の約半数が大学や短期大学に進学するほど、高等教育は普及している。しかし少子化に伴い進学該当年齢人口が長期的に減少するため、定員を満たせない大学が今後続出すると予想されているが、大学院の拡大は学生確保の有力な方策だと考えられているからだ。いずれにしても、日本の大学院改革にとって重要なのは、改革の基礎的条件や基盤の異なる国々の改革動向を「合わせ鏡」として活用するとともに、将来の日本社会にふさわしい新しい大学院の在り方（グランドデザイン）を構想し、それに基づいて実質的な改革を実施することである。

2　大学院の改革動向

①大学院制度の弾力化

これまで大学院を改革するために、次のような政策が矢継ぎ早に導入され、それぞれの大学院でその具体化が試みられてきた。

第一に、大学院制度を弾力化し、大学院への進学や学位取得を容易にするために、さまざまな制度改正が進められた。夜間大学院や昼夜開講制大学院、通信制大学院の制度化、修士課程の修業年限の標準化、学部三年次からの修士課程進学の容認、専門分野による学位の種類の廃止などである。

このうち夜間大学院は、主として社会人学生の通学上の利便を図るために、夜間に授業を行う大学院である。大学等の高等教育機関は高度の体系的で継続的な学習機会の提供者として、生涯学習社会の中で重要な役割を果たすことが期待され、広く社会に開かれることが求められている。とくに大学院に対する社会の期待は近年ますます高まっているので、その質と量の両面にわたる飛躍的な充実は重要な課題である。

そのために各大学院がそれぞれの目的に即し、多様な形で教育と研究の高度化・活性化をいっそう推進できるような制度の弾力化が図られているが、夜間大学院はそうした大学院の制度改革の一環として導入された。二〇〇三年には、二一の大学院で夜間制の課程が、また二三一の大学院で昼夜開講制の課程が開設されている。社会人受入れのために行われた制度改革としては、このほかに、社会人特別選抜、科目等履修生制度、専門職大学院（後述）、大学院修士課程（一年制コース・長期在学コース）などがある。

通信制大学院は、高度専門職業人養成をおもな目的とした通信教育を行う修士課程を置く大学院である。大学院レベルの高度な知識や技術の修得を希望しても、地理的・時間的制約などから通学が難しい社会人の学習要求に応えるために、一九九八年に制度化され、二〇〇三年には放送大学と三〇校の私立大学がこの課程を開設している。二〇〇二年四月から修士課程の学生を受け入れた放送大学では、文化科学研究科・文化科学専攻の下に、総合文化、政策経営、教育開発、臨床心理の四つのプログラムを開設した。学習方法はテレビやラジオを利用した授業が中心だが、電子メールやファックスなど、多様なメディアを活用した個別指導も行われる。情報技術革新の目覚ましい進展に伴い、他の大学の大学院でも専修免許状の取得をめざす現職教員向けのプログラムなど、さまざまな通信教育課程を導入する動きがみられる。

②先端的な科学技術の研究開発と人材養成

第二に、現在の大学院改革の主要な目的である先端的な科学技術の研究開発の推進と、そのための人材養成についてみると、「大学院重点化」政策がそうした政策の一環として九〇年代以降進められ、多くの大学院研究科が設立された。とくに国立大学では東京大学や京都大学などの旧制帝国大学を母体とする七大学をはじめ、東京医科歯科大学や東京工業大学、一橋大学、さらに神戸大学や広島大学が大学教員の所属を学部から大学院に移すことになり、少数の研究大学の大学院が重点的に整備拡充された。その後、他の国立大学でも予算優遇措置を伴わない大学院の部局化が実施され、私立大学でも同様の大学院重点化を行うところがみられた。

「二一世紀ＣＯＥプログラム」も、文部科学省の新規事業として二〇〇二年から開始された。このプログラムは世界最高水準の教育・研究拠点（センター・オブ・エクセレンス）を研究分野ごとに形成し、研究水準の向上と創造的な人材育成を図るために、国公私立大学の大学院研究科専攻（博士課程レベル）を対象に重点的な支援を行い、国際競争力のある個性輝く大学づくりを推進することを目的としている。なおほぼ同じ目的を持つ政府の事業として、中国では「二一一工程」が、また韓国では「頭脳韓国二一世紀事業」（通称ＢＫ‐21）が実施されている。

初年度の二〇〇二年には五分野（生命科学、化学・材料化学、情報・電気・電子、人文科学、学際・複合・新領域）の計一

一三件が、二年目の二〇〇三年には五分野（医学、数学・物理学・地球科学、機械・土木・建築・その他工学、社会科学、学際・複合・新領域）の計一三三件が選定された。採択結果をみると、旧制帝国大学を母体とする七大学が各分野で圧倒的に強く、地方国立大学や私立大学からの採択数は少ない。投入された公的資金が少なかった割には大学へのインパクトが大きかったためか、このプログラムは少なくとも二年間延長される。

先端的な科学技術の研究開発と人材養成には、学術政策や科学技術政策の動向も密接に関連している。国際比較の観点からみると、欧米諸国の科学技術政策は八〇年代から、国際的な経済競争力の向上を目標として掲げ、技術革新の促進をめざす政策へ重点を移したため、基礎的な研究への公的資金の投入は後退した。それに対して日本の科学技術政策は、日米間の技術摩擦への対応という経済的動機もあり、創造的な研究や基礎的な研究の振興を重視していた。

しかしその日本でも九〇年代後半以降、景気対策のために経済発展に対する科学技術の寄与が期待され、大学における研究や人材養成についても、基礎的な研究よりも経済発展に役立つ応用的な研究が重視されるようになった。この政策転換は、科学技術基本法（一九九五年）やそれに基づいて策定された科学技術基本計画（一九九六年）によくあらわれている。大学にとって問題なのは、こうした学外からの要請に応えることによって、大学がこれまで長い時間をかけて培ってきた教育と研究の様式や精神（エートス）が失われていくことであり、新たな状況にふさわしい大学院の在り方が求められている（小林、一九九八年、二二一―二二五頁、二三六―二三七頁）。

③大学院教育の改革

第三に、現在の大学院改革における教育面の改革動向に注目してみよう。アメリカの大学院は研究活動と並んで大学院学生の教育（スクーリング）を非常に重視しており、博士課程を持つ大学院も教育と研究の両面で優秀かどうかを常に問われてきた。もともと第二次世界大戦後の日本の大学院改革では、このアメリカの大学院をモデルにした課程制大学院の構築を意図していたが、実際には定着しなかった。それは例えば同じアジアで、アメリカの大学院をモデルにした大学院改革を実施してきた隣国の韓国が、論文博士の撤廃や大学院の種別化などにより課程制大学院制度を整備してきたのと対照的である。

近年の大学院改革で制度の弾力化を図り、大学院への進学や学位取得を容易にするためにさまざまな制度改革が行われているのは、従来の大学院教育を改善してアメリカ型の教育を重視する課程制大学院を改めて再構築しようとする試みといってよいだろう。またこれまでの大学院教育、とくに博士課程ではおもに専門分野の研究者養成を行ってきたが、それに加えて、高度専門職業人を養成する修士課程や博士課程が開設されたり、生涯学習機会としての大学院が設置されるようになった。

とりわけ専門職大学院が高度専門職業人を養成するために実践的教育を行う修士課程の大学院として創設されたのは、大学院の拡充にとって画期的な出来事だった。大学院の学位は学術学位と専門職学位の二つに分けられるが、専門職大学院は専門職学位を授与する。専門分野は経営管理や法律実務、公共政策、公衆衛生などである。経営学大学院（ビジネス・スクール）はすでに一橋大学や慶應義塾大学、青山学院大学などに設置されている。法科大学院（ロー・スクール）も二〇〇四年から六八大学で開設され、五五九〇人の法律家の卵を受け入れたが、その実質的な成果が注目されている。日本が今後大学院をいっそう拡充するためには、これらの社会との関係が密接な専門職大学院がどの程度普及するかが鍵になる。

大学院教育の充実については、このほかに、文部科学省高等教育局大学課の大学改革推進室が「大学における教育内容等の改革状況について」を毎年公表している。これは各大学の改革を促す潜在的なインパクトがあり、大学院における入学資格や入学時期、修業年限の弾力化、夜間大学院、昼夜開講制、社会人の受入れなどの全国的な実施状況がわかるようになっている。また二〇〇三年から五年間の予定ではじまった「特色ある大学教育支援プログラム」は学部教育中心だが、大学院教育との有機的な連携をめざした取組みの申請もみられる。

3　大学院改革の課題

このように日本の大学院改革は戦後五〇年を経てようやく本格化したが、その将来にとって不可欠な改革課題は次の通りである。

第一の課題は、将来の日本社会にふさわしい新しい大学院の在り方（グランドデザイン）を構想し、それに基づいて実質的な改革を実施することである。現在の新保守主義の「小さな政府」による行政主導の大学院改革では、一方で大学院を含めた高等教育に対する公的資金の投入を抑制しながら、大学院における教育と研究を拡充して経済的生産性を向上させることが強く求められている。このような改革路線は日本だけでなく、どの国でも世界同時進行の形で実施されている。

しかし大学院改革にとって最も重要なのは、そうした学外からの要請に応えるとともに、大学がこれまで長い時間をかけて培ってきた教育と研究の様式や精神（エートス）をどのように確保すればよいのか、その具体的な方針や方策を確立することである。とくに大学における学術研究では、さまざまな専門分野の多様性や研究者の自発的な意思に基づいたボトムアップ型の研究を保証したり、研究者の多様なキャリアパスが生かせる仕組みを、日本社会にふさわしい形で整備することが求められる(石井他、二〇〇二年、二七―二九頁)。そしてそのためには、これまでの改革の特質と成果を幅広い視野から日本社会の文脈に即して系統的に把握し、それを踏まえて大学の構成員をはじめ、行政担当者や学外の利害関係者(ステークホルダー)など多くの人々が、新しい大学院の在り方をめぐる議論に参加する必要がある。

第二の課題は、大学院の教育課程(カリキュラム)の構造を体系的に整備して、大学院学生の教育を系統的に行うことである。「大学院設置基準」によれば、標準的な修士の学位は大学院に二年以上、また博士の学位は大学院に五年以上(医・歯・獣医学は四年以上)在学して、それぞれ三〇単位以上を修得し、かつ必要な研究指導を受けた上、論文の審査および試験に合格した者に授与される。

ところが実際には、日本の大学院教育は学部教育と比べても非常に不明確であり、課程制大学院の正式の教育課程としては不十分なものにとどまっている。とくに三〇単位以上修得するコースワークの教育内容と教育方法は抜本的に改善しなければならない。ただしその際には初等中等教育の「学習指導要領」のように、全国的に標準化した画一的な教育課程を作成する必要はない。それよりも専門分野の学会や関連学会の連合組織、あるいは卒業生を受け入れる専門職団体などが中心になって教育課程を定期的に検討し、標準的なガイドラインを整備充実していくことが望まれる。そうしたゆるやかに体系化された教育課程のモデルは、個々の大学院が明確な理念や目的に基づいた自前の特色あるスクーリングを構想する際にも大いに役立つと考えられる。

第三の課題は、大学院における教育と研究を支える基礎的な条件(インフラ)を整備することである。日本ではこれまで学部を基礎にして大学組織を編成し、大学院独自の教員組織や施設設備をほとんど充実しないまま大学院を拡充してきた。そのため大学院担当教員の負担増や大学院用の施設設備の不備、研究費の不足などといった教育と研究の条件悪化が深刻な解決課題になっている。

とくに問題なのは、大学院の教育と研究を支える技術職員や事務職員、助手などが削減されてきたことである。その代わりにアメリカの大学を参考にして、ティーチング・アシスタント（TA）やリサーチ・アシスタント（RA）が導入されたが、日本の大学には十分に定着していない。また自律的でしかも効率的な大学院の組織運営の確立をはじめ、学生の卒業後の就業先の拡大や処遇改善への努力など、ソフト面での基礎的な条件整備も求められている（江原、一九九九年、六八―七〇頁）。

第四の課題は、大学院教育の改革を、大学教員が研究をしながら教育もいっそう充実させる方向で推進することである。国際比較の観点からみると、どの国の大学教員も優れた研究活動を行うことを期待され、所属大学の教員評価でも研究業績が重視されている。とくに日本では教育よりも研究を重視する大学教員が多いため、大学教員の研究条件を整備するのは大学院教育の改革にとっても非常に重要である。

しかし今後は学部だけでなく大学院でも、研究に加えて学生の教育がいっそう重要になるので、教育活動を大学教員の専門的な活動として正式に位置づけ、教員評価の項目にも主要な指標として組み込む必要がある。また研究面で優秀な大学教員が学生の教育でも優れているとは限らないから、教員研修（FD）の機会の充実など、教育活動の改善を支援する制度的条件も整備しなければならない。

第五の課題として、大学院における補習教育の問題を取り上げておきたい。日本ではすでに同世代の約半数が大学や短期大学に進学しているため、多くの大学では学部教育への補習教育の導入が図られている。それは多くの場合、高校教育と大学教育との接続を是正し、学生が大学で無理なく学べるようにするために、高校で履修しなかったり、たとえ履修する機会があっても十分に学べなかった基礎的な教科、つまり英語や数学をはじめ、物理学や化学などといった理科系の教科を中心に行われている。

大学院教育でも学生が増えれば、学生の興味や関心、能力が多様化するので、こうした補習教育の導入は近い将来、多くの大学で必要になる。とくに専門職大学院へ進学する社会人学生に対する学習上の配慮は重要である。というのはかれらの中には、学部時代の職業教育や専門教育とは違う専門分野に進学したり、たとえその専門分野に対する興味や関心があって独学しても、基礎的な学習を系統的にする機会がなかった者が少なくなく、大学院における専門職教育にただちに馴染めないケースが出てくると予想されるからである。それは留学生も同じであり、かれらが大学院における学習をスムーズにするためにも、補習教育を正式に教育課程に組み込む方向で、教育課程の在り方を検討すべきだろう。

引用・参考文献

石井紫郎・田村和子他　二〇〇二年、「座談会　学術研究の現状と課題」『文部科学時報』第一五一三号。

江原武一　一九九九年、「大学院教育の改革と今後の方向」岩山太次郎・志村悦二郎編著『大学院改革を探る』(JUAA選書10)大学基準協会。

大﨑仁　二〇〇〇年、「大学院教育」『高等教育研究紀要』第一八号。

クラーク、バートン編著　一九九九年、『大学院教育の研究』(潮木守一監訳)東信堂。

小林信一　一九九八年「学術政策の転換と大学の高度化」佐伯胖他編『変貌する高等教育』(現代の教育　第一〇巻)岩波書店。

あとがき

二一世紀を迎えて、日本の大学はその根底から改革を迫られている。もとより日本でも、さまざまな大学改革が八〇年代後半以降、とりわけ九〇年代に入ってから矢継ぎ早に実施されてきた。しかしそうした努力にもかかわらず、日本の大学は教育や研究、社会貢献、管理運営などあらゆる面で未解決の問題群に直面し、どのように対処すればよいかを改めて問われている。

講座「二一世紀の大学・高等教育を考える」は、これらの問題群の現状を多角的に把握した上で、改革の具体的な提言を試みたシリーズである。本書はその最後を飾る第四巻として、近年の大学院改革を貫く論理と実際の改革過程を斬新な視角から分析するとともに、日本の大学院改革の特徴を国際比較の観点から明らかにし、その改革の方向や将来像を展望した諸論文によって構成されている。

いま大学院の改革が必要なのは何故なのか。その理由は大きく分けて二つある。一つは、近代科学の発展に伴って制度化された大学がその固有の役割である知識の発見・統合・応用・教育を十分に果たすには、学問の論理によって不断に自己革新する必要があることである。この場合重要なのは、大学における革新の多くは学内の学科や学部などの下位組織で生まれたボトムアップ型の革新であり、それが積み重なって大学制度全体が変わってきたことだ。つまり社会における大学の制度的自律性が確保されなければ、大学は主体的に自己革新できないのである。

もう一つの理由は、産業界や政府などの学外から、知識社会の拠点としての大学院を整備し、大学院における教育と研究を改革することにより、日本の経済的生産性を向上させることが強く要請されていることである。この新保守主義の「小さな政府」による行政主導の大学院改革は日本だけでなく、どの国でも世界同時進行の形で実施されている。国際的な経済競争に適切に対処できなければ、どの国もその存続と発展を確保することができないからだ。その意味では、象牙の塔とか知識のための知識の探求といった伝統的な大学観にみられた言葉が死語になったのは、少しも不思議なことではないかもしれない。

しかし現在進められている大学院改革にとって大切なのは、そうした学外からの要請に応えるとともに、大学が知識の在り方をめぐって不断に自己革新できる仕組みをどのように構築すればよいのか、その具体的な方針や方策を確立し、それに基づいて日本社会にふさわしい独自の改革を実施することである。

本書の各章では、テーマに応じて改革の実際や問題点を分析した成果を踏まえて、貴重な提言がいくつも提示されている。新しい大学院の改革には大学の構成員をはじめ、行政担当者や学外の利害関係者など多くの人々が積極的に改革論議に参加することが求められる。本書がそうした日本の大学院改革に関心のある読者はもとより、大学改革や広く大学をめぐる諸問題に関心のある人々にとって少しでもお役に立てば幸いである。

最後に、ご多忙にもかかわらず力作を寄稿して頂いた執筆者の皆様に、改めて心からお礼を申し上げたい。また東信堂の下田勝司社長と二宮義隆氏には執筆者との連絡や調整をはじめ、原稿の修正や補充、用語の統一などで多くの有益なご助力を頂いた。この場を借りて厚くお礼を申し上げたい。

二〇〇四年五月

江原　武一

執筆者紹介および執筆分担（第4巻）

○印編著者

有本　章（ありもと あきら）……第1章
広島大学教授・高等教育研究開発センター長

浦田　広朗（うらた ひろあき）……第2章
麗澤大学教授（国際経済学部）

小林　信一（こばやし しんいち）……第3章
筑波大学助教授（大学研究センター）

阿曽沼　明裕（あそぬま あきひろ）……第4章
名古屋大学助教授（大学院教育発達科学研究科）

藤村　正司（ふじむら まさし）……第5章
新潟大学教授（教育人間科学部）

大膳　司（だいぜん つかさ）……第6章
広島大学教授（高等教育研究開発センター）

山崎　博敏（やまざき ひろとし）……第7章
広島大学教授（大学院教育学研究科）

新堀　通也（しんぼり みちや）……第8章
武庫川女子大学教育研究所所長・教授（大学院臨床教育学研究科）

奥川　義尚（おくがわ よしひさ）……第9章
京都外国語大学教授（外国語学部）

沖　清豪（おき きよたけ）……第10章
早稲田大学助教授（文学部）

別府　昭郎（べっぷ あきろう）……第11章
明治大学教授（文学部）

○馬越　徹（うまこし とおる）……第12章
編著者紹介（奥付）参照

南部　広孝（なんぶ ひろたか）……第13章
長崎大学講師（アドミッションセンター）

○江原　武一（えはら たけかず）……第14章
編著者紹介（奥付）参照

マギステル(学位・試験)(独)　227-236, 238
マギステル・アルティウム(独)　227, 231, 232, 236, 237
マサチューセッツ工科大学　186
マスター(学位・コース)　225, 238, 239
マタイ効果　113
見えない大学　138
南方熊楠　103
ミュンヘン大学　232-234, 237
無業者率　38-40, 42
名誉博士(独)　233
メリトクラシー　113
モジュール(英)　205, 206, 210
モリル法(米)　183

〔ヤ行〕

夜間大学院　159-180, 284
ユネスコ　160

〔ラ行〕

リカレント教育　159-162, 164, 177
力量形成　236
リサーチ・アシスタント(RA)　290
リベラル・アーツ　238
リベラル・エデュケーション　226
留学生　283
論文試験　233
論文博士　248, 258, 281, 287

大学評価認定制　259
大綱化　58
大講座化　94
小さな政府　196, 282, 288
知識基盤経済　99
知識社会　6, 11, 25, 71
知の創造　123, 124
中間試験(独)　227, 228
中間審査(中)　273, 274
チューター制度　201
昼夜開講制　159, 167-177, 284, 288
通信制大学院　284
ティーチング・アシスタント(TA)　290
定員充足率　42-44
ディプローム(学位・試験)(独)　225, 227-231, 233, 236-239
ディプロマ(英)　205, 206, 211, 216
電脳空間　156
動機づけと報償　139
投入産出分析　110
特殊大学院(韓)　246, 247, 250, 253, 254, 256, 258
ドクトル(学位・試験)(独)　227, 234, 236, 238, 239
独立研究科　170
独立した大学院制度　190

〔ナ行〕

内部補助　85, 97
二一- プロジェクト〔工程〕(中)　274, 285
二一世紀COEプログラム(日)　15, 21, 25, 57, 74-76, 198, 283
日本育英会　86, 89, 90, 93, 94
日本化学会　154
日本学術振興会特別研究費(制度)　89-91, 93, 94
日本工業会　153
入学定員　37, 39, 41, 42
ニュー・ユニバーシティ(英)　203, 219
任期制　28
『ネイチャー』　103, 104, 114
ノーベル賞　124, 129, 130, 134, 183

〔ハ行〕

バーチャル大学　22
パートタイム(学生)　202, 203, 205, 206, 218
博士課程(改正「学校教育法」による)(日)　280
博士課程指導教師(中)　268
博士論文(独)　233
バチェラー(学位・コース)　225, 227, 238, 239
ハビリタツィオン〔大学教授資格試験〕(独)　227, 230, 234-236, 238
パラダイム(学界等の)　140
『ハリス報告書』(英)　207, 211, 213
BK-21〔頭脳韓国21世紀事業〕(韓)　254-257, 285
非機関補助　84, 89, 91, 93
評価・報賞システム　27
費用と便益　97-100
費用負担　97
ファンディング　79, 83
副専攻分野　232, 233
フルタイム(学生)　202, 203, 205, 206, 216, 218
プロフェッショナル・スクール　59, 71, 74, 98, 162, 169, 170, 191
フンボルト理念　21
ベンチマーキング大学　255
ベン＝デービッド, J.　126, 128
法学専門大学院(韓)　257
法科大学院(日)　281, 287
放送大学　159, 167
保健大学院(韓)　256
補習教育　290, 291
ポストドクター１万人支援計画(日)　66
ポリテクニク(英)　210
ボン基本法(独)　230

〔マ行〕

試験講義 235
私講師 234
自校閥〔インブリーディング〕 9
市場的統制・調整 12, 13, 15
実践綱領(英) 209, 213
指導教員〔教授〕 205, 206, 215, 220, 233, 239
社会人学生〔院生〕 164, 165, 177, 179, 283
社会人大学院 159, 164-166, 175-177
修学費 37, 46
修士課程(改正「学校教育法」による)(日) 280
授業料 84, 85, 97, 99
主専攻分野 232, 233
準則主義 256
生涯学習社会 284
生涯学習体系 160
奨学金 46, 75
常設文部大臣会議(KMK)(独) 225, 228, 232
承認への欲求 140
情報交換 138
職業教育 226
職業資格 228
ジョンズ・ホプキンズ大学 8
神学大学(独) 224
進学率 35, 36, 38, 39, 48
新堀通也 103, 109
ステークホルダー 110, 289
——社会 120
頭脳韓国21世紀事業→BK-21
頭脳流失 16, 19
聖職者採用試験(独) 237
制度的条件 193
政府出資金事業 86, 89, 90, 93
セーフティ・ネット 114
碩士課程指導教師(中) 268
説明責任→アカウンタビリティ
全国統一入試(中) 269
センター・オブ・エクセレンス→COE
専門学修(独) 227, 228, 232, 238
専門職学位 272, 281
専門職学位課程(改正「学校教育法」による)(日) 280, 281
専門職大学院 98, 99, 279, 280, 287, 291
専門職的統制・調整 12, 13, 26
専門大学(独) 224
専門大学院(韓) 246, 247, 250, 256, 258
専門分化 138, 147
専門領域別委員会(学会の) 154
総合制大学(独) 224
ソサエティ制 154

〔タ行〕

大学院学生憲章(英) 204, 206, 215
大学院教育の有効性 168, 169
大学院経費 80-83, 85, 94, 95
——の限定性 82-84, 89
——の包括性 82-84, 87-89, 94, 96
大学院〔グラデュエート〕コース 223, 227
大学院重点化 6, 15, 20, 21, 25, 51-55, 58-69, 73, 74, 77, 87, 92, 94, 95, 285
大学院生クラス(中) 265, 272
大学院設置基準(日) 5, 289
大学院大学(韓) 246, 247
大学院の拡大 31, 32, 34, 40, 43, 47, 48
大学院の制度化(米) 183
大学院の特徴(米) 186
大学院(研究科)の部局化 6, 15, 20, 25, 94, 95
大学院のマクドナルド化 117
大学基準認定(米) 193, 197
大学教育協議会(韓) 259
大学教授資格試験(独)→ハビリタツィオン
大学教授職〔アカデミック・プロフェッション〕 17, 18, 28, 227
——主導の評価システム 193
大学審議会(日) 14, 23, 53, 66
大学大綱法(独) 224, 228, 230, 231, 237
大学の定款 224
大学評価(アメリカの) 192, 193

——の評価機能　143
——の分化　147, 148
学協会　141, 142
学校教育法(日)　279
家庭からの給付　36, 47
課程制大学院　287, 289
課程博士　281
官僚制的統制・調整　12, 13, 26
機関補助　84, 86, 91, 93
企業に応用された大学　104
基礎学修(独)　227, 228, 238
基礎研究ただ乗り　54
機能的類型化　191
規範(学界等の)　140
教育課程(英)　202, 203, 205, 209, 211, 212, 215, 217, 220, 221
教育研究基盤校費　87, 88, 95
教育大学(独)　224
教育大学院(韓)　251
教育評価　214, 221
教員研修(FD)　290
教官当積算校費　83, 87, 88, 90-95
教授学的能力　235
教授資格(独)　225, 234
教授陣の質　186, 191-193, 199
行政大学(独)　224
行政大学院(韓)　251, 256
ギルド　231, 234
クラーク, B.　12, 24, 104, 138, 223
グラデュエート・コース→大学院コース
グラデュエート・スクール　163, 169
クレジット(制)　205, 206, 210, 215-217
グローバリズム　155, 156
訓練を伴う研究学位(research degree with training)(英)　204, 205
経営大学院(韓)　251, 253, 256
研究課程(英)　202, 203, 211-213, 217, 218, 220, 221
研究休暇→サバティカル・イヤー
研究・教育・学習の連結　8, 23, 24, 27, 28
研究資金の多様化　98
研究指導　215
研究助成　84-86, 89, 93
研究生院(中)　262, 266, 267, 273, 276
研究大学　9, 10, 20, 21, 26, 105, 106, 115, 130, 134, 149, 163, 191, 196
研究中心の大学観　185
研究と教育の関係(大学院における)　188, 253
研究の制度化　7
研究費配分　194
研究評価　202, 214, 217-219, 221
工業大学(独)　224
講座制　91, 92
口述試験　228, 233
コース・オブ・スタディ〔学修課程〕　223, 226, 238, 239
工程碩士(中)　272
高等教育法(韓)　245, 246, 250, 253
高等専門学校(独)　230
高度化推進特別経費　88, 89, 93
効率的な組織運営　195
国際化　131, 133, 239
国立大学の窮乏化　93
国立大学法人(化)　64, 67, 68, 76, 96, 98, 99
国家試験(独)　225, 237
コロキヴュウム(質疑応答)(独)　235

〔サ行〕

サーティフィケート(英)　205, 216, 217
在学者数　32, 33, 35, 42
財政基盤(大学院の)　79, 80, 92, 96-98
サテライト方式　171, 178
サバティカル・イヤー〔研究休暇〕　9
産業大学院(韓)　251
COE〔センター・オブ・エクセレンス〕　14, 54, 55, 75, 163, 285
CVCP(英)　209, 211, 213
C4教授(独)　230, 234
ジェネラル・エデュケーション　228

索　引

※見出し語中の(　)内は説明、略称および追加語句、〔　〕内は同義、同種の別表現を示す。
※※見出し語の一部(法令、固有名等)には次の略称で国名を付した。
(日)：日本、(米)：アメリカ合衆国、(英)：イギリス、(独)：ドイツ、(韓)：韓国、(中)：中国

〔ア行〕

IT革命　155, 157
アカウンタビリティ〔説明責任〕　18, 213
アカデミック・ドリフト　114
アカデミック・プロダクティビティ→学問的生産性
アカデミック・プロフェッション→大学教授職
アンダー・グラデュエート・コース→学部コース
医学・歯学専門大学院(韓)　256
一般大学院(韓)　246, 247, 249, 251, 253, 254, 256
員外教授(C3)(独)　234
インパクト・ファクター　107
インブリーディング→自校閥
『ウィンフィールド報告書』(英)　207, 209
ウェーバー, M.　110, 120
ST比　41, 44, 45
HEFCE(英)　211-213, 217-221
エポニミー　10, 128
MBA　272
OECD/CERI　160
オールド・ユニバーシティ(英)　203, 219
音楽・芸術大学(独)　224
オンライン・ジャーナル　157

〔カ行〕

カーネギー教育振興財団　129, 134
——の大学教授職国際調査　129, 134
カーネギー大学分類　105, 134, 191, 192
ガイガー, R.　14
外部評価機関　192, 197
科学技術基本計画(日)　15, 66, 123, 286
科学技術基本法(日)　66, 123, 286
科学技術創造立国　123, 129
科学研究費補助金　83, 89, 90, 93
科学的社会化　11
科学のエトス　10, 11, 18
「科教興国」戦略(中)　275
学位　202-205, 208-211, 214-217, 220, 228
——取得者数(独)　237
——授与権　266, 267, 273
学際的アプローチ　165, 178
学修課程→コース・オブ・スタディ
学術研究政策　79, 91, 93
学術講演　235
学術審議会(日)　54
学術大学(独)　224, 229
学術的訓練　226
学術的能力　235
学長会議(HRK)(独)　228, 231
学費　37, 39, 40, 48
学部〔アンダー・グラデュエート〕コース　223, 227
学問中心地　11, 12, 15, 16, 19, 124, 126-130, 188, 190, 276
——の形成案件　190, 195, 199
学問的生産性〔アカデミック・プロダクティビティ〕　18-21, 24, 27, 106, 191, 193, 194, 197, 198
学問の自由　18, 230
学問の論理　6, 11, 13, 18, 26
学寮制　207
家計　36, 39, 47
学界　137-139
学会　137, 138, 141
——の規模拡大　150
——の研修機能　144

編著者紹介

江原　武一（えはら　たけかず）

1941年生まれ。1971年東京大学大学院博士課程単位修得。教育学博士。比較教育学・教育社会学を専攻。東京大学教育学部助手、奈良教育大学教育学部助教授を経て、現在、京都大学大学院教育学研究科教授。

編著書

『現代高等教育の構造』（東京大学出版会、1984年）、『リースマン 高等教育論』（共訳、玉川大学出版部、1986年）、『現代アメリカの大学』（玉川大学出版部、1994年）、『大学のアメリカ・モデル』（玉川大学出版部、1994年）、『大学教授職の国際比較』（共編著、玉川大学出版部、2000年）、『世界の公教育と宗教』（編著、東信堂、2003年）、ほか。

馬越　　徹（うまこし　とおる）

1942年生まれ。1966年広島大学大学院教育学研究科博士課程中退。比較教育学を専攻。九州大学教育学部助手、文部大臣官房事務官、広島大学大学教育研究センター助教授、名古屋大学大学院教育発達科学研究科教授を経て、現在、桜美林大学大学院国際学研究科教授、博士（教育学）。

編著書

『現代韓国教育研究』（高麗書林、1981年）、『現代アジアの教育』（編著、東信堂、1988年〔改訂版〕1993年）、『比較高等教育論』（監訳、玉川大学出版部、1994年）、『韓国近代大学の成立と展開』（名古屋大学出版会、1995年）、Asian Universities（編著、ジョンズ・ホプキンズ大学出版部、2004年、近刊）、ほか。

The Series on 21st Century Issues in Higher Education
Volume 4 : Reform of Graduate Education in Japan

大学院の改革（講座「21世紀の大学・高等教育を考える」第4巻）

2004年7月30日　　初　版第1刷発行　　〔検印省略〕

＊定価はカバーに表示してあります

編著者 © 江原武一・馬越徹／発行者 下田勝司　　印刷・製本／中央精版印刷

東京都文京区向丘1-20-6　　郵便振替00110-6-37828　　発行所

〒113-0023　TEL (03) 3818-5521　FAX (03) 3818-5514　　株式会社 東　信　堂

Published by **TOSHINDO PUBLISHING CO., LTD.**
1-20-6, Mukougaoka, Bunkyo-ku, Tokyo, 113-0023, Japan

ISBN4-88713-539-4　C3337
E-mail : tk203444@fsinet.or.jp